Christoph Bachmann, Eva Bührer, Kurt Forster
Unter Mitarbeit von Sarah Daum und Beat Roelli

Permakultur

Haupt
NATUR

Christoph Bachmann | Eva Bührer | Kurt Forster
Sarah Daum und Beat Roelli

PERMAKULTUR

Grundlagen und Praxisbeispiele
für nachhaltiges Gärtnern

Haupt Verlag

FSC
www.fsc.org
MIX
Papier aus verantwortungsvollen Quellen
FSC® C004592

Umschlagabbildungen:
vorne: Laura Dal Ben; hinten, linke Spalte: oben Simone Walter, Mitte Flickr McKay Savage, unten Kurt Forster; rechte Spalte: oben Christoph Bachmann, Mitte Flickr Lisa Eglite, unten Kurt Forster; Rücken: Flickr Stefan Muth

1. Auflage: 2017

Bibliografische Information der Deutschen Nationalbibliothek
Die Deutsche Nationalbibliothek verzeichnet diese Publikation in der Deutschen Nationalbibliografie; detaillierte bibliografische Daten sind im Internet über http://dnb.dnb.de abrufbar.

ISBN 978-3-258-08004-8

Gestaltung und Satz: pooldesign
Lektorat: Manuela Kupfer

Printed in Germany

Der Haupt Verlag wird vom Bundesamt für Kultur mit einem Strukturbeitrag für die Jahre 2016–2020 unterstützt.

Inhalt

Einleitung

Warum Permakultur?

Armut, Hunger, Krieg, Arbeitslosigkeit, Naturzerstörung, Klimawandel, Luft- und Wasserverschmutzung, Wegwerfgesellschaft – viele drängende Probleme bedrohen die Lebensbedingungen auf unserer Erde und es stellt sich uns die grundlegende Frage: Welche Welt wollen wir unseren Kindern und Enkeln übergeben? Viele Probleme sind miteinander verknüpft und häufig sogar Folgen voneinander. Angesichts der Komplexität und der Größe der Herausforderung, nachhaltige Lösungen zu finden, ist es oft schwer, nicht zu verzweifeln. Hier setzt die Permakultur an. Statt mit Hilflosigkeit, Abwehr und Abschottung auf die großen Probleme unserer Zeit zu reagieren, gilt es, die nötigen Veränderungen anzupacken. Aus dieser Erkenntnis wurde die Permakultur entwickelt, eine Planungs- und Entwurfsmethode für eine Landwirtschaft, die ein Überleben im Einklang mit der Natur auf unserem Planeten ermöglichen soll.

Was ist Permakultur?

Den Begriff *permaculture* prägte der Australier Bill Mollison. Der Begriff ist eine Kombination aus *permanent* und *agriculture* und bedeutet so viel wie «nachhaltige Landwirtschaft».

Bill Mollison (1928–2016) suchte in den 1970er-Jahren nach Wegen zu einer naturnahen Landwirtschaft. Er hatte beobachtet, dass riesige Monokulturen sich negativ auf das Bodenleben und auf die Biodiversität auswirkten. Prägend für ihn war seine Zeit im Dienste einer australischen Forschungsorganisation, während der er Ökosysteme beobachtete. Mollison lebte mehrere Jahre bei verschiedenen Naturvölkern (Aborigines) und lernte dort den respektvollen Umgang mit der Natur kennen. Das exakte Beobachten, das Erkennen von Zusammenhängen sowie der achtsame Umgang mit der Umwelt sind denn auch zentrale Elemente der Permakultur. Beeinflusst wurde Mollison ferner durch den Japaner Masanobu Fukuoka, der ein umfassendes und ganzheitliches Verständnis von Landwirtschaft in Japan vertrat.

Aus diesen Sammlungen und Beobachtungen entstand das Buch «Permaculture – A Designers Manual», in dem er beschreibt und anleitet, wie nachhaltige Kultur und Landwirtschaft, die sich an der Natur orientiert und auf langfristige Erträge auf gesunden Böden zielt, gestaltet werden kann. Gemeinsam mit seinem Schüler David Holmgren schrieb er 1974 und 1975 die beiden Bücher «Permaculture One» und «Permaculture Two», die aufzeigen, dass Permakultur das Potenzial hat, positiv und integrativ auf der ganzen Welt angewandt zu werden. 1981 erhielt er für sein Werk den Right Livelihood Award, den Alternativen Nobelpreis.

Bill Mollison und David Holmgren formulierten drei ethische Prinzipien, nach denen die Permakultur ausgerichtet ist. Diese einfach formulierten Aussagen sollen Handeln und Denken anleiten (hier in der Ausformulierung von Holmgren):

Ethische Prinzipien

- *Care for the earth:* Trage Sorge für die Erde
- *Care for the people:* Trage Sorge für die Menschen
- *Fair share:* Teile fair und setze Grenzen für Konsum

Was will Permakultur?

Permakultur steht für ein Konzept, welches multifunktionale und vernetzte Ökosysteme designt, initiiert und erhält. Dabei stehen Nachhaltigkeit und Sozialverträglichkeit im Zentrum. Mollison betont in seinem Buch die Verantwortung jedes Menschen für sein Tun und Handeln: «*The only ethical decision is to take responsibility for our own existence and that of our children.*» (Die einzige ethische Entscheidung ist es, Verantwortung für unsere Existenz und diejenige unserer Kinder zu tragen. Aus: A Designers Manual, Seite 1.) Den Begründern der Permakultur und den heutigen Designerinnen und Designern ist es wichtig, von diesem verantwortungsvollen Denken auszugehen.

Die Absicht von Mollison und Holmgren war es, größere und kleinere Ökosysteme (landwirtschaftliche Anbauflächen, aber auch Gärten) zu gestalten (oder zu «designen», wie es in der Permakultur heißt), die produktiv und der Natur nachempfunden sind. Sie sollen möglichst vielfältig, stabil und widerstandsfähig sein. Grundpfeiler der Permakultur sind:

- lokale Versorgung durch Nahrungsmittel und Energie
- Ansprüche an Konsumgüter senken
- effiziente Nutzung der vorhandenen Ressourcen
- Vielfalt statt Einfalt

Das Hauptziel ist dabei die nachhaltige Produktion von Nahrungsmitteln, die die Bedürfnisse von Pflanzen, Tieren und Menschen berücksichtigt. Permakultur hat nicht den Anspruch, etwas Neues zu sein. In der Permakultur sollen gute Ideen und Methoden, alte Techniken und neue Erkenntnisse in die Gestaltung von Ökosystemen einfließen. Dabei ist der Gestaltungsprozess so angelegt, dass die Ideen und Möglichkeiten an jedes Projekt angepasst und ständig weiterentwickelt werden, denn erst die Verbindung der Elemente und die ganzheitliche Betrachtung machen aus verschiedenen Ideen ein gelungenes Design.

Permakultursysteme

Das gestaltende Umsetzen der Permakultur erfordert ein zusammenführendes und kein lineares Denken und Handeln. In einem Permakultursystem sind Kreisläufe, Vernetzungen und Zusammenhänge entscheidende Faktoren. Auch auf menschlicher Ebene sollen die Permakulturgrundsätze Beachtung finden. Ohne Empathie und Achtsamkeit gelingt die Gestaltung eines Gartens im Sinne der Permakultur kaum. Die Geduld und die dafür notwendige Zeit aufzubringen, ist für uns schnelllebige Menschen nicht einfach. Es braucht Muße und Fachwissen, um Zusammenhänge im System zu erkennen. Mit dem Gestalten eines Permakultursystems sollen die ethischen Prinzipien in konkrete Lebensräume und Handlungen verwandelt werden. Permakultursysteme zeichnen sich durch mehrere grundlegende Eigenschaften aus.

Nachhaltige und lokale Produktion

In einem Permakultursystem ist es wichtig, die Produktion und den Umgang mit Boden, Pflanzen und Energie so auszurichten, dass sie nachhaltig sind. Der Boden soll auch nach vielen Jahren noch gesund sein, viel Humus enthalten und fruchtbar bleiben. Das produzierte Gemüse, meist für den Eigengebrauch oder für den regionalen Verkauf, ist frisch und enthält mehr Vitamine und Nährstoffe als gelagertes Gemüse. Zudem verzichtet die lokale Produktion auf lange Transportwege und auf aufwendige Verpackungen.

Lebensräume im Gleichgewicht

Ein Permakultursystem soll möglichst im Gleichgewicht sein. Das bedeutet, dass möglichst wenig Material von außen zugeführt werden soll. Das System selber enthält eine große Pflanzenvielfalt. In einer Mischkultur ist die Ausbreitung von Schädlingen weniger problematisch. Ein Garten mit verschiedenen Pflanzenarten kann besser mit Trockenheit oder mit einem Unwetter umgehen. Somit kann das Gleichgewicht einfacher bewahrt werden.

Resilienz

Resilienz bezeichnet die Fähigkeit eines Systems, mit Störungen und Widerwärtigkeiten umzugehen oder elastisch zu bleiben. Auf das Permakultursystem bezogen, ist damit die grundlegende Fähigkeit gemeint, die Funktionsweise nach einem Schaden zu erhalten oder wieder herzustellen. Unser Ziel soll es sein, Landnutzung, Institutionen, Gemeinschaften zu etablieren, welche sich regenerieren und sich an den Druck und die Ereignisse von außen anpassen können.

Vernetzung

Das Permakultursystem basiert auf Vernetzungen. Ein Element kann unterschiedlich wahrgenommen werden und viele verschiedene Funktionen haben. Die Verbindungen und Vernetzungen innerhalb des Systems und zu Elementen außerhalb des Systems sind wichtig.

Pflanzen beeinflussen sich gegenseitig, Wind, Regen, die Anzahl der Sonnenstunden, die Wahl des Standorts, die Bodenbeschaffenheit usw. wirken sich auf das Wachstum aus. Zum vernetzten Denken gehört das mehrperspektivische Wahrnehmen. Wenn ich meinen Garten nicht nur aus Sicht der Nahrungsmittelproduktion betrachte, sondern auch die Beziehungen im Garten, die Vielfalt, die Bedürfnisse und Schwierigkeiten sehe, komme ich dem Permakulturgarten einen Schritt näher. Das Spinnennetz auf Seite 15 verdeutlicht diese Verbindungen.

Was will dieses Buch?

Immer mehr Menschen sind von den oben angesprochenen Problemen der Welt zunehmend betroffen. Viele wollen nicht nur jammern, sondern etwas dagegen tun, und sind auf das Thema Permakultur gestoßen. Ihnen soll mit diesem Buch einerseits die Permakultur als Konzept nähergebracht werden, andererseits sollen auch konkrete Möglichkeiten gezeigt werden, wie Permakultursysteme entstehen können.

Daher ist das Buch in zwei Teile gegliedert. Im ersten Teil sind die grundlegenden Ideen der Permakultur in zehn Grundsätzen zusammengefasst. Auf der Basis dieser Grundsätze entstehen Permakultursysteme. Der eigentliche Gestaltungprozess, das Design, kann mit unterschiedlichen Methoden realisiert werden. In diesem Fall wird das Design nach der Methode TEEPUR gezeigt. Die Methode wird ab Seite 104 vorgestellt.

Im zweiten Teil werden unterschiedliche Permakultursysteme gezeigt. Es soll möglich sein, den Entstehungsprozess des Designs zu verstehen. Zahlreiche Beispiele sollen zu neuen Projekten inspirieren. Nicht immer können bei einer Gartengestaltung alle Prinzipien berücksichtigt werden und nicht immer sind die besten Elemente, die idealen Beziehungen und die größte Vielfalt möglich. Jeder Garten und jedes Design verlangt nach spezifischen Schwerpunkten. Die Arbeit im und mit dem Garten ist immer ein dynamischer Prozess.

Die großen Probleme unserer Zeit brauchen dringend ein breites Umdenken. Der Wissenschaftliche Beirat für globale Umweltveränderungen (WBGU) schrieb im Jahr 2011, es seien sogenannte Change Agents (Pioniere des Wandels) notwendig, um eine andere Denkweise, ein anderes Verhalten und eine andere Art des Produzierens aufzuzeigen und zu initiieren. Diese Pioniere demonstrieren, dass vieles auch anders gehen kann, und haben eine anregende und inspirierende Vorbildwirkung. Permakultur-Designende können solche Pioniere sein, weil sie nicht nur wirtschaftlich, sondern systemisch denken und handeln, weil sie den Nutzen für Mensch und Natur beachten und weil sie achtsam mit Material, Mensch und Tier umgehen. Ein permakulturell angelegter Garten kann demnach ein Vorbild sein. In diesem Sinne soll das Buch viele dazu anregen, sich mit Permakultur auseinanderzusetzen und eigene Permakulturprojekte zu realisieren.

TEIL I

GRUNDLAGEN DER PERMAKULTUR

Christoph Bachmann,
Eva Bührer, Kurt Forster

Zehn Permakulturgrundsätze

Ein Permakultursystem zu designen, ist das Beschreiten eines Weges. Bevor die erste Schaufel in die Hand genommen wird, gilt es einiges an Denkarbeit und Diskussionen zu leisten. Ein Permakultursystem basiert auf den ethischen Prinzipien, die Bill Mollison und David Homgren formuliert haben. Die Konkretisierung dieser Prinzipien wird sichtbar in den unten beschriebenen zehn Grundsätzen der Permakultur. Sie sind breit gefasst und bieten keine detaillierten Richtlinien. Wohl aber zeigen sie Denkmuster und dienen als Planungshilfen. Die Grundsätze sind auf verschiedenen Ebenen angesiedelt. Einige nehmen Bezug auf die drei ethischen Prinzipien, andere dienen der Verinnerlichung der nachhaltigen Denkweise, wiederum andere beziehen sich auf das Design an sich, sind also Planungsgrundsätze.

Die Grundsätze sind keinesfalls Dogmen, denn in jedem Projekt müssen lokales Wissen, die eigenen Erfahrungen und die Situation vor Ort beachtet werden, um zu entscheiden, welche Grundsätze, Elemente oder Pflanzen für ein Design ausgewählt werden. Sie sind dabei nicht losgelöst zu betrachten, sondern im Sinne des vernetzten Denkens zu verstehen. Die Grundsätze sowie die daraus abgeleiteten Handlungen beeinflussen sich, sind verzahnt, bedingen sich gegenseitig und folgen sich. Das Spinnennetz macht dies sichtbar.

Die nachfolgende Übersicht über die zehn Permakulturgrundsätze ist nicht abschließend, sondern als Sammlung von Methoden, Elementen, Anwendungen, Denkweisen, altem Wissen und neuen Erkenntnissen zu verstehen, die im konkreten Design zur Anwendung kommen können. Die drei ethischen Prinzipien der Permakultur bilden die Basis:

- *Care for the earth:* Trage Sorge für die Erde
- *Care for the people:* Trage Sorge für die Menschen
- *Fair share:* Teile fair und setze Grenzen für Konsum

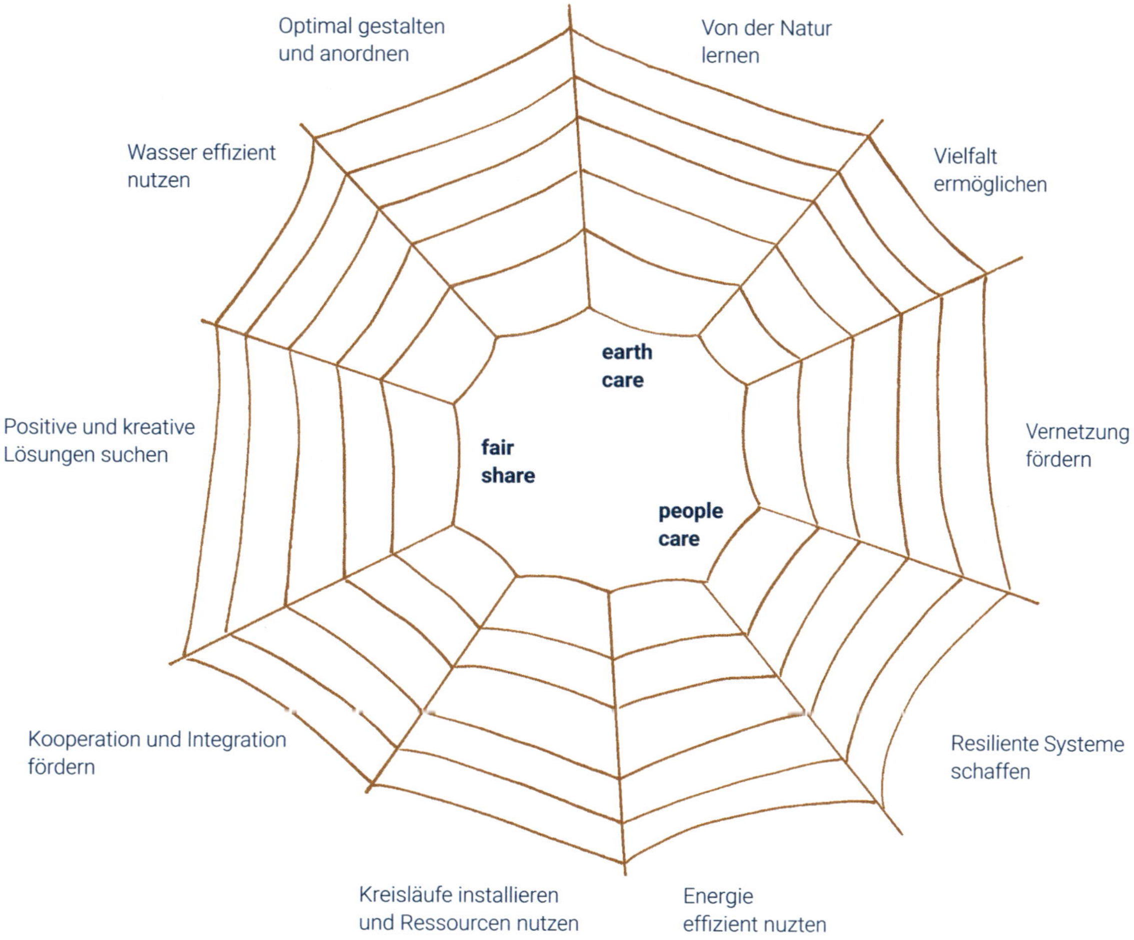

Das Netz steht für die Beziehungen und Abhängigkeiten in einem vielfältigen System.

ZEHN PERMAKULTURGRUNDSÄTZE

	1	2
GRUNDSATZ	**VON DER NATUR LERNEN**	**VIELFALT ERMÖGLICHEN**
HANDLUNGEN, UMSETZUNGEN, IDEEN, STRATEGIEN	Strukturen, Muster und Formen in der Natur erkennen, verstehen und bei der Planung einsetzen Naturabläufe nachahmen Mit der Natur arbeiten Achtsam die Veränderungen im Jahresverlauf beobachten Pflanzen, Tiere, Bodenstruktur auf dem Grundstück kennenlernen	Mischwirtschaft statt Monokultur schaffen Geschickte Artenabfolge planen Mit einer hohen Vielfalt an Pflanzen, Tieren und Elementen das System fördern Sinnvolle Pflanzengemeinschaften einrichten Verschiedene Zonen und unterschiedliche Lebensräume realisieren

3

VERNETZUNG FÖRDERN

- Querverbindung zwischen altem Gärtnerwissen und neuen Erkenntnissen schaffen
- Vernetzungen unter Menschen fördern, dabei die Bedürfnisse der Menschen einbeziehen
- Jedes Element erfüllt mehrere Aufgaben – jede wichtige Aufgabe wird von mehreren Elementen erfüllt – die vielfältige Funktionen kommen zum Tragen
- Die Elemente stehen in Beziehung zueinander, ergänzen und begünstigen einander

4

RESILIENTE SYSTEME SCHAFFEN

- Dauerkulturen und ausgeglichene Ökosysteme schaffen
- Die Systeme der Umgebung anpassen
- Mit einer Vielfalt ausgewählter Elemente, toleranter Pflanzen und Vernetzungen auf extreme Wetterveränderungen wie Trockenheit, Hagel, Kälte, Schädlinge reagieren können

5

ENERGIE EFFIZIENT NUTZEN

- Energie einfangen, speichern und klug nutzen – zum Beispiel mit Sonnenfallen, Terrassen, Gewächshäusern, Teichen, Steinen
- Kurze Wege und optimale Arbeitsabläufe planen
- Minimierung der Fremdenergie anstreben

6

KREISLÄUFE EINRICHTEN UND RESSOURCEN OPTIMAL NUTZEN

- Gesunden, nachhaltigen Bodenaufbau anstreben
- «Arbeitsplätze» für Pflanzen, Tiere und Menschen einrichten, anstatt Maschinen einzusetzen
- Material und Energie möglichst aus nächster Nähe beziehen und so Kreisläufe schließen
- Kompostwirtschaft einrichten
- Hügelbeete und Aquaponiksysteme anlegen
- 6 R beachten (Refuse, Reduce, Rethink, Repair, Reuse, Recycle – Ablehnen, Reduzieren, Überdenken, Reparieren, Wiederverwenden, Recyceln)

7

KOOPERATION UND INTEGRATION FÖRDERN

- Kooperation Stadt – Land (Vertragslandwirtschaft) fördern
- Integration von Wildpflanzen und verschiedenen Bedürfnissen (Pflanzen, Tiere, Menschen), Erholung, Freude, Lärmschutz, Ernte usw.
- Vielfältig bepflanzte Baumscheiben ergeben vielfältige Ernten, Elemente begünstigen sich gegenseitig
- Schichten und Stapeln

8

POSITIVE UND KREATIVE LÖSUNGEN SUCHEN

- Für einen nachhaltigen Lebensstil über das herkömmliche Denkschema hinausdenken
- Nach individuellen Lösungen für das konkrete Grundstück suchen – zum Beispiel ein Walipini für das Hanggrundstück planen
- Elemente an die lokalen Gegebenheiten und die Bedürfnisse anpassen – zum Beispiel ein Gewächshaus mit Aquaponik ergänzen, die Wände begrünen
- Mit anderen nach kreativen Lösungen suchen – zum Beispiel einen Tauschhandel oder Gemeinschaftsgärten initiieren

9

WASSER EFFIZIENT NUTZEN

- Regenwasser an der höchsten Stelle auffangen und speichern, in möglichst vielen Zwischenstationen durch die Anlage laufen lassen und vielfältig nutzen, schließlich möglichst sauber wieder in den Kreislauf bringen
- Wasser als Wärmespeicher nutzen (Teich, Wasserspeicher im Gewächshaus usw.)
- Mit Regenwasserspeicher Leitungswasser ersetzen – zum Beispiel für Wasserspülung, Duschen, Bewässerung usw.
- Effiziente Bewässerungssysteme einsetzen (Tröpfchenbewässerung, Aquaponik usw.)
- Wasserspeichernde Elemente planen wie Swales, Teiche, Schwammbeet usw.

10

GESTALTEN UND OPTIMAL ANORDNEN

- Alle Element so planen, dass die meisten nützlichen Beziehungen zu anderen Elementen wirksam werden (zum Beispiel das Hühnerhaus neben dem Kompostplatz oder den Teich vor dem Gewächshaus einrichten)
- Möglichst kleine, möglichst intensiv genutzte Bereiche und möglichst große, möglichst extensiv oder nicht genutzte Bereiche einrichten
- Sorgfältige Zonenplanungen, Gestaltungs- und Umsetzungsprozesse realisieren
- Formen aus der Natur übernehmen (Mäander, Wellen, Tropfen, Netze usw.) – auch für die Geländemodellierung

Im Folgenden werden die einzelnen Grundsätze beschrieben und mit Beispielen illustriert. Die Beispiele sollen aufzeigen, wie ein Grundsatz umgesetzt werden kann. Der Gestaltungsprozess – von den Träumen und Ideen zur Umsetzung – wird ab Seite 104 beschrieben. Viele der erwähnten Beispiele können bei mehreren Grundsätzen aufgelistet werden. Dies zeigt, dass die Vernetzung, die Multifunktionalität und die systemische Herangehensweise in der Permakultur entscheidend sind.

1. Von der Natur lernen

Von der Natur lernen, bedeutet unter anderem, die Vielfalt und damit die Biodiversität zu schätzen sowie Kreisläufe vom Keimen bis zur Verrottung zu erkennen. *Watch and learn from nature*, ist sicher eine der wichtigsten und weit verbreitetsten Aussagen in der Permakultur. Es handelt sich um eine grundlegende Denk- und Herangehensweise.

Das Grundstück muss «gelesen» werden. Wie ist die Sonneneinstrahlung? Wie steht es mit dem Niederschlag? Wo sind schattige Stellen? Woher weht der Wind? Bei Regenwetter lassen sich feuchte Areale beobachten, im Winter schneefreie Stellen. Es ist hilfreich zu erkennen, wo die Bodenoberfläche länger feucht ist oder welche Stellen windgeschützt beziehungsweise sonnenexponiert sind. Dies liefert Hinweise auf bestimmte Pflanzenvorkommen, die Bodenbeschaffenheit, die Erwärmung oder die Wasserspeicherfähigkeit des Bodens. Dieses Wissen ist für die spätere Planung enorm wertvoll. Permakultur-Designende verbringen oft viel Zeit mit der Beobachtung, bevor sie sich ans konkrete Planen machen.

Man sollte nicht nur mit den Augen beobachten, sondern auch die «Stimmungen», die Geräusche und Gerüche draußen beachten. Auch die Aktivitäten der Tiere werden auf dem anzulegenden Gebiet sowie auf den Nachbargrundstücken aufgenommen. Mit einer Lampe ausgerüstet können nachts Tiere wie Igel oder Maulwurfsgrillen beobachtet werden, die tagsüber nicht zu sehen sind. Damit erhält man beispielsweise wichtige Rückschlüsse auf Fraßspuren am Salat.

Pflanzen wachsen meist sogar in unseren Klimazonen sehr üppig. Bleibt ein Grundstück über längere Zeit sich selbst überlassen, wird es von Pionierpflanzen eingenommen, die später einer vielfältigen Flora Platz machen. Diese Abfolge in der Pflanzenvegetation wird als Sukzession bezeichnet.

Wasser, Pflanzen und Tiere spielen in der Auenlandschaft auf komplexe Weise zusammen. Hier kann man sich inspirieren lassen.

SUKZESSION

Sukzession bedeutet die natürliche zeitliche Abfolge von Pflanzen und Tieren an einem bestimmten Standort. Nach den Pionierpflanzen entsteht eine sogenannte Folgegesellschaft und schließlich die Klimax- oder Reifegesellschaft mit etablierten Pflanzenarten. Nach einer Zerfallsphase oder einer Störung beginnt dieser Prozess wieder von Neuem. So werden die Verlandung eines Teiches oder die Verbuschung einer ungenutzten Wiese als Sukzession betrachtet. Sukzession in der Permakultur meint auch eine «Re-Evolution», ein fortwährender, sehr dynamischer Prozess, der von sehr vielen verschiedenen Faktoren wie Bodenbeschaffenheit, Feuchtigkeit, Wind, Temperatur und Hangneigung abhängig ist.

Zum Beispiel Sol sauvage

Der Ausdruck «Sol sauvage» stammt aus dem Französischen und bedeutet «wilder Boden». Gemeint ist, dass dieser Boden nicht oder nur minimal bearbeitet wird. Oft wird damit ein Gelände bezeichnet, welches nicht (mehr) bewirtschaftet wird und auf dem eine Sukzession stattfindet.

In natürlichen Ökosystemen – oder eben auf solch «wilden Erden» – wird der Boden weder gepflügt, noch gejätet und umgegraben. Indem die Bodenschichten bestehen bleiben, wird nicht nur viel Energie (in Form von Umgrab- und Jätarbeit oder Maschineneinsatz) eingespart, sondern kann sich auch das Bodenleben in den Schichten vermehren, in denen es sich am wohlsten fühlt. Außerdem ist der Boden meist bedeckt mit Laub oder Nadeln. Dadurch wird er vor Austrocknung geschützt. Würmer, Asseln, Käfer und Kleinstlebewesen ernähren sich von Mulchmaterial und wandeln dieses in wertvollen Humus um. Nährstoffe werden also in den Boden zurückgebracht, er bleibt langristig fruchtbar.

Im Garten könnte ein Fleck Sol sauvage bedeuten, dass der Boden mit Scharbockskraut (*Ficaria verna*) bedeckt ist. Die Pflanze wird oft als Unkraut bezeichnet und rigoros ausgerissen. Früher wurden die Blätter als Mittel gegen Vitamin-C-Mangel verwendet, der Saft der Knolle gegen Warzen. Scharbockskraut beschattet den Boden, hält ihn länger feucht und bindet über die Verdickungen an der Wurzel Stickstoff im Boden. Zu Beginn des Sommers ist das Scharbockskraut kaum mehr zu sehen, es verschwindet also fast von selbst. Somit ist der Boden gut vorbereitet für weitere Pflanzen.

Scharbockskraut bedeckt gerne Böden, die nur minimal bearbeitet werden.

Mehrjährige Pflanzen brauchen weniger Pflegeaufwand und können über lange Zeit gute Erträge bringen.

Karotten blühen im zweiten Jahr. Wenn sie versamen, wachsen im dritten Jahr ohne unser Zutun wieder Karotten.

Zum Beispiel mehrjährige Pflanzen und wenig Eingriffe

Ein natürliches System besteht vor allem aus mehrjährigen Pflanzen. Viele davon sind teilweise essbar wie Beeren, Nüsse, Früchte oder Wurzeln. Sie können sich in einem Garten etablieren, bieten reichliche Erträge und verlangen wenig Pflegearbeiten. Das Säen, das Pikieren, die Beetvorbereitung sowie das Gießen entfallen. Ein großer Maibeeren- oder Jostabeerenstrauch liefert jährlich eine gute Ernte ohne viel Pflegeaufwand. Die Pflanze wurzelt breit und holt sich die Nährstoffe aus tieferen Bodenschichten. Eine Schlechtwetterperiode oder eine Schneckenplage ist für mehrjährige Pflanzen wie den Johannisstrauch besser zu verkraften als für die frisch gepflanzte Salatreihe. Mehrjährige Pflanzen bieten auch Insekten und Vögeln während der kalten Jahreszeit einen Unterschupf oder Nahrung.

Artischocken, Rhabarber und Spargel sind bei uns gängige mehrjährige Pflanzen. Es dauert einige Jahre, bis sie im Vollertrag stehen. Regelmäßige Kompostgaben, leichte Hackarbeiten sowie Mulchen gehören dazu. Einige Salate, Rote Beete und Karotten säen sich meist ohne unser Zutun selber aus. Sie sind zweijährig, bilden im zweiten Jahr Samen und im dritten Jahr wachsen daraus wieder neue Pflanzen. Mit wenig Aufwand kann also ein mehrjähriges Anbausystem geschaffen werden.

So ging auch der Japaner Masanobu Fukuoka davon aus, dass die Natur sich selbst erhalten kann. Er propagierte eine «Nichts-Tun-Landwirtschaft», in welcher der Mensch nur das tun soll, was wesentlich ist für ein gesundes Gedeihen der Nutzpflanzen. Seine Gemüsesorten wuchsen inmitten einer bunten Pflanzenvielfalt. Er ließ die Gemüsepflanzen wachsen, damit sie versamen konnten, und griff nur dort ein, wo die Nutzpflanzen unter dem Wuchs anderer Pflanzen litten.

Zum Beispiel Bodenaufbau

Aufbau und Pflege eines Bodens ist *earth care* im wahrsten Sinne des Wortes. Permakultur achtet darauf, das Bodenleben zu fördern, also in erster Linie den Boden zu ernähren. Ein gesunder Boden bringt gesunde Pflanzen hervor. Die Bodenschichten sind der Natur nachempfunden. Wer nach den Prinzipien der Permakultur gärtnert, achtet in besonderem Maße auf die Gesunderhaltung des Bodens. Die eigene Beobachtung und Erfahrung spielt hier eine große Rolle, das Wissen der älteren Bevölkerung ist wichtig, genauso wie die Bodenproben, die ab und zu gemacht werden. All dies führt zu einer Verbundenheit und zu einem achtsamen Umgang mit dem Boden auf dem eigenen Grundstück.

Der Boden ernährt die Pflanzen. Darum ist es wichtig, dass ein nährstoffhaltiger und gesunder Boden vorhanden ist. Ein guter Boden enthält viele Lebewesen, speichert Wasser und Nährstoffe und hat eine krümelige Struktur. Nährstoffe müssen dem Bodenleben zugeführt

BODEN

Viele Mikroorganismen im Boden sind noch weitgehend unbekannt, man vermutet jedoch, dass rund ein Viertel aller Lebewesen auf der Erde in den Bodenschichten lebt. In einer Schaufel Erde können sich bis zehn Milliarden Lebewesen tummeln. Ein Regenwurm kann pro Jahr bis zu zehn Kilogramm Wurmkompost produzieren, der reich an Kalium, Stickstoff und Phosphor ist. Einige Mikroorganismen können dabei helfen, Schwermetalle oder Ölverschmutzungen zu neutralisieren.

Im Boden werden nicht nur Pflanzenreste ab- und umgebaut. Er dient auch als Wasser- und Wärmespeicher, bindet Nähr- und Schadstoffe und wirkt als Klimaregulator. Die «Arbeiter» im Boden (Regenwürmer, Nematoden, Pilze, Mikroorganismen usw.) stellen im gesunden Boden ein Gleichgewicht her. Darum sind die vorsichtige Bearbeitung und die Ernährung des Edaphons (Gesamtheit des Bodenlebens) wichtig.

Eine Faustregel besagt, dass ein gesunder Boden rund 40 Prozent mineralische und rund zehn Prozent organische Substanz enthält sowie je 25 Prozent Wasser und Luft. Die größten Gefahren für den Boden sind Versalzung (durch künstliche Düngemittel), Verdichtung, Verschmutzung und Erosion.

werden, damit im nächsten Jahr wiederum gesundes Gemüse wachsen kann.

Für die gezielte Bodenbearbeitung ist es wichtig, den eigenen Boden zu kennen. Welche Nährstoffe sind vorhanden, welche fehlen? In einigen Landstrichen in Europa fehlt beispielsweise das Selen im Boden fast vollständig. Mit der Zugabe bestimmter Gesteinsmehle kann Selen im Boden mit der Zeit angereichert werden. Grundsätzlich werden bei uns drei Bodenarten unterschieden:

- Lehmboden: besteht aus Sand, Ton und Lehm, dunkelbraune Struktur, meist fruchtbar, außer wenn er zu lehmig ist, enthält oft viel organisches Material
- Sandboden: feine Steinpartikel, sehr wasserdurchlässig, enthält meist wenig organisches Material
- Tonboden: sehr feine Teilchen, die sich stark verdichten können oder bei Trockenheit aufreißen

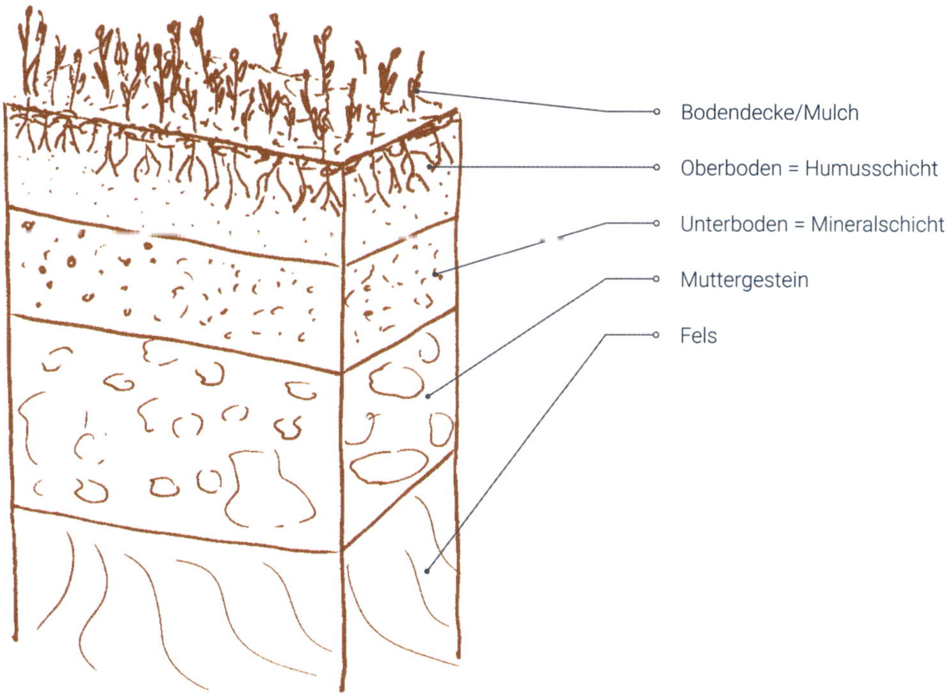

Das Bodenleben befindet sich zum größten Teil in der obersten Bodenschicht. Damit es sich gut entwickeln kann, muss es «gefüttert» werden.

Zum Beispiel Mulch – keine nackten Böden

Im Wald bedecken Laub, Äste, Baumfrüchte oder Nadeln den Boden. Diese Decke unterdrückt das Unkraut und schützt den Boden vor Erosion und Austrocknung. Kleinstlebewesen ernähren sich von dieser Schicht und wandeln sie in Humus um. In trockenen Sommern wird die nackte Erde hart wie Beton. Mit einer dicken Mulchschicht bleibt sie feucht und krümelig. In der Permakultur gilt deshalb die Regel, Böden nicht unbedeckt zu lassen: Sie sind entweder gemulcht oder von Pflanzen bedeckt.

Versuche mit verschiedenen Materialien sind sinnvoll. Stroh, angetrocknetes Gras, frischer oder reifer Kompost, Schafwolle, Steine, Schilf, Laub oder Holzhackschnitzel können den Boden bedecken. Frisch geschnittenes Gras darf nicht zu dick aufgetragen werden, da es zusammenklebt und fault. Auch Holzschnitzel sind nur in geringen Mengen und vor allem für Pflanzen geeignet, die eher sauren Boden lieben, beispielsweise Beeren. Frisches Pflanzenmaterial aus der Küche kann als Mulch verwendet werden, lockt aber Schnecken an. Stroh scheint sich bei Gemüsekulturen oder Kartoffeln gut zu bewähren, dünn aufgetragene Schafwolle soll Schnecken abwehren. Über Blättermulch sagte man früher: Zuviel Laub macht die Äcker taub. Welches Material sich auf dem eigenen Grundstück bewährt, hängt von vielen lokalen Begebenheiten ab und muss über längere Zeit beobachtet werden.

Mulch ist der Natur nachempfunden. Blätter und Gras sterben ab, bilden eine Schutzschicht für das Bodenleben.

Mulchen mit Karton wird vorbereitet (siehe Seite 28).

Im gut aufgeschichteten Beet gedeihen die Gurken.

MULCHEN MIT KARTON

Das Abdecken einer Fläche mit Karton (zum Beispiel eine Wiese, die nun als Gemüsebeet dienen soll) ist eine einfache und effiziente Lösung. Der Rasen wird kurz geschnitten oder grobes Unkraut entfernt. Die gesamte Fläche wird mit unbedrucktem Karton (ohne Klebstreifen usw.) abgedeckt. Die im heutigen Zeitungsdruck verwendeten Druckfarben sind deutlich weniger belastet als noch vor einigen Jahren. So ist es vertretbar, diese Mulchtechnik einmal in einem Gartenstück anzuwenden.

Die Kartons werden überlappend ausgelegt, damit ausdauernde Kräuter wie Löwenzahn nicht durch die Lücken wachsen können. Dann wird die Fläche mit verrottetem Kompost oder Mist sowie mit feiner humoser Erde bedeckt. Die Schicht sollte rund zehn Zentimeter dick sein, damit direkt eingepflanzt werden kann. Werden beispielsweise Kartoffeln gepflanzt, können Löcher in den Karton geschnitten werden für die Saatknollen. Auch Stroh, Gartenabraum oder Mist kann in Schichten – ähnlich wie beim Hügelbeet (siehe Seite 72) – auf die Kartonschicht aufgebracht werden. Dann wird aber zunächst eine Gründüngung eingesät oder das Beet wird erst nach einigen Monaten bepflanzt, wenn die ersten Abbauprozesse vorüber sind. Der Boden wird so nachhaltig fruchtbarer und kann wesentlich mehr Wasser und Nährstoffe speichern.

Gras oder Kräuter können bei dieser Methode nicht durch die Kartonschicht wachsen und ersticken. Wenn der Karton nach rund einem Jahr zersetzt ist, können Pflanzenwurzeln von oben auch in die unteren Bodenschichten gelangen. Bei starken Wurzeln, beispielsweise beim Bambus, eignet sich diese Methode nicht, da die starken Spitzen den Karton durchstoßen können.

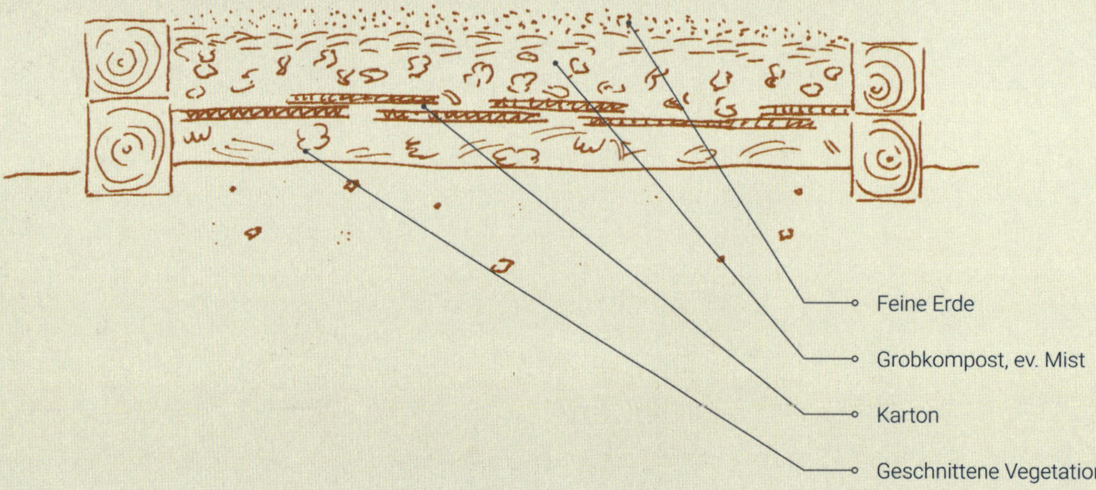

2. Vielfalt ermöglichen

Über biologischen Vielfalt (Biodiversität) wurde in den vergangenen Jahren viel gesprochen. Verschiedene Programme wurden lanciert, um auf die Bedeutung der biologischen Vielfalt aufmerksam zu machen und ihren schleichenden Rückgang aufzuhalten. Die genetische Vielfalt und die Anpassungsfähigkeit einer Art sind wichtig für das Überleben von Arten und Systemen. Grundsätzlich ist zu sagen, dass eine Vielfalt an Pflanzen ein Ökosystem stabiler macht.

Je vielfältiger ein System ist, desto widerstandsfähiger ist es und desto höher ist seine Resilienz (siehe Seite 50). Wenn verschiedene Elemente dieselben Funktionen erfüllen (zum Beispiel Windschutz durch verschiedene Heckenpflanzen, einen Zaun aus geflochtenen Weidenästen oder eine Reihe Himbeeren), kann eine Pflanzenart, beispielsweise wegen eines Schädlings, ausfallen, ohne dass der Windschutzeffekt ganz wegfällt.

Neben der Vielfalt spielt für uns auch die Sortenwahl eine Rolle. Um einen guten Ertrag zu erhalten, ist es wichtig, Sorten auszuwählen, welche mit dem vorherrschenden Boden und dem Klima gut zurechtkommen. Dies sind oft Sorten, die seit Generationen in dieser Gegend angepflanzt worden sind. Aus Süditalien importierte Küchenkräuter haben eine geringe Überlebenschance bei uns. Ebenso ist darauf zu achten, resistente Sorten anzubauen, also solche, die gut mit Schädlingen oder mit Trockenperioden umgehen können.

BIODIVERSITÄT

Unter Biodiversität versteht man die Vielfalt der Arten, der Ökosysteme und der Gene, also verschiedene Tiere, Pflanzen und Mikroorganismen, verschiedene Lebensräume wie Teich, Wald oder alpine Zonen und verschiedene genetische Ausprägungen innerhalb einer Art.

Über einer Schicht mit Schnittgut werden Kartons gelegt. Der Karton wird mit Grobkompost und mit Erde zugedeckt. Diese Form des Mulchens wird auch «Lasagna Gardening» genannt.

Verschiedene Pflanzen in einem Beet begünstigen sich gegenseitig, benötigen unterschiedliche Nährstoffe und erfreuen das Auge.

Unterschiedliche Salate, Fenchel, Erbsen, Blumen im selben Beet

Vielfalt kann auf mehreren Ebenen entstehen

Vielfältige Lebensräume:

- Wildniszonen (Sol sauvage)
- Übergänge zwischen den Zonen (Randzonen)
- feuchte und trockene Standorte
- sonnige und schattige Zonen
- intensiv und extensiv genutzte Zonen
- bepflanzte Obstscheiben (Gilden, Pflanzengemeinschaften)
- rotierende Mischkulturen (zum Beispiel im Vier-Jahres-System)
- Schichten und Stapeln von Kulturen (Waldrandgarten)
- Fruchtfolgen (stark, mittel, schwach zehrende Kulturpflanzen)
- Sortenvielfalt
- alte Sorten mit unterschiedlichen Ausprägungen

Die Bedingungen im Garten sind von Jahr zu Jahr anders. Kältere oder trockenere Perioden schaffen immer wieder neue Voraussetzungen für den Gemüseanbau. Wichtig ist, dass in jedem Jahr eine breite Vielfalt gesät und angebaut wird. Nie ist vorauszusehen, wie sich das Wetter im Laufe der Sommermonate entwickelt und für welche Pflanzen die besten Bedingungen vorherrschen. So gedeihen Erbsen in einem Jahr besonders gut, im nächsten aber ist es zu nass und die keimenden Samen faulen. Oder die Andenbeere bekommt in einem Jahr genügend warme Tage im Herbst, sodass sie ausreifen kann. Im folgenden Jahr kann aber ein früher Frost im Oktober kommen und die Pflanze erfriert.

Die Pflanzenarten haben unterschiedliche Bedürfnisse an Licht, Wärme, Wasser oder Nährstoffen. Pflanzen derselben Art konkurrieren untereinander um Nährstoffe oder um Wasser. Pflanzen, welche zueinander passen, können sich gegenseitig in ihrem Wachstum fördern. Ein Schädling oder eine Pilzerkrankung kann in einer Monokultur sehr schnell von einer Pflanze zur anderen weiterwandern. In einem System mit verschiedenen nebeneinander wachsenden Pflanzenarten ist der Ausfall weniger dramatisch. In vielen Permakulturgärten sind Begleitpflanzen im Gemüsebeet zu finden. Beinwell als Mulchpflanze, Ringelblumen, Lein, schwarzer Hafer oder Phacelia für einen gesunden Bodenaufbau.

Zum Beispiel Mischkultur

Wie oben ausgeführt, strebt Permakultur immer Vielfalt auf kleinem Raum an. Der Platz wird optimal genutzt. Die Mischkultur und die Polykultur sind Beispiele dafür. Es wird damit ein Nebeneinander von Pflanzen bezeichnet, die sich möglichst positiv beeinflussen. Dem Boden werden unterschiedliche Nährstoffe entzogen und die Pflanzen können sich über ihre Wurzelausscheidungen gegenseitig begünstigen. Der Boden wird somit ausgewogener belastet und das Bodenleben bleibt vielseitiger und damit widerstandfähiger gegenüber Einflüssen von außen. Die Arbeit mit dem Boden und dem Bodenleben ist für mit Permakultur gärtnernde Menschen äußerst wichtig. Immer wird auf die Gesunderhaltung des Bodens geachtet, was bei der klassischen Monokultur zweitrangig ist.

In einigen Gärten sieht die Mischkultur wie ein wildes Durcheinander an Pflanzen aus. Es wird dabei nicht in Reihen gepflanzt, sondern bunt gemischt. Die Verträglichkeit der einzelnen Pflanzen untereinander wird dabei berücksichtigt und auch die Pflegearbeiten wie Hacken usw. werden genau so angewendet wie bei der Reihenmischkultur. Der Ertrag ist dabei mit der klassischen Reihenkultur vergleichbar. Eine besondere Mischkultur ist die Obstbaum-Lebensgemeinschaft (siehe Seite 78).

Es sind verschiedene Mischkulturtabellen in den unterschiedlichsten Kombinationen im Umlauf. So vertragen sich Fenchel und Erbsen ausgezeichnet, aber auch Karotten und Zwiebeln passen gut zueinander, während Bohnen und Erbsen sich nicht besonders mögen. Eine Mischkulturtabelle ist im Anhang auf Seite 284 zu finden.

MISCHKULTUR

Mischkultur ist der klassische Anbau von Nutzpflanzen in einer Reihe nebeneinander in wechselnder Fruchtfolge. Polykultur ist ein «wildes Durcheinander» von Pflanzen, welche sich gegenseitig begünstigen, sich teilweise selber versamen und ihre Standorte selber bestimmen.

Eine kleine jährlich rotierende Mischkultur (wie hier Andenbeere, Sellerie und Federkohl) schont den Boden und ergibt eine vielseitige Ernte.

Ringelblumen im Erdbeerbeet

Zum Beispiel die «drei Schwestern»

Die «drei Schwestern» Mais, Bohnen und Kürbis werden in Südamerika schon seit Jahrhunderten ins gleiche Beet gepflanzt, mit durchschlagendem Erfolg. Mit diesen drei Pflanzen kann auf kleiner Fläche viel Ertrag erwirtschaftet werden und das Bodenleben bleibt gesund. Es braucht eine jährliche Kompostgabe, aber sonst keinen Fruchtwechsel. Die dichte Bepflanzung liefert im Herbst wertvolles Mulchmaterial. Ein solches Beet kann durchaus im Norden einer Anlage stehen und damit gleichzeitig als Windschutz dienen. Somit sind mehrere Funktionen erfüllt.

Die Knöllchenbakterien an den Wurzeln der Bohnen sammeln Stickstoff und geben diesen am Ende der Vegetationsphase an den Boden ab. Der Mais kann sehr tief wurzeln und damit Nährstoffe aus tieferen Bodenschichten nutzen. Die Wurzeln des Kürbis verlaufen flach. Somit bevorzugen die drei Pflanzen verschiedene Bodenregionen. Kürbis und Mais nutzen den Stickstoffeintrag der Bohne. Zudem bietet der Mais eine attraktive Kletterhilfe für halbhohe Bohnen. Solche «Reiserbohnen» werden zwischen 120 und 200 Zentimeter hoch und eignen sich damit besonders gut für diese Art der Mischkultur. Hohe Stangenbohnen von über drei Meter Länge überwuchern die Maispflanzen. Die Kürbisblätter bedecken den Boden und halten ihn somit feucht. Unkräuter haben eine geringere Chance zu keimen.

Zum Beispiel Pflanzengemeinschaften

Pflanzen beeinflussen sich gegenseitig, sie sind ebenso in Netze eingebunden wie die Menschen. Im Garten wird kommuniziert. Es sind rund 1000 Duftstoffe bekannt, welche Pflanzen einsetzen, um mit ihrer Umgebung zu kommunizieren. So kann beispielsweise eine von Raubmilben befallene Tomatenpflanze einen Duftstoff aussenden, um Schlupfwespen anzulocken, oder sie kann mehr Solanin produzieren, um die Raupen abzuschrecken. Diese Mehrproduktion kann auch von der Nachbarpflanze erkannt werden.

Dies zeigt, wie wertvoll Pflanzengemeinschaften sind. Je vielfältiger die Pflanzengemeinschaft ist, desto größer ist der Austausch unter den Pflanzen. Studien zeigen, dass Pflanzengemeinschaften ertragreicher sind als Monokulturen. Die Pflanzengemeinschaft kann die Bodennährstsoffe, Licht und Wasser besser nützen. Die einzelnen Pflanzenarten sind den Schädlingen weniger ausgesetzt.

Im Demeteranbau wird zusätzlich von der Wichtigkeit der kosmischen Einflüsse auf das Pflanzenleben gesprochen. Solche feinstofflichen Einwirkungen auf die Pflanzen sind schwer zu erkennen. Dass diese aber die Pflanzengesundheit beeinflussen, scheint unumstritten.

Linke Seite: Halbhohe Stangenbohnen schlängeln sich dem Mais und den Stützen entlang hoch, Kürbisse bedecken den Boden.

Brombeeren in wilder Mischkultur. Die Bohnen sammeln Stickstoff, die Pflanzen begünstigen sich gegenseitig durch ihre Ausscheidungen.

Zum Beispiel Gründüngung

Eine Gründüngung wird aus verschiedenen Gründen eingesät. Zum einen, damit der Boden sich regenerieren kann und Pflanzenmasse entsteht, welche in den Boden eingearbeitet wird, zum anderen, um Nährstoffe wie Stickstoff zu akkumulieren (anzureichern). Ein gesunder Boden bringt auch eine gesunde und vielfältige Ernte hervor. Ob Hafer, Phacelia, Senf, Ölrettich, Spinat oder Klee eingesät wird, hängt von der Bodenbeschaffenheit, vom Effekt, den man erreichen will (zum Beispiel Inkarnathklee als Stickstoffsammler), von der Jahreszeit und von der Folgefrucht ab. Gründüngung ist ein wichtiges Element auf dem Weg zu einer gesunden und ausgewogenen Bodenstruktur.

Die Gündüngung (auf dem Bild zu sehen: Ringelblume, Borretsch und schwarzer Hafer) kann durchaus schön aussehen und nicht nur der Gesundung des Bodens dienen. Sie bietet auch Nahrung für Kaninchen oder Hühner sowie ab und zu einen schönen Blumenstrauß.

Zum Beispiel Randzonen

Die Pflanzenvielfalt in den Randzonen ist höher als in den Zonen dahinter. Dies macht man sich im Permakulturgarten zunutze.

Mit Randzonen sind Übergänge zwischen zwei Systemen gemeint. Der Waldrand, der Übergang zwischen Wald und Wiese, ist beispielsweise eine solche Randzone. Es herrscht dort eine größere Vielfalt an Pflanzen und Tieren vor als in der Wiese oder im Wald. Pflanzen in diesen Zonen haben meist mehr Licht als im Wald dahinter und können trotzdem relativ hoch hinauf wachsen. Der Holunder ist eine typische Waldrandpflanze. Er gedeiht nicht im dichten Wald und ist selten mitten auf der Wiese anzutreffen. Der Wald oder eine Hauswand schützen den Holunder vor Wind und Schnee, bieten zusätzliche Wärme und feuchte Erde. Waldrandpflanzen stellen einen guten Unterschlupf und Nahrung für diverse Vögel, Insekten und Reptilien zur Verfügung.

Oft sind seltene Pflanzen wie Orchideen in einer Randzone zu finden, da sie dort ungestört wachsen können. Übergänge zwischen Wasser und Landflächen sind weitere Randzonen. In den feuchten Zonen am Ufer sind andere Pflanzen anzutreffen als auf trockenen erhöhten Landflächen oder im Wasser.

BORRETSCH *(BORAGO OFFICINALIS)*

Borretsch wird auch als Gurkenkraut bezeichnet, gehört zu den Raublattgewächsen und ist ein beliebtes Küchenkraut. Er sieht dem Beinwell sehr ähnlich.

Als Heilkraut wird er gegen melancholische Zustände, bei Magenbeschwerden und bei Herzschwäche verabreicht. Verwendet werden die Blüten und die Blätter, aus den Samen wird Öl gepresst. Zu viel ist allerdings ungesund, da die Pflanze viele Pyrrolizidinalkaloide enthält. Als Salatbeilage ist sie aber sehr bekömmlich.

Als Honig- und Wildbienenweide ist Borretsch geradezu prädestiniert. Die Blüten leuchten über den ganzen Sommer und ziehen viele verschiedene Insekten an. In einer wilden Ecke im Garten vermehrt sich das Kraut selbstständig, kann aber auch im Gemüsebeet, in einer Mischkultur oder zusammen mit einer Gründüngung die Bodengesundheit verbessern.

Zum Beispiel Wildniszonen

Die Wildniszone wird im Allgemeinen weit weg vom Haus eingeplant. Auf der Zonenplanung (siehe Seite 111) wird sie als Zone 5 bezeichnet. In diese Zone wird kaum eingegriffen, es wächst das, was von Natur aus passt und in den natürlichen Sukzessionsstufen vorkommt. Zu vergleichen ist diese Zone mit Sol sauvage.

Manche Wildbienenarten nisten zum Beispiel in Erdlöchern. Sie leben solitär und nicht in großen Völkern wie die Honigbienen. Diese Erdbienen können sich aber nur dann etablieren, wenn die Erde, in der sie nisten, nicht bearbeitet wird. In der Wildniszone finden diese Bienen auch ihre Nahrung. Damit unterstützen sie die Honigbiene bei der Befruchtung der Nutzpflanzen und tragen einen wichtigen Teil zur Aufrechterhaltung des Systems bei.

Werden Pflanzen auf engem Raum gepflanzt, breiten sie sich aus und müssen ab und zu zurückgeschnitten werden.

Zum Beispiel Kleinräumigkeit

In der Permakultur spielt die optimale Nutzung des vorhandenen Bodens eine wichtige Rolle. Das bedeutet aber nicht, dass alle Flecken möglichst intensiv genutzt werden sollen. Es sind auch wilde Zonen, unproduktive Areale oder offene Wiesenflächen vorhanden. Grundsätzlich geht man bei der Permakultur aber davon aus, intensiv genutzte Strukturen auf kleinem Raum zu etablieren.

Die Bewirtschaftung solch kleiner Räume benötigt viel Handarbeit, dafür wenig Maschinen. Im Weltagrarbericht von 2009 ist festgehalten, dass eine kleinbäuerliche, wenig mechanisierte Landwirtschaft der Schlüssel ist für eine nachhaltige Agrarwirtschaft. Kleine Höfe, die intensiv und kleinflächig bewirtschaftet werden und auf denen mechanische Geräte wenig eingesetzt werden, haben eine höhere Biomasseproduktion als großflächige Felder. Der Weltagrarbericht korrespondiert also mit den Prinzipien der Permakultur. In einer kleinräumigen Landwirtschaft ist es eher möglich, die natürlichen Kreisläufe zu stärken, Nährstoffe und Wasser effizient zu nutzen und diversifizierte Systeme mit hoher Widerstandskraft anzulegen. Die Abhängigkeit von den Multikonzernen der Agroindustrie wird somit kleiner, es wird mehr Kohlendioxid (CO_2) im Boden gespeichert und die Pflanzen werden aus eigenen Samen großgezogen.

Eine höhere und vielfältigere Arbeitsleistung ist damit nicht zu umgehen, da auch der Mechanisierungsgrad niedriger ist. Insgesamt überwiegen aber die Vorteile kleinräumig angelegter Systeme. Aufgrund der Vielseitigkeit solch kleiner Systeme sind die wissenschaftlichen Nachweise über Produktionen und Erträge nicht einfach. Viele Komponenten, Verbindungen und Leistungen sind nicht oder nur schwierig überprüfbar.

3. Vernetzung fördern

Nach einem weiteren Grundsatz sollen die Elemente, Pflanzen und Gebäude so angeordnet werden, dass sie mehrere (wichtige) Funktionen erfüllen können und sich gleichzeitig ergänzen und unterstützen. Außerdem soll jede Funktion von mehreren Elementen abgedeckt werden. Alle Elemente sollen in Bezug zueinander stehen. Im systemischen Denken bedeutet dies, dass alles, was an einem Ende geschieht, einen Einfluss hat auf das andere Ende.

Das Ziel einer guten Gestaltung ist es, den besten Platz für die ausgewählten Elemente zu finden. Das heißt, es werden jene Elemente ausgewählt, welche die gewünschten Funktionen am besten erfüllen können. Zu beachten ist dabei, dass möglichst gute Verbindungen unter den einzelnen Elementen bestehen – dies ist eine große Stärke der Permakultur. Die Elemente sollen sich begünstigen, einander ergänzen und damit mehrere Funktionen erfüllen. Am Beispiel einer Hecke lassen sich Vernetzungen und Funktionen gut zeigen.

Hühner suchen sich auf dem Kompost ihre Nahrung. Neben Würmern und Asseln fressen sie auch Grünabfälle und Essensreste. Zudem mischen sie den Kompost effizient.

FUNKTIONEN

Mit «Funktionen» wird der Nutzen bezeichnet, den man mit einem bestimmten Element, an einem bestimmten Ort und in einer bestimmten Vernetzung mit anderen Elementen erreichen will. Ein Huhn liefert nicht nur Eier, sondern auch Dünger, Federn, Fleisch. Es frisst kleine Schnecken und Käfer, verwertet Küchenabfälle und lockert durch Scharren den Boden. Die von den Hühnern im Hühnerhaus abgegebene Wärme ist zwar sehr gering, aber die Erwärmung von ein bis zwei Grad Celsius ist durchaus erwünscht.
In einem Hügelbeet können die Gartenabfälle vor Ort recycelt werden, die Transportwege entfallen. Die Anbaufläche wird durch die runde Beetform wesentlich vergrößert, die entstehende Wärme im Haufen kommt den Pflanzen im Frühjahr zugute und der Humusgehalt des Bodens wird massiv gesteigert. Wird das Hügelbeet in einem Gewächshaus oder hinter einem Teich angelegt, ist die zur Verfügung stehende Energie noch größer.

Zum Beispiel die Hecke

Winde kommen in unserer Klimazone meist aus Norden oder Westen. Sie kühlen Boden und Pflanzen und sind ein Stressfaktor für die Pflanzen. Dieser sogenannte Wind-Chill-Faktor trägt wesentlich dazu bei, dass die Pflanzen später in Ertrag kommen. Winde werden durch eine Hecke abgebremst, wenn sie im Norden oder Westen eines Grundstücks steht. Auf der Südseite der Hecke bieten sich damit etwas bessere Bedingungen für Gemüsepflanzen. Eine Hecke kann aus immergrünen Pflanzen wie Efeu, Stechpalmen, Lorbeerkirsche, Wacholder oder Eibe bestehen, aber auch aus Holunder, Brombeeren, Obstbäumen oder Sonnenblumen. In diesem Fall ist ein zusätzlicher Ertrag in Form von Beeren, Vogelfutter, Obst und Mulchmaterial möglich.

In einer vielseitigen Hecke in unseren Klimazonen sind auch Gemeine Hasel, Schwarz- und Weißdorn, Liguster, Hainbuche, Wildkirsche, Pfaffenhütchen, Schneeball, Wildapfel und viele mehr zu finden. Stickstoffsammelnde Pflanzen in der Hecke wie Sanddorn oder Ginster tragen zur Bodenfruchtbarkeit im Garten bei. Diese Hecke erfüllt mehrere Funktionen. Neben dem Windschutz und der Holzgewinnung sind auch eine Beerenernte oder die Saatgutgewinnung fürs nächste Jahr denkbar. Mulchmaterial in Form von Laub und Holzhäcksel ist vorhanden und es wird Lebensraum für Tiere geschaffen. Bei einer U-förmigen Hecke spricht man von einer Sonnenfalle. Sie ist eine gute Möglichkeit, etwas Wärme im System zu halten, Winde zu bremsen, Lebensräume für Tiere zu schaffen sowie weitere Nahrungsmittel anzubauen.

Da die Hecke im Norden steht und höher ist als die übrigen Gartenpflanzen, bekommt sie genügend Licht, um dicht heranzuwachsen. Wenn bereits im Frühling ein guter Windschutz gebraucht wird, kann ein schön geflochtener Weide- oder Haselzaun eine gute Alternative bieten und die vorhandenen Weidenruten können sinnvoll weiterverwendet werden. Ein solcher Zaun braucht wenig Platz, bremst Winde aber sehr effektiv ab.

Gegen die Landwirtschaftszone und die kalten Nordwinde schützt eine Hecke wirkungsvoll.

ESSBARE HECKE

Beerensträcher eignen sich hervorragend für essbare Hecken. Für niedrige Streifen sind Maibeere, Aronia, Josta, Kornelkirsche, Berberitze, Stachelbeere, Kulturheidelbeere, Hagenbutte oder auch Säulenobstbäume geeignet. Soll die Hecke höher sein, sind eher Holunder, Hasel, Sanddorn, Schlehe, Felsenbirne, Brombeeren, Himbeere oder Niederstämme zu verwenden.
Alle Pflanzen tragen Früchte, die direkt, getrocknet oder gekocht verwendet werden können. Sie enthalten viele sekundäre Nährstoffe wie Flavonoide, Anthocyane, aber auch Spurenelemente, Vitamine oder Gerbstoffe. Oft sind sie eher bitter und müssen rasch verarbeitet werden.

- Maibeere *(Lonicera kamtschatica)*, auch Kamtschatka-Heckenkirsche: sehr winterhart, trägt früh kleine blaue Früchte, welche roh bitter schmecken, eingekocht mit Zucker zu Marmelade verarbeiten
- Aronia (*Aronia melanocarpa*, linke Seite, Bild oben), auch Schwarze Apfelbeere: schwarze oder rote Früchte, werden oft zu früh gepflückt, müssen auch innen ganz reif sein, werden getrocknet und im Müsli gegessen, gepresst für die Saftgewinnung oder eingekocht
- Josta (*Ribes* x *nidigrolaria*, linke Seite, Bild unten): Kreuzung zwischen Stachelbeere und Schwarzer Johannisbeere, sehr wüchsig und für viele Standorte geeignet, Beeren wie Johannisbeeren verwenden
- Kornelkirsche *(Cornus mas)*, auch Tierlibaum, Dürrlitze: Früchte über Nacht in Süßmost einlegen und mit Zucker einkochen, dann durch ein Tuch auspressen
- Berberitze *(Berberis vulgaris)*, auch Sauerdorn: Vorsicht beim Pflücken wegen der langen Dornen, wird oft zusammen mit Obst und Zucker eingekocht zu Konfitüre oder Kompott
- Felsenbirne *(Amelanchier ovalis)*: schwarze Beeren, können mit Quark und Zucker zu einem Aufstrich eingekocht werden
- Sanddorn *(Hippophae rhamnoides)*: hat lange Stacheln, Beeren enthalten sehr viel Vitamin C, gilt in der Naturheilkunde als Lebenselixier, etwa eins zu eins mit Zucker aufkochen
- Schlehe *(Prunus spinosa)*, auch Schwarzdorn: meist sind nur wenig Früchte am Strauch, diese tiefgefrieren bis man mehr hat, Saft durch Kneten in einem Tuch auspressen, dann mit Rohzucker oder Birnendicksaft einkochen
- Japanisch Weinbeere *(Rubus phoenicolasius)*: ist frosthart und wächst rankend wie Brombeeren auch im Halbschatten, Früchte reifen über vier bis sechs Wochen, als Nachfrucht ideal

Zum Beispiel Wärmespeicher

Ein Brennholzstapel oder eine Mauer im Norden eines Grundstücks halten einerseits die kalten Winde ab und speichern andererseits Energie in Form von Wärme. Die Luft unmittelbar vor dem Brennholzstapel ist auch lange nach Sonnenuntergang noch warm. Auch Stein und besonders Wasser sind sehr gute Wärmespeicher. Je dunkler die Oberflächen sind, desto mehr Energie kann aufgenommen werden. Die Wärme wird in der Nacht wieder an die Umgebung abgegeben. Ein solcher Holzstapel erfüllt verschiedene Funktionen: Neben der Aufbewahrung von Feuerholz dient er als Windschutz, ist Energiespeicher und bietet Kleintieren einen Unterschlupf.

Ist der Holzstapel optimal ausgerichtet und mit anderen Elementen wie einem Teich kombiniert, verstärkt sich die Funktion der Energiespeicherung. Pflanzen vor einem Brennholzstapel wachsen schneller als an windexponierten Stellen. Neben der Terrassierung, der Abgrenzung und dem Sichtschutz macht man sich hier wiederum mehrere Funktionen zunutze.

Tomaten und Zwiebeln wurden vor den Holzstapel gepflanzt. Die gespeicherte Tageswärme wird nachts abgegeben, die Sonnenstrahlung durch die Abstrahlung intensiviert.

Eine Steinmauer speichert Wärme besonders gut, was südländische Pflanzen lieben. Beachtet werden muss, dass der Boden schneller austrocknet.

Zum Beispiel Tierhaltung

Auch Tiere bereichern das System und sind ein Beispiel dafür, wie vielfältig ein Grundstück genutzt werden kann. «Hast du zu viele Schnecken im Garten, dann hast du zu wenig Laufenten.» Diese Aussage regt an, um über Tierhaltung im Garten nachzudenken.

Ist genügend Platz vorhanden, können Hühner wichtige Funktionen erfüllen. Nicht nur liefern sie Eier und Fleisch, sie scharren im Boden nach kleinen Schnecken, Larven und Samen. So sind sie eine willkommene Hilfe bei der Schädlingsbekämpfung. Küchenabfälle und in kleinen Mengen auch Essensreste werden in gesunde Eier umgewandelt. Kot und Federn sind reich an Stickstoffen und wandern auf den Kompost. Hühner und Wachteln sind pflegeleicht und benötigen wenig Betreuung. Ein dichter Zaun, der vor Marder und Fuchs schützt, ist allerdings unerlässlich.

Kaninchen können ebenfalls zur Fleischproduktion gehalten werden. Sie verwerten das Gras der Wiese sehr effektiv und ihre Hinterlassenschaften sind zusammen mit dem Einstreu ein ausgezeichnetes Wurmfutter für die Kompostwürmer (*Eisenia fetida*; siehe Seite 70).

Größere Tiere benötigen wesentlich mehr Platz im Garten. Ziegen und Schafe liefern wertvolle Hinterlassenschaften, welche die Fruchtbarkeit des Gartens erhöhen. Vor allem Ziegen benötigen aber einen ausbruchsicheren Zaun. Die Pflege dieser Tiere ist nicht zu unterschätzen und auch der Futterbedarf in den Wintermonaten muss gut durchgerechnet werden. Zu viele Tiere in einem System können sich nachteilig auswirken. So sind Schweine beispielsweise für die Bodenfruchtbarkeit einsetzbar, verdichten aber mit der Zeit den Boden. Deshalb ist es ratsam, Tiere wie Schweine, Enten oder auch Ziegen nur für einige Wochen oder Monate in einem kleinen Garten zu halten und sie anschließend dem Bauern wieder zurückzugeben. Ein wesentlicher Aspekt ist zudem die Freude und die Begeisterung für diese Tiere. Es bedeutet einen nicht unerheblichen täglichen Aufwand, um für die Tiere zu sorgen.

Hühner sind eine willkomene Hilfe bei der Schädlingsbekämpfung und bereichern mit Kot und Federn den Kompost.

Zwei kleine Wollschweine können in nur zwei Wochen mit sämtlichen Pflanzenresten im Garten aufräumen und den Boden wunderbar lockern.

4. Resiliente Systeme schaffen

Infolge der globalen Klimaveränderung sind Wetterextreme wahrscheinlicher geworden. Eine hohe Biodiversität, viele verschiedenartige Pflanzen und ein gesunder Boden machen ein System stabiler. Ein Starkregen oder eine Hitzeperiode kann mit geeigneten Pflegemaßnahmen abgemildert werden, beispielsweise mit Mulch. Aber auch die Auswahl sowie die Standorte von Pflanzen und Elementen und das Zusammenspiel dieser Elemente sind entscheidende Faktoren, welche ein System resilient und damit ausdauernd machen.

Resilienz ist also ein wichtiges Planungsziel. Verschiedene Gemüsesorten werden durch geschickte Platzierung nebeneinander nicht von demselben Schädling angeknabbert. Einige werden den Befall überstehen, sodass nicht die gesamte Ernte ausfällt. Manche Pflanzen sind toleranter gegenüber längeren Trockenperioden, haben tiefere Wurzeln und überstehen auch Wochen ohne Regen. Sie beschatten den Boden und ermöglichen dadurch auch anderen Pflanzen ein Überleben. Eine monokulturell angelegte Fläche wäre schneller ausgetrocknet.

Obstbäume werden als erste Maßnahme zur Hangbefestigung gepflanzt, eine Terrassierung mit einer kleinen Mauer soll folgen. Damit wird der Hang längerfristig vor Erosion geschützt.

Kleine Steinmauern schützen die Reben vor starken Winden auf der Insel Lanzarote. In den Mulden können sich Tau und das wenige Regenwasser sammeln.

Durch den Mischanbau nach dem Vorbild der Natur bleibt die Bodenstruktur gesund, da verschiedene Pflanzen unterschiedliche Nährstoffbedürfnisse haben und auch unterschiedliche Stoffe an den Boden zurückgeben. Mehrjährige Pflanzen haben sich meist gut in einen Garten integriert und sich den Bedingungen angepasst. Sie sind unabdingbar für ein resilientes Permakultursystem.

Zum Beispiel Selbstversorgung

Selbstversorgung heißt, sich selber mit Nahrung zu versorgen. Dies ist in unseren Klimazonen kaum möglich, da den meisten von uns zu wenig Land zur Verfügung steht. Eine Teilversorgung aber ist durchaus denkbar und erstrebenswert. Ob es Gemüse, Beeren oder Früchte sind, kann individuell verschieden sein. Neben diesem praktischen Vorzug ist auch der Bezug zur Nahrung, zum Angebauten und damit zu den Jahreszeiten hervorzuheben. Die Arbeit draußen mit den Kartoffeln, Kräutern oder Blumen stellt eine willkommene Erfahrung im Umgang mit der Natur dar. Dem jahreszeitlichen Rhythmus können wir uns nicht entziehen, selbst wenn wir keinen Garten haben und keine eigenen Nahrungsmittel anbauen.

Selbstversorgung bedeutet auch, sich Gedanken über die Möglichkeiten zu machen, das eigene Leben selber zu gestalten und weniger abhängig zu sein. Die Vernetzung mit erfinderischen und kreativen Menschen bereichert das eigene Leben, sie gibt Anregung, über die Welt im Kleinen nachzudenken.

Im Selbstversorgergarten werden alle Flecken sorgfältig genutzt, um Essbares anzupflanzen.

Eine Hangbefestigung mit Obstbäumen und Gemüseterrassen schützt wirksam und langfristig vor Erosion. Die Permakultur strebt sehr dauerhafte und praktische Lösungen an.

Zum Beispiel langfristig angelegte Systeme

Permakultursysteme sollen nachhaltig geplant und auf Dauer angelegt werden. Nicht der schnelle Profit ist entscheidend. Wichtig sind Langfristigkeit und Ganzheitlichkeit. Ein Design ist immer ein Eingriff in die natürliche Sukzession. Die Gestaltung ist gewollt, soll aber so geschehen, dass die gewählten Elemente auch langfristig die gewünschten Verbindungen und die gewünschten Funktionen erfüllen können. Der Garten soll also auch dann eine Ernte abwerfen, wenn viele Schädlinge vorhanden sind, ein besonders trockener Sommer herrscht oder Hagelschlag einige Pflanzen geschädigt hat. Die Bodenfruchtbarkeit bleibt erhalten, der Garten kann auch der nächsten Generation noch dienen. Dies ist im Design zu berücksichtigen. Pflanzenauswahl, Bodenpflege und Anordnung der Elemente folgen diesem Ziel.

Zum Beispiel das Vorbild

Grundstücke, die nach den Kriterien der Permakultur angelegt sind, können Vorbildcharakter haben. Was zunächst nach einer ungepflegten wilden Landschaft aussieht, erweist sich bei näherem Hinschauen als durchdachte Anlage. Verschiedene Organisationen und auch Privatpersonen bieten immer wieder Führungen durch solche nachhaltig gestalteten Gärten an. Die Gärten können «Geschichten erzählen» und sind Beispiele dafür, dass ein Grundstück auch anders, vielfältiger und wilder aussehen und dennoch funktionieren kann. Viele Permakultur-Designerinnen und -Designer setzen darauf, dass ihre Auszubildenden möglichst viele verschiedene Beispiele, Gestaltungen und Systeme kennenlernen. Die kreative Umsetzung in den Anordnungen ist in jedem Garten anders, Patentrezepte sind nicht vorhanden.

Andere Gärtner haben andere Ideen. Viele Gärten erzählen bei genauem Betrachten ihre Geschichten, die durchaus auch kopiert werden können, wie diese Kletterhilfen aus Weiden.

5. Energie effizient nutzen

«Catch and store energy», ist ein oft zitierter Satz in der Permakultur. Die Wärme auf dem Grundstück ist mitunter entscheidend für eine gelungene Ernte. Dabei wird vor allem die Energie des Sonnenlichts «eingefangen» und «gespeichert». Die Permakultur hat viele Ideen entwickelt, um dieses Ziel zu erreichen.

Bei der Gestaltung spielt die Topographie eine wesentliche Rolle. Die Ausrichtung eines Grundstücks ist bestimmend für dessen Mikroklima. Ob ein Hang steil nach Süden abfällt oder starken Winden ausgesetzt ist, beeinflusst die Temperatur ganz entscheidend. In einem windgeschützten Bereich kann mehr Wärmeenergie gespeichert werden als an windexponierten Stellen.

Scheint die Sonne an eine Steinwand oder an einen Holzstapel, wird dort Wärme gespeichert. Diese wird im Laufe der Nacht wieder abgegeben und wärmt die Umgebung – wenn auch nur um ein oder zwei Grad Celsius – auf. Solche sogenannten Wärmefallen sind besonders in Gegenden mit viel Wind sinnvoll und begünstigen das Pflanzenwachstum.

«Catch and store energy» in Reinform: Die Weinterrassen sind in den steilen Südhang modelliert. Steinmauern speichern Energie und geben sie nachts ab, ein entscheidender Vorteil für wärmeliebende Pflanzen wie beispielsweise Reben.

Wasser ist der effizienteste Wärmespeicher. Entlang von Teichen sind Temperatur und Feuchtigkeit erhöht, so dass die Vegetation meist sehr üppig ist und sich wärmeliebende Gewächse ansiedeln.

Diese Kiwipflanze liebt die Wärmeabstrahlung der Südwand. Das Holz speichert die Sonnenwärme und gibt sie nachts ab. Der Platz ist optimal ausgenutzt, die Pflanze stört nicht und gibt reichlich Früchte.

Wasser ist ebenfalls ein ausgezeichneter Wärmespeicher. Ein Teich, in dem das Regenwasser zusammenläuft, bietet also eine gute Möglichkeit, Energie aufzufangen und zu speichern.

Diesen Effekt gilt es bei der Planung zu berücksichtigen. Dazu muss die Einstrahlung der Sonne auf das Grundstück bekannt sein. Der Einstrahlwinkel, die Anzahl der Sonnenstunden sowie der Schattenwurf im Winter und im Sommer werden auf dem Plan eingetragen. Damit kann festgestellt werden, welche Flächen viel und welche weniger direkte Sonneneinstrahlung bekommen.

Zum Beispiel die Sonnenfalle

Die bekannte Sonnenfalle ist eine Möglichkeit, Winde zu bremsen und mehr Wärme im System aufzufangen. Im Norden eines Grundstücks werden Bäume oder Sträucher gepflanzt. Diese können durchaus auch essbare Früchte tragen wie Holunder, Kornelkirsche, Gemeine Hasel oder Echte Walnuss. So wird ein behütendes Kleinklima auf der Südseite der Hecke geschaffen. In diesem vorgelagerten Teil kommen die erhöhten Luft- und Bodentemperaturen den empfindlichen Zucchini, Tomaten oder Salaten zugute. Nordwinde kühlen den Boden und lassen ihn schneller austrocknen. Dies ist in unseren Breiten meist nicht gewünscht. Durch eine U-förmig angelegte Sonnenfalle wird mehr Energie im Boden gespeichert. In der Hecke ist die Temperatur an einem heißen Sommertag tiefer als auf der Fläche daneben und die hohen Bäume im Norden beschatten bei hohem Sonnenstand einen Teil des Grundstücks. Somit trocknet der Boden weniger rasch aus, was wiederum den empfindlichen Gemüsepflanzen zugute kommt.

In der Sonnenfalle schützen Bäume vor Winden.

Zum Beispiel das Gewächshaus

Das Gewächshaus wird dort aufgestellt, wo im Spätwinter die Sonnenstrahlen hinkommen. Durch die Glasabdeckung entsteht ein Treibhauseffekt. Die gespeicherte Energie steht den Pflanzen in Form von Wärme zur Verfügung. Durch die höheren Temperaturen im Februar oder März kann das Gewächshaus ein geschützter Platz sein für die Setzlingsanzucht, im Frühling herrschen angenehme Temperaturen – ein idealer Platz für erste Gartenarbeiten.

Ein Gewächshaus ist ein Muss für alle ambitionierten Gärtnerinnen und Gärtner. Neben der Setzlingsanzucht können auch empfindliche Pflanzen überwintert und die Saison um einige Wochen verlängert werden. In manchen Jahren bleiben die Temperaturen nachts bis Ende Mai unter zehn Grad Celsius. Zucchini, Auberginen und Tomaten reagieren darauf mit einem Wachstumsstopp. Werden diese empfindlichen Setzlinge in größeren Töpfen im Gewächshaus kultiviert und erst gegen Ende Mai ins Freie gepflanzt, sind sie größer und weiter entwickelt.

Im Gewächshaus wird nicht nur Energie aufgefangen, sondern auch Energie eingespart – sei dies in Form von Transportenergie für die Lieferung von Setzlingen oder für die Heizung zur Pflanzenanzucht. Sehr kleine Gewächshäuser können allerdings nicht genügend Energie speichern, da zu wenig Luft- und Speichermasse vorhanden ist. Die Temperaturen sinken bis zum Morgen auf das Niveau der Außentemperatur. Vor Sonnenaufgang sind im Frühling oft noch Minustemperaturen zu erwarten. In einem kleinen Gewächshaus sind empfindliche Pflanzen somit ungenügend geschützt. Wenn die ersten Sonnenstrahlen auf das Glasdach scheinen, steigt die Temperatur im Gewächshaus schnell an, was für ein gesundes Pflanzenwachstum nicht ideal ist. Eine Fläche von zehn bis zwölf Quadratmetern ist die minimale Größe für ein Gewächshaus, wenn es auch bei kühlen Frühlingsnächten genügend Energie speichern soll.

Die Energiespeicherung im Gewächshaus kann zudem unterstützt werden durch das Anlegen eines Teiches vor dem Gewächshaus. Die Wasseroberfläche reflektiert Sonnenlicht in das Gewächshaus.

Auch durch eine optimale Dachneigung wird die Energiespeicherung verbessert. Damit die Sonne im Februar und im November möglichst

ERDSTALL UND VORRATSKELLER

Auch ein Erdstall wird in den Hang gebaut, bekommt aber eine dicke Decke aus Stein oder Holz sowie aus Erde. Die Tiere finden dort im Sommer kühle und trockene Plätze, im Winter Temperaturen über dem Gefrierpunkt. Gemüse und Obst wird seit jeher in Erdkellern feucht und kühl gelagert. In Skandinavien sind solche Hütten aus einem Holzgerüst gebaut und mit Birkenrinde und Erde abgedeckt.

rechtwinklig auf das Glasdach scheinen kann, ist ein Neigungswinkel von etwa 30 Grad notwendig. Auch durch Wassertanks oder dunkle Wände und Materialien im Gewächshaus kann Energie gespeichert und die Temperatur erhöht beziehungsweise konstant gehalten werden. Kleine Kerzen unter einer Blechdose oder ein Komposthaufen im Gewächshaus sind weitere Möglichkeiten, damit die Temperatur nicht zu stark absinkt.

TREIBHAUSEFFEKT

Kurzwelliges Sonnenlicht gelangt durch die Atmosphäre auf die Erdoberfläche. Die Strahlung erwärmt den Erdboden. Ein Teil wird als langwellige Wärmestrahlung wieder in die Atmosphäre abgegeben. Die Treibhausgase (zum Beispiel Kohlendioxid und Methan) sind für diese Wellenlängen nicht durchlässig und verhindern eine vollständige Wärmeabstrahlung. Die Atmosphäre heizt sich auf.
Bei einem Gewächshaus gelangt die Sonnenstrahlung durch das transparente Glasdach und erwärmt das Innere. Das Glasdach ist aber weniger durchlässig für Wärmestrahlung, deshalb bleibt die Wärme im Haus.
Im Gewächshaus ist dieser Effekt durchaus erwünscht, für den Klimahaushalt der Erde ist er jedoch problematisch.

Mit einem Gewächshaus kann die Gemüsesaison um einige Wochen pro Jahr verlängert werden.

Zum Beispiel das Walipini

Das Walipini ist ein Erdgewächshaus, es wird in den Anden (daher der exotisch anmutende Name) häufig verwendet. Durch die Speicherung von Energie im Boden und die passive Solarheizung mithilfe des Glasdachs kann die Gemüsesaison verlängert werden. Auch zur Aufbewahrung von Kartoffeln oder Sellerie in Kisten eignet sich ein Erdgewächshaus ausgezeichnet.

Das Erdgewächshaus ist halb in die Erde eingelassen. Für den Mittelgang wird ein Graben ausgehoben. Die Pflanzen wachsen somit auf dem ursprünglichen Bodenniveau und die Bodenwärme wird genutzt. Im Winter ist der Boden ab einer Tiefe von rund einem Meter nie gefroren. Ein ein bis eineinhalb Meter tief in den Boden reichendes Walipini wird also durch die erhöhten Temperaturen im Boden erwärmt und gefriert weniger schnell. Das Glasdach bewirkt zusätzlich eine Temperaturerhöhung.

An einem Hang halten sich die Grabarbeiten für das Walipini in Grenzen. Der Aushub kann zu einem Wall aufgeschüttet als Windschutz dienen. Die Befestigung auf den oberen Hangseiten wird meist aus Baumstämmen (die sogenannte Krainerwand) oder aus Steinen gebaut.

Eine Befestigung aus Holzstämmen (Krainerwand) und Steinen bildet die Rückwand des Walipini. Die Abdeckung aus Plexiglas bringt viel Licht ins Walipini.

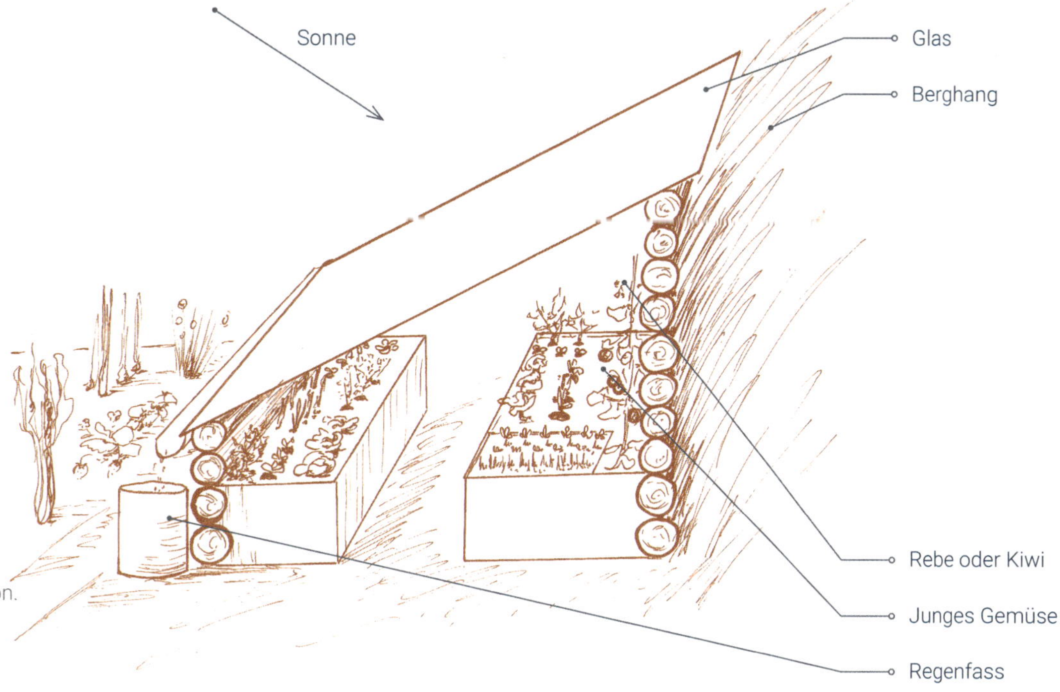

Walipinis stammen aus der Andenregion. Der Platz ist optimal ausgenutzt.

Zum Beispiel Terrassen

Steile Hänge werden terrassiert. Der Vorteil terrassierter Flächen ist, dass sie einfacher zu bearbeiten sind und gleichzeitig verhindert wird, dass Regen den Humus wegschwemmt. Mit Steinen oder aus Holz werden entlang der Höhenlinien kleine Mauern gebaut. Je nach Untergrund und Steilheitsgrad können die Abstände zwischen den Terrassen größer oder kleiner sein. Wenn die Mauern rund 80 bis 100 Zentimeter hoch sind, ergibt sich eine angenehme Arbeitshöhe. Hinter den Terrassen wird Erde aufgefüllt, sodass eine fast waagrechte Fläche für den Gemüseanbau entsteht.

Terrassen schützen bei Starkregen vor Erosion, vergrößern die Anbaufläche und bieten eine ideale Arbeitshöhe. In vielen Gegenden der Welt – hier in den Cinque Terre (Italien) – gehören sie zu den typischen Elementen der Kulturlandschaft.

Zum Beispiel kurze Wege

In einem guten Design sind zudem die Wege auf dem Grundstück zu beachten. Einerseits müssen sie auch bei Regenwetter gut begehbar sein. Einen Weg durch den Matsch bis zum Kräutergarten nimmt kaum jemand gerne in Kauf. Befestigte Wege aus Steinplatten oder mit Hackschnitzeln bedeckt sind angenehmen zu begehen und sparen Energie, weil weniger Unkraut gehackt werden muss.

Andererseits müssen Wege möglichst kurz und direkt sein. Dabei geht es nicht zuletzt um die «Energie» der Gärtnerin oder des Gärtners. Wer einen 200 oder 300 Quadratmeter großen Garten bestellt, weiß, wie viel Arbeit darin steckt und welche Wegstrecken täglich zurückgelegt werden. Darum gehört zur Gestaltung eines Permakultursystems die Einteilung des Grundstücks in Zonen (siehe Seite 111). Die einzelnen Zonen und Nutzungsbereiche sollen so angelegt sein, dass jene Bereiche, die täglich (mehrmals) genutzt werden – zum Beispiel ein Kräutergarten – möglichst nahe bei der Küche liegen. So sind nur wenige Schritte zurückzulegen und erfahrungsgemäß werden diese Kräuter dann eher in der Küche genutzt, als wenn sie weit hinten im Garten angesiedelt sind.

Viel begangene Wege sind möglichst gerade anzulegen. Sind sie sehr geschwungen, entstehen oft Abkürzungen und Beete werden zu Wegen umfunktioniert.

Kräuter sollten möglichst nahe bei der Küche liegen.

6. Kreisläufe einrichten und Ressourcen nutzen

In einem kleinen Gemüsegarten kann ein geschlossener Kreislauf kaum realisiert werden, da zu wenig Material wieder auf den Kompost wandert und nicht genügend Nährstoffe für den Gemüseanbau zurückgeführt werden können. Auf großen Grundstücken mit vielen Hecken und Wiesenflächen fällt jedoch meist viel recycelbares Material an. Ziel soll es aber in jedem Fall sein, dass stabile und ausgeglichene Systeme angelegt werden, die mit möglichst wenig Input von außen gesund bleiben. Mischkulturen und die Nutzung von Kompost sind dazu sinnvolle Möglichkeiten. Bei der Gestaltung muss berücksichtigt werden, welche (Gemüse-)Pflanzen in einem kleinen System mit den vorhandenen Ressourcen (sprich Nährstoffen) gesund wachsen können und welche viel zusätzliche Energie benötigen. Stark zehrende Gemüsepflanzen wie Kürbis, Kohl und Sellerie gedeihen nur auf nährstoffreichen Böden zufriedenstellend.

Der Boden kann nicht komplett verändert werden, wohl aber durch die Zufuhr von organischem Material, Kompost und Gründüngung verbessert werden. Das Bodenleben wird so aktiviert und der Humusgehalt im Boden steigt. Durch gezielte Fruchtfolgen und Mischkulturen in Verbindung mit minimaler Bodenbearbeitung entsteht mit der Zeit auch auf einem sandigen oder tonhaltigen Boden eine fruchtbare Gartenerde. Um dies zu erreichen, müssen nicht viele Tonnen aufgedüngter Gartenerde von außerhalb herangekarrt werden. Mit einer gezielten Pflanzenwahl und weiteren Maßnahmen können Ressourcen innerhalb des Systems gut genutzt und aktiviert werden.

Die Kreislaufwirtschaft wird vermehrt auch in der Industrie angewendet. Nicht nur aus finanziellen Überlegungen, sondern auch zur Schonung der Ressourcen.

Ein Kompost wird aufgesetzt als längliche Miete mit Material, welches im Herbst anfällt. Neben Laub, trockenem Gras, vorkompostierten Hackschnitzel, Küchenabfällen und Kaninchen- oder Hühnermist wird auch etwas Steinmehl zur Anreicherung mit Spurenelementen in Schichten aufgebaut.

Auch grünes Material (z. B. Kräuter, Beinwell oder Brennnesseln) kann auf dem Haufen verteilt werden.

Zum Beispiel Kompost

Um den Boden gesund zu erhalten, ist die Kompostwirtschaft auf dem eigenen Grundstück wichtig. Der Kreislauf mit den abbauenden und aufbauenden Organismen im Kompost ist ein gelungenes Beispiel für Kreislaufwirtschaft. Allerdings kommen auch Reste von zugekauften Nahrungsmitteln wie Eier- oder Orangenschalen, Reste der Sirup- oder Konfitürenherstellung, Kaffeesatz oder Sägespäne aus der eigenen Werkstatt auf den Kompost. Alle Küchenabfälle, Strauchschnitt oder sonstiger Gartenabraum werden ebenfalls kompostiert. Es gibt unterschiedliche Kompostierungsmethoden. Gute Erfolge erhält man, wenn die verrottbaren Abfälle möglichst klein geschnitten, möglichst viele verschiedene Materialien gemischt oder in Schichten aufgebaut und zusätzlich Steinmehle, Pflanzenjauchen oder allenfalls Algenkalk und Tiermiste mit verwendet werden.

Ein solcher Kompost enthält die wichtigsten Nährstoffe und macht sie für eine intensive Gartenkultur wieder verfügbar. Kompostiert werden sollten nur Abfälle aus biologischer Bewirtschaftung. Etwaige Rückstände in konventionell angebautem Stroh (zum Beispiel Halmverkürzer) oder im Tiermist (zum Beispiel Entwurmungsmittel) werden im Umwandlungsprozess nicht oder nur ungenügend abgebaut und beeinträchtigen das Pflanzenwachstum.

Nachdem der Kompost aufgesetzt wurde – was meist im Herbst geschieht, da dann am meisten Abfälle anfallen – bleibt er einige Monate liegen und wird danach ein- bis zweimal umgesetzt. So kann genügend Sauerstoff zugeführt werden, die Zutaten werden gut vermischt und die Rotte verläuft ohne Fäulnisprozesse. Ein solch vielfältiger Kompost kann nach sechs bis zwölf Monaten für die Gemüse- oder Beerenkultur verwendet werden und ist für die meisten Gartenböden geeignet. Kompost kann ausgebracht werden, wenn er nach Walderde riecht.

Kompost ist somit ein wesentlicher Bodenverbesserer und erfüllt – wie in der Permakultur gewünscht – mehrere Funktionen. Abfälle werden recycelt und in den Kreislauf zurückgebracht, die Verrottung schlüsselt Nährstoffe auf und macht

sie wieder verfügbar, es wird Wärme produziert. Diese Wärme während des Verrottungsprozesses kann man sich in einem Hügelbeet oder als Gewächshausheizung zunutze machen. Somit ist es wichtig zu entscheiden, wo der Komposthaufen angelegt wird und wann er aufgesetzt wird. Denn zu Beginn der Rottephase entsteht die meiste Energie. Im Anlehngewächshaus auf Seite 241 ist eine Gewächshausheizung näher beschrieben. Dort wird im Februar die Kompostbox gefüllt, damit die entstehende Wärme den ersten Setzlingen im Gewächshaus zur Verfügung steht. Weitere Beispiele von Kompostanlagen sind im Kapitel «Kleinflächiges Permakulturparadies im Hausgarten» auf Seite 183 zu finden. Eine spezielle Form der Kompostierung ist die Zubereitung von «Terra Preta», einer sehr fruchtbaren, schwarzen Erde. Sie wird auf Seite 71 beschrieben.

Grobes Material wird ausgesiebt. So wird der Kompost nochmals gemischt, bevor er um die Pflanzen verteilt wird. Während der Wachstumsperiode zwischen Juni und August benötigen die Pflanzen am meisten Nährstoffe.

Beinwellblätter enthalten sehr viele Nährstoffe, welche die Wurzeln aus tiefen Bodenschichten heraufholen.

Diese Brennnesseln wachsen am Rande einer Hecke und werden jährlich zweimal geschnitten und für Kräuterjauchen verwendet.

KOMPOST

Organisches Material wird mithilfe von Bakterien, Pilzen und Kleinstlebewesen abgebaut. Dabei werden verschiedene wasserlösliche Mineralien freigesetzt. Diese bilden wiederum die Grundlage für die Nährstoffe im Boden. So können Kohlenhydrate aus Blättern oder Wurzeln, Lignine aus verholzten Pflanzenteilen oder auch Fette aus Wurzeln oder Samen abgebaut werden.
Für die Abbauprozesse sind Wasser und Sauerstoff notwendig, wobei ein Wassergehalt von rund 50 Prozent optimal ist. Ist der Komposthaufen zu trocken, muss er bewässert werden, damit die Abbauphase nicht unterbrochen wird. Ein pH-Wert von sieben bis neun ist ideal. Ist der Holzanteil groß, wird der Haufen sauer. Er muss dann länger liegen bleiben beziehungsweise gut mit grünem Material gemischt werden, damit sich der pH-Wert dem des Bodens angleicht.

Zum Beispiel Jauchen und Komposttee

Kräuterjauchen helfen ebenfalls, die Bodenstruktur zu verbessern. Sie werden vorwiegend während der Hauptwachstumszeit für stark zehrende Gemüsesorten wie Tomaten, Kürbis- und Kohlgewächse verwendet. Diese Flüssigkeiten enthalten viele Spurenelemente, die die Pflanzenwurzeln rasch aufnehmen können. Es gibt unzählige Rezepte für Jauchen aus unterschiedlichen Pflanzen und für verschiedene Verwendungszwecke. Es gibt Jauchen zur Stärkung der Pflanzen und solche zur Schädlingsbekämpfung. Grundsätzlich gilt auch hier: Zuerst muss man das Grundstück und die Pflanzen genau beobachten, um entscheiden zu können, ob und welche Jauchen eingesetzt werden.

KRÄUTERJAUCHEN, BRÜHEN, TEES

Es gibt etliche Pflanzen, die das Wachstum vieler Kulturpflanzen fördern. Sie unterstützen deren Immunsystem, sodass es den Schädlingen erschwert wird, die Pflanze zu befallen. Meist leiden die schwachen Pflanzen und Setzlinge unter Schädlingen. Stärken kann man die Pflanzen mit gutem Kompost und eben mit Kräuterjauchen.

- **Jauchen:** Die Pflanzen werden in ein Fass gegeben, eventuell beschwert oder in ein Netz gepackt und das Fass mit (Regen-)Wasser bis etwa zehn Zentimeter unter den Rand aufgefüllt, auf ein Kilogramm Pflanzen kommen etwa zehn Liter Wasser. Effektive Mikroorganismen, Bentonit (Lehmwasser), Steinmehl oder Baldrian können zugegeben werden, um den Prozess zu beschleunigen und den Geruch zu minimieren. Auch eine Zugabe von Melasse fördert die Gärung. Das Fass soll so abgedeckt werden, dass keine Tiere darin ertrinken können, aber genug Luft hineinkommt. Die Jauche wird einmal pro Tag umgerührt, damit genug Sauerstoff zugeführt wird. Wenn die Bläschenbildung nach etwa acht bis 14 Tagen beendet ist, kann nach einer Wartezeit von einer Woche die Jauche verwendet werden.
- **Auszüge:** Sie werden kalt angesetzt und bis 24 Stunden in einem kühlen dunklen Raum ziehen gelassen.
- **Brühen:** Sie werden kalt angesetzt und nach 24 Studen etwa eine halbe Stunde gekocht.
- **Tees:** Sie werden wie jeder andere Tee heiß übergossen und 24 Stunden ziehen gelassen.

Alle Flüssigkeiten werden mindestens eins zu zehn verdünnt gegossen oder über die Pflanzen gesprüht. Am besten wird vor, während oder nach dem Regen gegossen, nie bei praller Sonne. Es ist aber auch möglich, diese stärkenden Pflanzen zu schneiden und direkt auf die Beete zu legen oder in die Pflanzlöcher zu geben.

Ein besonders interessantes Rezept stammt von H. Pommeresche, einem norwegischen Permakultur-Designer. Er schneidet Küchenabfälle und Blätter verschiedener Pflanzen klein und «schreddert» sie mit einem Küchenmixer. Dabei führt er viel Wasser zu. Sein Rezept erinnert an die modernen «Smoothies». Die fertige Brühe gießt er direkt neben die Pflanzen im Garten. Das Bodenleben um die Pflanzen wird so mit grünem, «lebendigem» Wasser gedüngt und nicht mit gärender Jauche. Einige gärtnernde Menschen geben dieser Brühe auch noch etwas eigenen Harn bei. Harn enthält – bei gesunden Personen – wesentliche Inhaltsstoffe, die dem Pflanzenwachstum zugute kommen. Damit werden die im Urin enthaltenen Eiweißstoffe, Säuren, wasserlöslichen Vitamine, Phosphor- und Stickstoffverbindungen effektiv genutzt und nicht mit einigen Litern Frischwasser in die Kläranlage gespült.

Pflanzen für Komposttee und Kräuterjauchen

- **Brennnessel** *(Urtica dioica)*: enthält viele Vitalstoffe und ist zusammen mit Beinwell die nährstoffreichste Pflanze für Jauchen, unterstützt die Bildung des Blattgrüns, wirkt effektiv gegen Schädlinge wie Läuse oder Spinnmilben
- **Beinwell** oder **Wallwurz** *(Symphytum officinale)*: ist reich an Mineralien wie Kalium, Kalzium, Magnesium und wird auch oft als Mulchpflanze genutzt, kann zwei- bis dreimal pro Jahr geschnitten werden
- **Schachtelhalm** *(Equisetum arvense)*: enthält Kieselsäure und stärkt die Struktur der Pflanzen, hilft gegen Mehltau, Verpilzung und Spinnmilben
- **Ringelblume** *(Calendula officinalis)*: wirkt pflanzenstärkend, ist ein guter Zusatz zu anderen Kräutern
- **Kamille** *(Matricaria chamomilla)*: wirkt gegen Wurzelkrankheiten und hemmt Fäulnisprozesse, zur allgemeinen Pflanzenstärkung
- **Schafgarbe** (*Achillea millefolium*): geeignet zur Schädlingsbekämpfung und vorbeugend bei Pilzerkrankungen
- **Löwenzahn** *(Taraxacum officinalis)*: erschließt mit den tiefen Pfahlwurzeln auch untere Bodenschichten, enthält viel Kalium

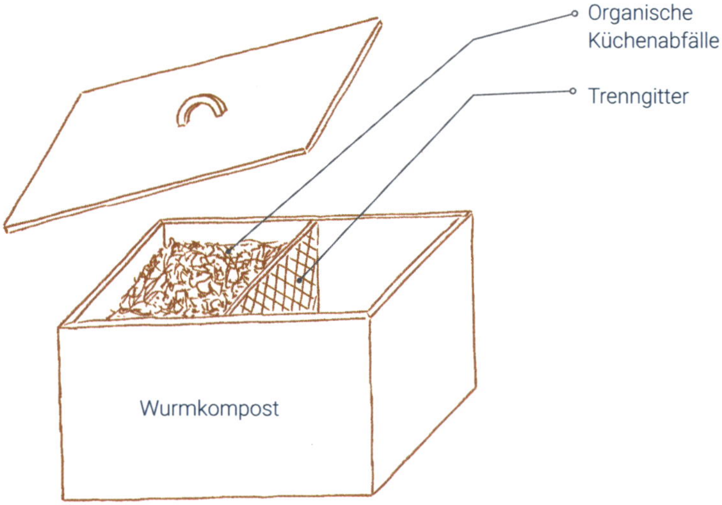

Zum Beispiel Wurmkompost

Kompostieren ist auch dann möglich, wenn kein gewachsener Boden vorhanden ist – also zum Beispiel beim Gärtnern auf dem Balkon. Klein geschnittene Küchenabfälle, Kaffeesatz, Teebeutel, Pflanzenreste, eventuell Kleintiereinstreu und kleine Kartonstücke werden auf die Oberfläche größerer Töpfe gelegt und mit etwas Erde abgedeckt. Voraussetzungen sind ein genügend großer Topf und einige Würmer in der Topferde.

Der Wurmkomposter bietet eine gute Möglichkeit, auf kleinem Raum und völlig geruchlos das Prinzip des Kompostierens mit dem Komposthaufen zu realisieren. Auch im Wurmkomposter verwerten Würmer gemeinsam mit Bakterien, Pilzen und anderen Kleinorganismen unsere organischen Küchenabfälle und verwandeln den Abfall in wertvollen Kompost. Wurmkomposter sind im Handel erhältlich. Sie bestehen aus Kunststoff und meistens aus drei übereinander liegenden Behältern. Die Böden der Behälter haben Löcher, damit die Würmer von einer Ebene zur anderen kriechen können. Oben werden die Küchenabfälle hineingegeben, aus der untersten Ebene kann fertiger Humus entnommen werden.

Eine geschlossene Wurmkiste ist eine weitere Möglichkeit zur Kompostierung auf kleiner Fläche. Sie kann selber hergestellt werden. Dazu wird eine rundum geschlossene Kiste aus unbehandeltem Holz gebaut oder aus Styropor zusammengesetzt. Auch Gitterkisten aus Plastik eignen sich dazu. In der Mitte muss eine Abtrennung mit Löchern (beispielsweise ein Lochblech) sein, damit die Würmer von der einen auf die andere Seite gelangen können. Die organischen Küchenabfälle werden zunächst in eine Seite gefüllt, die Würmer fressen sie und machen daraus Komposterde. Dann wird die andere Seite

In solchen stapelbaren Plastikboxen entsteht der Wurmkompost. Der Auslaufhahn unten verhindert Staunässe im Behälter. Die Flüssigkeit wird als Dünger für Starkzehrer verwendet.

Eine Wurmkiste für Wurmkompost: Ein Trenngitter teilt eine Holzbox. Ein Teil wird mit Küchenresten aufgefüllt und mit etwas Erde bedeckt. Sobald auch der zweite Teil befüllt ist, wird Teil eins entleert.

befüllt, die Würmer wandern durch die Löcher. Ist auch diese Hälfte mit Küchenabfällen voll, wird die Erde der ersten Seite entnommen und den Pflanzen als Dünger zur Verfügung gestellt. Die Kiste sollte oben abgedeckt werden, damit die Bodenlebewesen im Dunkeln arbeiten können.

Nicht nur die Kompostwürmer *(Eisenia fetida)* – die im Handel bezogen werden können – sind für die Abbauprozesse verantwortlich, sondern auch unzählige Bakterien und Kleinstlebewesen. Wichtig ist dabei, dass die Masse im Wurmkompost immer feucht bleibt und die Temperaturen nicht unter fünf Grad Celsius sinken und über 30 Grad Celsius steigen. Sonst gehen die Würmer ein.

TERRA PRETA

Urwalderde ist sehr nährstoffarm, da die Nährstoffe in der üppigen Vegetation stecken. Darum bereiten Indianervölker am Amazonas schon seit vielen Jahrhunderten die Terra Preta auf, eine äußerst, fruchtbare, schwarze Erde. Sie wird in Tongefäßen aus porenreicher Pflanzenkohle, menschlichen Exkrementen, pflanzlichen Abfällen und Fischgräten unter Mithilfe von Mikroorganismen erzeugt. Die Erde bleibt über eine sehr lange Zeit fruchtbar. Die poröse Struktur der winzigen Kohlestücke wird während des Kompostierprozesses mit Nährstoffen aufgeladen und steht dann den Pflanzen zur Verfügung. Die Kohle wird in einem sogenannten Pyrolyseverfahren hergestellt, bei welchem in einem geschlossenen Behälter höhere Temperaturen erreicht werden als bei einem Gartenfeuer. Pflanzenteile werden dabei verglüht oder verschwelt. Mit der Kohle wird gebundenes Kohlendioxid in die Erde eingebracht, weshalb diese Methode auch als Klimafarming bezeichnet wird. Ein Permakulturprojekt zum Klimafarming wird auf Seite 154 beschrieben. Informationen zum Herstellen von Terra Preta im eigenen Garten finden sich auf Seite 166.

Zum Beispiel das Hügelbeet

Energiespeicherung kann auch in einem Hügelbeet erfolgen. Im Herbst oder im Frühling wird eine kleine Grube ausgehoben. Diese wird in Schichten aufgefüllt, zuerst mit Astmaterial, dann mit Rasenziegeln, Laub und Grobkompost. Darüber wird der ausgehobene Humus geschaufelt. So entsteht ein Hügel von 50 bis 100 Zentimeter Höhe, in dem sich durch die Abbauprozesse in den unteren Schichten rasch eine gewisse Wärme bildet. Diese Wärme steht den Pflanzen auf dem Beet zur Verfügung. Wenn die Ausrichtung des Hügelbeets in Nord-Süd-Richtung liegt, wird am Morgen die Ostseite durch die Sonne aufgewärmt und am Nachmittag die Westseite. Auf den steilen Seitenflächen des Hügelbeets trifft mehr Sonnenenergie auf als auf einer horizontalen Fläche. Somit kann der Boden mehr Wärme aufnehmen und speichern. Das Pflanzenwachstum wird begünstigt. Gut zu erkennen ist dies daran, dass der Schnee im Frühling weniger lang liegen bleibt als auf einem flachen Beet.

Die Energieentwicklung im Hügelbeet ist im ersten Jahr am größten, da Rasenziegel und Grobkompost in den ersten Monaten Wärme entwickeln. Das Holz im Hügelbeet liefert durch die Abbauprozesse auch im zweiten Jahr noch etwas Wärme.

Die Fruchtbarkeit im Beet bleibt einige Jahre bestehen, vor allem deshalb, weil sich aus den unterschiedlichen Materialien eine dicke Humusschicht gebildet hat. Eine Faustregel besagt, dass ein Hügelbeet mit 70 Zentimeter Höhe rund sieben Jahre fruchtbar bleibt, ein solches mit 30 Zentimeter Höhe dementsprechend nur drei Jahre. Natürlich sind die aufgesetzten Materialien entscheidend für die Fruchbarkeit. Das Beet setzt sich mit der Zeit. Nach einigen Monaten beziehungsweise Jahren ist nur noch eine kleine Erhebung sichtbar. Damit nimmt auch die Einstrahlung auf der geneigten Fläche ab.

Dieses mit Gras gemulchte Hügelbeet ist mit Johannisbeeren bepflanzt. Die Nährstoffzufuhr ist über viele Jahre gesichert.

Der Aufbau eines Hügelbeets geschieht vor allem mit Material, welches in der Nähe anfällt. So können Baumschnitte, Holzspäne aus der Werkstatt, Laub, Küchenabfälle oder Tiermist in Schichten eingebaut werden.

Dieses Hochbeet wurde aus Weiden gebaut. Ein gut aufgebautes Hochbeet hat ähnliche Eigenschaften wie des Hügelbeet (siehe auch Seite 89).

Zum Beispiel Abfallvermeidung und Rohstoffe

«Produce no waste», produziere keinen Abfall, ist ein wichtiger Leitsatz in der Permakultur. Dies gilt für alle Lebensbereiche. Für den permakulturell arbeitenden Menschen bedeutet dies, dass auf dem Gelände und im Haus anfallende Materialien wiederverwendet werden. Beispielsweise wird eine geschnittene Haselrute aus der Windschutzhecke als Bohnen- oder Tomatenstütze verwendet. Die Blätter und kleinen Äste fressen die Kaninchen oder die Ziegen. Am Ende der Saison wird die Haselrute zu Brennholz verarbeitet. Diese Mehrfachnutzung wird auch als Kaskadennutzung bezeichnet.

Steine, die die Abläufe im Gemüsebeet behindern, werden auf dem Grundstück zusammengetragen und zu Haufen aufgeschichtet. Sie dienen Kleintieren als Unterschlupf, bilden kleine Terrassen oder Mauern und speichern Energie. Mit alten, gut gewässerten Zeitungsbündeln kann eine kleine Mauer errichtet werden, welche einige Jahre hält, bis sich eine Vegetation etabliert hat.

Der respektvolle Umgang mit Rohstoffen wird auch im 6-R-Konzept (Refuse, Reduce, Rethink, Repair, Reuse, Recycle; siehe auch Seite 18) aufgezeigt. Dieses Konzept wurde nicht speziell für die Permakultur entwickelt, eignet sich aber in diesem Zusammenhang ausgezeichnet, um den aufmerksamen Umgang mit Rohstoffen und Gegenständen zu verdeutlichen

Aufgeschichtete Haufen aus Ästen und Baumschnitt sind sehr willkommene Lebensbereiche für Käfer, Asseln, Wildbienen, Echsen oder Igel. In den Zwischenräumen finden sie Nahrung und Unterschlupf.

Auch Steinhaufen bieten ein willkommenes trockenes und warmes Kleinklima für Kleintiere. Daneben können wärmeliebende Pflanzen von der Strahlungswärme profitieren.

- **Refuse** ist das Zurückweisen, die Frage, ob der Kauf wirklich notwendig ist. Weniger ist mehr, heißt darauf zu achten, dass das, was ich besitze, auch geschätzt, benutzt und gepflegt werden kann.
- **Reduce** ist das Einschränken des Konsumierens, ausleihen statt kaufen.
- **Rethink** ist das Nachdenken über das Konsumverhalten, mit anderen diskutieren, neue Lösungen finden, auf andere Weise glücklich sein als durch Konsumieren.
- **Repair** ist das Reparieren kaputter Dinge, Dinge kaufen, die sich reparieren lassen, statt alles gleich wegzuwerfen, dafür gibt es zum Beispiel Repair Cafés.
- **Reuse** ist das Weiterverwerten dessen, was nicht mehr gebraucht wird, tauschen an Börsen, Giveboxen, Gratisschränken, Tauschevents, Upcycling.
- **Recycle** heißt, dass erst ganz am Schluss, wenn ein Ding wirklich ausgedient hat, die einzelnen Materialien separiert und wieder verwendet werden.

Für den Bau dieser Kräuterspirale werden unterschiedliche Steine wieder verwendet.

7. Kooperation und Integration fördern

Die Kooperation unter den gewählten Elementen, Pflanzen und Bedürfnissen steht bei diesem Grundsatz im Zentrum. Dabei gilt es auch, die menschlichen Bedürfnisse und Wünsche an ein Grundstück zu berücksichtigen und zu integrieren.

Nützliche Beziehungen zwischen Menschen, aber auch zwischen Tieren und Menschen sowie zwischen Pflanzen und Tieren werden gefördert. Nicht die Konfrontation steht im Mittelpunkt, sondern die Verbindungen und Vernetzungen. Auch die eigenen Wünsche und Bedürfnisse werden bei der Planung mit berücksichtigt. Die Integration von Erholung, Ausgleich, Ernte, Experimentierfeld, Treffpunkt und Ästhetik wird diskutiert. Wenn beispielsweise ein Sitzplatz angelegt werden soll oder die schöne Aussicht erhalten bleiben muss, werden keine hohen Sträucher gepflanzt.

Hühner können durchaus für einige Stunden auf Vorplätzen und um Häuser frei laufen gelassen werden. Sie finden auch dort vielfältige Nahrung und reduzieren die Anzahl von Schnecken und Kleintieren.

Rechte Seite: Verschiedene «Schädlinge» können sich zu durchaus prachtvollen Exemplaren entwickeln, wie beispielsweise diese Raupe. Sie frisst zwar Möhrenkraut, aber schädigt die Kulturen nicht maßgeblich. Sie entwickelt sich zum prächtigen Schwalbenschwanz.

«SCHÄDLINGE»

Mit «Schädling» wird ein Insekt oder anderes Tier, eine invasive Pflanze,ein Virus oder ein Pilz bezeichnet, der die angebauten Nutzpflanzen schädigt. In der konventionellen Landwirtschaft wurde eine große Zahl von Pflanzenschutzmitteln, Fungiziden (Wirkstoff gegen Pilzsporen und Pilze), Insektizide (hemmen den Insektenbefall oder töten Larven und Insekten) oder Herbiziden (gegen unerwünschte Begleitkräuter) entwickelt und eingesetzt. Einige dieser Stoffe (beispielsweise Agent Orange) sind auch nach Jahrzehnten noch im Boden nachweisbar. Welche Auswirkungen eine Kombination mehrerer dieser Stoffe auf das Boden- und das Pflanzenleben hat, wird selten langfristig überprüft.

Verschiedene invasive Pflanzenarten (standortfremde Pflanzen, welche die einheimische Vegetation verdrängen) wie Goldruten (*Solidago* spp.), Ambrosia *(Ambrosia artemisiifolia)* oder der Riesen-Bärenklau *(Heracleum mantegazzianum)* sind überall anzutreffen.

Auch Insekten wie die Kirschessigfliege, der Kartoffelkäfer oder die Miniermotte machen den Bauern zu schaffen. Sie sind aus fernen Ländern eingeschleppt worden und haben wenige oder gar keine natürlichen Feinde in unseren Klimazonen. Die Beerenkulturen mit einem feinmaschigen Netz gegen die Kirschessigfliege zu überziehen oder den Kartoffelkäfer zum richtigen Zeitpunkt in der Plantage einzusammeln, ist fast unmöglich. Neben einer mechanischen Bekämpfung stellt sich die Frage nach dem richtigen Umgang und einem Miteinander mit diesen «Schädlingen».

Das Ziel eines guten Designs ist demnach die optimale Verbindung von ökologischen Grundsätzen und menschlichen Bedürfnissen mit einer effektiven Produktion an Gemüsen, Früchten usw. Je nach Begebenheiten sind auch landwirtschaftliche Überlegungen, die Tierhaltung oder Aspekte aus der Forstwirtschaft mit zu berücksichtigen.

Im eigenen Garten ist es vom Gedanken her nicht einfach, auch den Schnecken und den Maulwurfsgrillen ihren Platz einzuräumen. Wenn aber Bedeutung und Nutzen der Schnecke erkannt wird (Verwertung von krankem oder schwachem Pflanzenmaterial) ist der Gedanke der Integration näher. Immer bedeutet dies, dass man die Auswahl der Elemente und Pflanzen den Gegebenheiten anpasst. Gemeint ist die sinnvolle Integration von Pflanzen und nicht die Integration einer Art um jeden Preis. Je nach den vorherrschenden Bedingungen muss man auf Pflanzen wie Andenbeeren, Auberginen oder Kohl verzichteten, wenn das Gelände zu nass ist oder ein Schädling besonders hartnäckig auftritt.

Zum Beispiel Obstbaum-Lebensgemeinschaft

Die Baumscheibe bezeichnet den Boden um den Baumstamm herum, in dem die Wurzeln recht hoch im Erdreich liegen. In der Permakultur geht man davon aus, dass eine passend bepflanzte Baumscheibe – auch Obstbaum-Lebensgemeinschaft genannt – den Obstbaum unterstützt. Die Obstbaum-Lebensgemeinschaft ist ein weiteres Beispiel einer gelungenen Mischkultur. Diese Pflanzengemeinschaft wird auch als Gilde bezeichnet.

Diese Obstbaumscheibe wurde mit Robinienholz von der Wiese abgegrenzt und mit diversen Wildblumen bepflanzt.

GILDE

In der Biologie wird damit eine Pflanzengemeinschaft von unterschiedlichen Arten bezeichnet, die dieselben Ökosysteme und vergleichbare Ressourcen nutzen. Die Pflanzenarten müssen dabei nicht verwandt sein, unterstützen sich aber in ihrem Wachstum gegenseitig durch Wurzelausscheidungen, Laubmulch usw. Begleitpflanzen wie Beinwell oder Löwenzahn holen Nährstoffe aus tieferen Bodenschichten und stellen sie anderen Gildepflanzen zur Verfügung, weshalb sie auch als dynamische Akkumulatoren bezeichnet werden.

Vor allem in der Obstbaum-Lebensgemeinschaft spricht man von Gilden. Die Pflanzen sollen den Obstbaum unterstützen und den Graswuchs unterdrücken, der für den Obstbaum nicht optimal ist. Das Setzen eines Baumes und die Bepflanzung der Baumscheibe sind langfristige Projekte für zukünftige Generationen. Damit wird ein wichtiges Ziel der Permakultur erfüllt. Im angelsächsischen Raum beispielsweise wurde neben jede Holzkirche eine Eiche gepflanzt, damit in 100 Jahren Holz vorhanden ist, um die Reparaturarbeiten an der Kirche auszuführen.

Baumscheibe mit Jostabeere, Beinwell, Brennnessel, Maibeere, Storchenschnabel, Spitzwegerich und Vergissmeinnicht. Kompost wird drei- bis viermal jährlich um die Pflanzen verteilt. Darüber wird mit Gras leicht gemulcht und das Laub im Herbst bleibt liegen.

Obstbaum-Lebensgemeinschaft

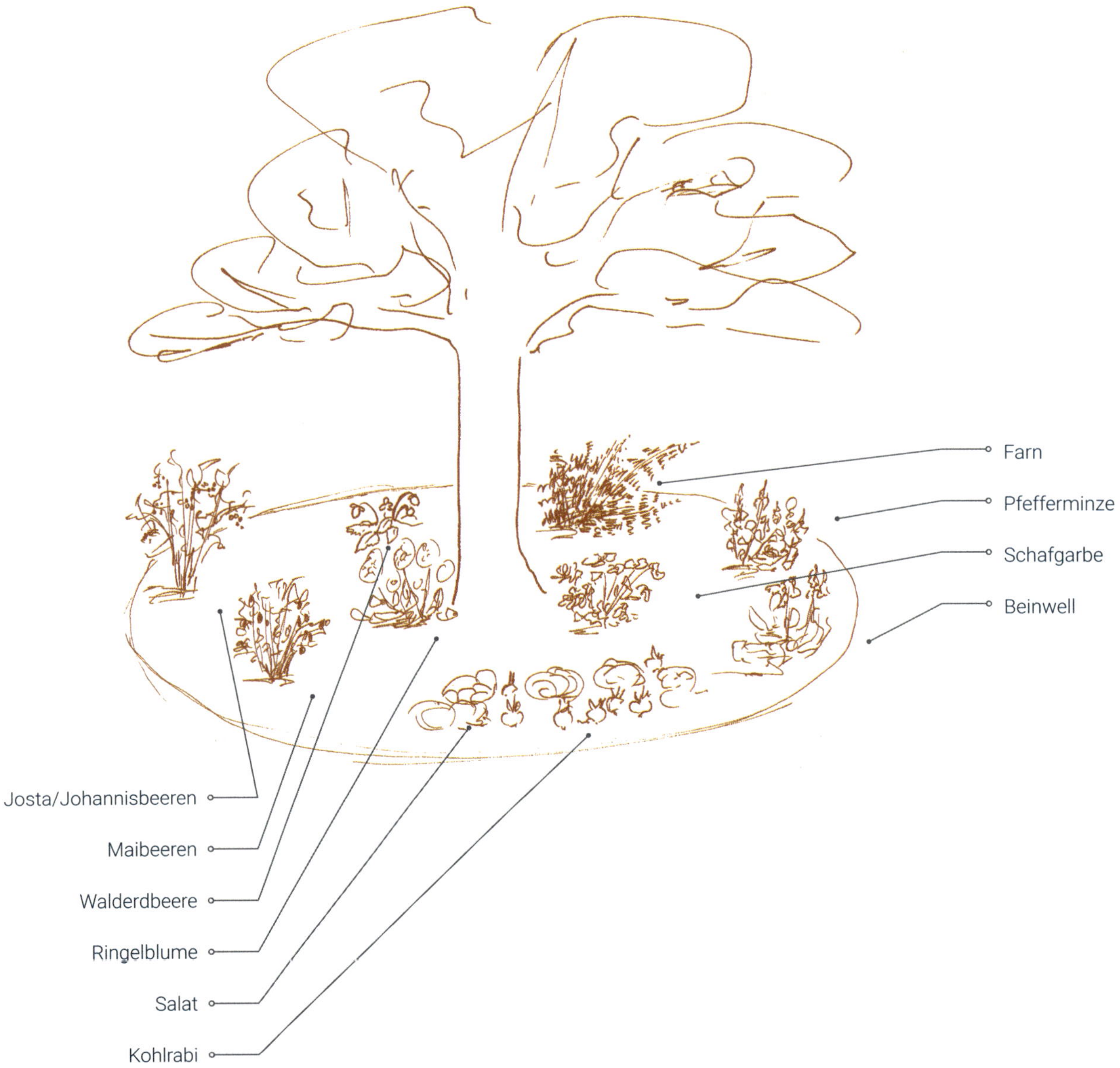

Meist steht ein Apfelbaum im Zentrum. Darum herum werden verschiedene Pflanzen angeordnet, welche das Baumwachstum und auch die anderen Pflanzen in ihrem Wachstum begünstigen. Optimal ist ein Platz, welcher dem Durchmesser der Baumkrone entspricht. Mit der Zeit kann der Ring um den Baum erweitert werden, da auch die Wurzeln immer weiter nach außen wachsen. Eine tiefe Bodenbearbeitung ist dann aber nicht zu empfehlen, damit die flachen Wurzeln des Baumes nicht beschädigt werden. So ist zu Beginn der kleinen Anlage eine Kartoffelpflanzung mit Kompost in einem äußeren Ring um den Baum durchaus sinnvoll. Kartoffeln hinterlassen einen guten krümeligen Boden als ideale Vorbereitung für die sich ausbreitenden Baumwurzeln im nächsten Jahr.

Bohnen können Stickstoff liefern. Salate nutzen den noch nicht allzu schattigen Platz als Zwischenfrucht. Später kommen weitere Pflanzen dazu, welche sich ergänzen und weitere Nährstoffe liefern. Beinwell und Brennnessel liefern wertvolles Mulchmaterial, Scharbockskraut und Bärlauch die ersten vitaminreichen Blätter im Frühling vor dem Blattaustrieb des Baumes. Storchenschnabel, Schafgarbe, Kapuzinerkresse, Ringelblume, Phacelia, Tagetes, Borretsch sowie verschiedene Kräuter können (Wild-)Bienen anlocken und Nährstoffe für den Obstbaum zur Verfügung stellen. Knoblauch und Meerrettich machen den Platz für Mäuse weniger attraktiv, (Wald-)Erdbeeren liefern zusätzlich Früchte.

Auf der Wetterseite können Maibeere, Aronia, Beinwell und Sonnenblumen gepflanzt werden. Sie bieten einen gewissen Windschutz, wachsen aber nicht allzu dicht. Die Blätter der Begleitpflanzen bleiben im Herbst liegen. Beinwellblätter können geschnitten und um den Baum gelegt werden. Sie bieten einen Bodenschutz, dienen den Bodenlebewesen als Nahrung und versorgen die Wurzeln mit wichtigen Nährstoffen.

Eine solche Lebensgemeinschaft ist ein kleines Permakultursystem, das sich gegenseitig ergänzt und begünstigt. Jährlich verändert sich die kleine Anlage, einige Pflanzen vermehren sich (zu) stark, andere gehen ein. Wie viel hier gepflegt und gejätet wird, ist gut zu überlegen. Der Platz kann durchaus etwas «chaotisch» und wild daherkommen. Nehmen allerdings Brennnessel oder Giersch die gesamte Fläche ein, sind auch Vielfalt und Mischkultur nicht mehr gewährleistet. Dann wird gejätet. Beachtet werden muss auch, dass nicht alle Obstbäume selbstfruchtend sind, sondern einige einen artgleichen Baum in der Nähe zur gegenseitigen Befruchtung brauchen.

Zum Beispiel Schichten und Stapeln

Die Permakultur strebt an, auch den vertikalen Raum zu nutzen. Der tropische Regenwald dient dabei als Vorbild. Mit Schichten und Stapeln können im Permakultur-Design die Pflanzen auch übereinander und nacheinander wachsen. Diese Pflanzstrategie kann in vielen Ecken angewendet werden, besonders geeignet ist sie für Waldrandgärten (siehe Seiten 84, 200) und grüne Wände (siehe Seite 186). Einige Kulturen können gut nacheinander gepflanzt werden, beispielsweise Bohnen nach Frühkartoffeln oder Federkohl nach Bohnen. Salate, Radieschen oder Kohlrabi haben oft als Zwischenkulturen Platz. Auf diese Weise sind zwei Ernten pro Jahr auf demselben Beet möglich.

Das vertikale Stapeln lässt sich auf wenigen Quadratmetern realisieren. Unten wachsen die Salate, in der Mittelschicht die Johannisbeeren oder Sonnenblumen und in der oberen Schicht die Obst- oder Laubbäume. In besonders feuchten Gegenden wird nur mit zwei Schichten gearbeitet und es bleibt immer genügend Luft zwischen den Schichten, damit sich keine Schimmelpilze oder Virenkrankheiten ansiedeln können.

Ein Kürbis wächst im Kreis an diesem Rankgerüst empor. Dazwischen wachsen Ringelblumen und Bohnen, welche den Platz gut ausnutzen. Die Salate daneben sind fast geerntet, es wird Platz frei für die Folgekultur aus niedrigen Bohnen.

URWALD ALS VORBILD

Vielschichtig, die Horizontale optimal nutzend, strebt der tropische Regenwald von der dämmrigen Moderschicht über die schattige Kraut- und Strauchschicht und über das üppige Palmdach bis zu den Höhen der gewaltigen Urwaldriesenbäume. Schlingpflanzen und Epiphyten (Aufsitzpflanzen) nutzen jeden Raum und jeden Lichtstrahl. In Jahrhunderttausenden haben sich diese Spezialisten entwickelt, die jede Ressource, jede ökologische Nische geschickt zu nutzen wissen. Dadurch entsteht ein vielfältiges Beziehungsnetz sich fördernder Pflanzen und Tiere.

Je mehr Böden in Städten versiegelt werden, desto notwendiger ist die Begrünung. Urwaldbiotope können Vorbild sein, wie auf wenig Raum unter Einbezug der dritten Dimension eine üppige Pflanzenproduktion bei hoher Artenvielfalt und bunter Schönheit gestaltet werden kann. Sie geben Anregungen, wie graue Betonwände und Übergangszonen vom Wald ins offene Gelände gestaltet werden können.

Zum Beispiel der lichte Waldgarten

Ein Waldgarten ist die Erweiterung von Pflanzengilden (siehe Seite 78). Erneut ist der (Obst-) Baum im Zentrum und bildet die Grundlage für den Waldgarten. Bei einer typischen Waldgartenanlage stehen die hohen Bäume – Obst- oder Nussbäume – im Norden, die niedrigen wie Pflaumen, Haselstrauch, Baumspinat, Blaubeeren, Sonnenblumen und Johannisbeeren auf der Südseite. Dazwischen können Pilze gezüchtet werden. Vorgelagert sind die Kräuter beziehungsweise die Mulchpflanzen wie Beinwell, Farn und Brennnesseln, welche ein- bis zweimal geschnitten werden. So entstehen immer wieder Lücken im Waldgarten, die Erde kann besser abtrocknen und die dahinterliegenden Pflanzen bekommen mehr Sonnenlicht. Feine Gewächse wie Alfalfa, Kresse oder Salate bilden die vorderste Schicht im Waldgarten.

Ist genügend Platz und Luft zwischen den einzelnen Gewächsen vorhanden, können dazwischen auch Reben oder Brombeeren ranken. Befindet sich das Gelände in feuchten Gegenden

PILZE SELBER ZÜCHTEN

Der Wald(rand)garten bietet ideale Verhältnisse, um Pilze selber zu züchten. Das feuchte Klima und die eher dunklen Lichtverhältnisse entsprechen den Bedürfnissen von vielen essbaren Pilzen.
Austernseitling, Kräuterseitling oder Shiitake sind relativ einfach zu kultivieren. Hartholzstämme wie Buche, Eiche, Esche und auch Birke werden im Frühling mit dem Pilzmyzel geimpft. Dazu werden Löcher in den abgelagerten Stamm gebohrt und mittels Dübel mit dem entsprechenden Myzel verschlossen. Bei passender Feuchte und Temperatur sowie schattigen Verhältnissen durchwächst das Myzel den Stamm, holt sich Nährstoffe aus dem Holz und bildet Pilze. Unter optimalen Bedingungen sind zwei Kilogramm Pilze aus einem zehn Kilogramm schweren Stamm möglich.
Pilze spielen in der chinesischen Medizin eine wichtige Rolle, werden aber auch bei uns als wichtiges Nahrungsmittel geschätzt. Sie enthalten kaum Fett, dafür aber essenzielle Aminosäuren, Kalzium, Magnesium und auch Vitamine der B-Gruppe.

Integriert in einen Waldrandgarten können auch in kälteren Lagen Maronen wachsen und Früchte tragen. Davor stehen Himbeeren und Johannisbeeren.

Abgegrenzt durch bepflanzte kleine Hügel, ist diese Feuerstelle gut geschützt. Die Wildpflanzen des Waldrandgartens werden für Tee, Mulchmaterial und Jauchen geerntet.

mit viel Niederschlag, ist die Anlage luftiger anzulegen. Unser mitteleuropäisches Klima verlangt einen sehr lichten und luftigen Waldgarten. Die Sträucher müssen viel weiter auseinander gepflanzt werden als im tropischen Klima, da die Lichteinstrahlung bei uns wesentlich geringer ist. Sonst fühlen sich Pilze oder Viren in den immerfeuchten Zwischenräumen so wohl, dass sie beispielsweise auch auf Tomatenpflanzen übergreifen oder sich im Obstbaum vermehren können. Die unteren Äste der hohen Pflanzen können weggeschnitten werden, so wird das Krankheitsrisiko minimiert und die Luftzirkulation gefördert. Typische Waldgärten, wie sie in Südeuropa oder Asien anzutreffen sind, unterscheiden sich damit wesentlich von unseren Waldgärten.

In einem solch lichten Waldgarten oder Waldrandgarten entstehen viele verschiedene Nischen, in denen Vögel, Eichhörnchen, Igel, Kröten und weitere Nützlinge anzutreffen sind. Auch Nutztiere wie Enten oder Hühner können den Waldgarten nutzen. Sind wenig Hühner unterwegs, sind auch empfindlichere Gewächse, zum Beispiel Salate und Karotten, kaum gefährdet. Auch Ziegen fühlen sich im Waldgarten ausgesprochen wohl, da ein breites Nahrungsangebot besteht. Sie sollten aber nur zur Entbuschung eingesetzt werden, nicht jedoch in einem neu angelegten Waldgarten.

Erde, Luft und Energie werden im Wald(rand)garten effizienter genutzt, die Bodenflächen werden nicht umgegraben, die Herbstblätter bleiben liegen, es sei denn, sie liegen zu dicht in der Gemüsepflanzung. Tiefwurzler wie Lupine, Löwenzahn, Beinwell und auch Walnuss, Esche und Wacholder holen Mineralien und Nährstoffe aus tieferen Bodenschichten nach oben und stellen sie (nach dem Laubfall oder nach dem Absterben) anderen Pflanzen zur Verfügung. Die Humusbildung wird damit gefördert.

Zum Beispiel wenig Maschineneinsatz

Ein großer Teil der Arbeit wird ohne Maschinen erledigt. Diese sind kapitalintensiv und verbrauchen sehr viel Treibstoffe. Über ein Viertel des Kohlendioxidausstoßes geht auf das Konto der konventionellen landwirtschaftlichen Produktion. Pferde werden wieder vermehrt und ganz bewusst für Feldarbeiten verwendet. Die Bodenverdichtung ist viel geringer, die Pferdeäpfel werden als Dünger verwendet und es entsteht keine Umweltbelastung. Permakultur ist arbeitsintensiv, obwohl nur unbedingt notwendige Arbeiten erledigt werden und die Kreisläufe möglichst geschlossen bleiben.

8. Positive und kreative Lösungen suchen

Die Suche nach kreativen Lösungen ist nicht nur bei der Gestaltung eines Grundstücks wichtig, sondern in allen Lebensbereichen. Nicht immer ist die naheliegende oder die von vielen propagierte Lösung die beste. In der Permakultur herrscht das Verständnis vor, dass Probleme Herausforderungen sind, nach guten Lösungen zu suchen. Dieser zutiefst positive Ansatz ist zukunftsorientiert und darauf ausgerichtet, die beste Lösung zu finden. «The Problem is the solution», heißt es in der Permakultur. Das Problem kann Hinweise liefern für unkonventionelle Lösungen. Die Schnecken im Garten mit Körnern zu bekämpfen ist demnach keine gute Option. Vielmehr ist zu überlegen, warum so viele Tiere aufgetaucht sind, wo sie ihren Platz haben könnten, welches die Vorteile sind und ob Nützlinge wie Kröten und Enten eingesetzt werden könnten, um die Schnecken einzudämmen.

Links: Kartoffeln wurden direkt auf die zuvor aufgehackte Erde gelegt und mit Stroh bedeckt. Das Stroh wird von den Bodenlebewesen verarbeitet. Die Kartoffeln entwickeln sich ausgezeichnet, vorausgesetzt es sind nicht allzu viele Schnecken unterwegs.

Mitte: Ein rund ein Meter tiefer Graben wurde für dieses Erdgewächshaus ausgehoben. Links und rechts vom Mittelgang befindet sich je ein Beet, welches bequem bearbeitet werden kann, geschützt ist durch die robuste Plastikabdeckung und von der Erdwärme profitiert. Durch die geringe Höhe von nur 80 Zentimeter wirft es kaum Schatten auf die umliegenden Beete.

Rechts: Eine Kräuterspirale ist eine platzsparende Möglichkeit, verschiedenen Kräutern einen artgerechten Standort zu bieten.

Zum Beispiel Kräuterspirale

Ein gutes Beispiel für eine kreative Lösung ist die in vielen Permakulturgärten realisierte Kräuterspirale. Dank der Steinspirale gelingt es, auf kleinstem Raum einer Vielzahl von Küchenkräutern mit unterschiedlichen Bedürfnissen den passenden Standort zu bieten. Die oberen Kräuter haben trockenere, die unteren lieben die eher feuchteren Standorte. Die Steine speichern und reflektieren die Wärme, sodass mediterrane Kräuter wie Rosmarin und Salbei gute Bedingungen vorfinden.

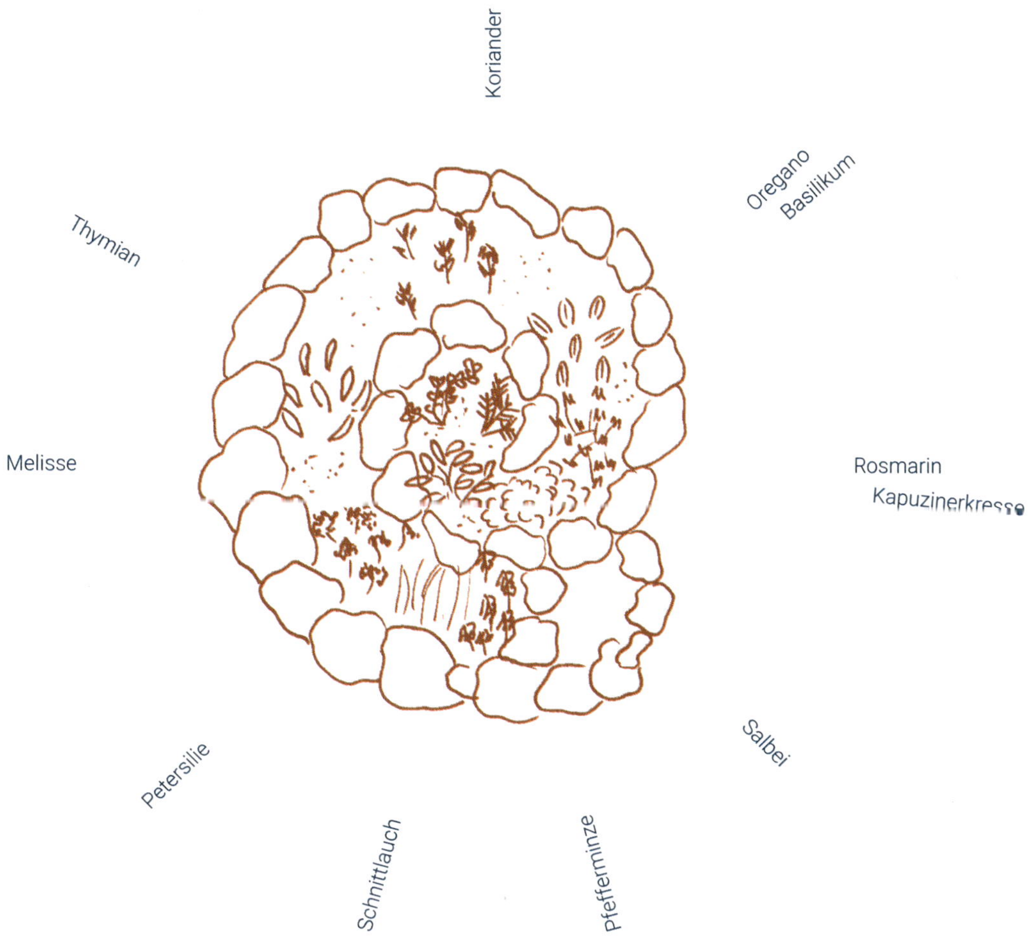

Zum Beispiel grüne Wände

Begrünte Wände sind ein gutes Beispiel für das Ziel der Permakultur, mit einem einzigen Element und minimalem Bodenverbrauch mehrere Funktionen abzudecken. Überwachsene Fassaden können Früchte produzieren, dienen der Klimaverbesserung im Haus und in der Umgebung, funktionieren als Luftreiniger und bieten Nahrung und Schutz für viele Tiere. Der bescheidene Platz direkt an der Hauswand wird somit effizient ausgenutzt. Eine einfache Kletterhilfe aus Draht ist meist schnell angebracht. Auch hier sollte man zuerst die klimatischen Gegebenheiten beobachten, bevor eine Wand begrünt wird. Efeu passt eher an die Westwand, Spalierobst braucht Sonne und steht daher am besten an der Ostwand. Mehr Informationen zur Wandbegrünung sind auf Seite 188 zu finden.

Vertikale Bepflanzungen sind auch auf Balkonen und Terrassen eine gute Möglichkeit, die Wände zu begrünen. Gemüsepflanzen wie Salate, Kohlrabi und Gewürze lassen sich dort ohne Weiteres anpflanzen.

Dieser Rebenspalier wurde an Drähten zwischen den Fenstern gezogen. Er benötigt wenig Platz, nutzt die Wärmeabstrahlung der Hauswand und ergibt jedes Jahr viele Trauben, welche zu Saft oder zu Wein verarbeitet oder auch frisch verkauft werden.

Zum Beispiel Hochbeet und Schlüssellochbeet

Hochbeete sind im Trend. Sie bieten mehrere Vorteile gegenüber ebenerdigen Beeten. Der bemerkenswerteste Vorteil ist, dass mit einem Hochbeet auch dann Gemüse angebaut werden kann, wenn der darunter liegende Boden eigentlich nicht geeignet ist – sei es, dass die Humusschicht dünn ist und auf Steinen liegt, sei es, dass der Boden mit Schadstoffen belastet oder zu sehr verdichtet ist. Vielen Menschen fällt es zudem einfacher, am Hochbeet zu arbeiten, weil sie sich weniger bücken müssen und damit Gelenke und Rücken schonen.

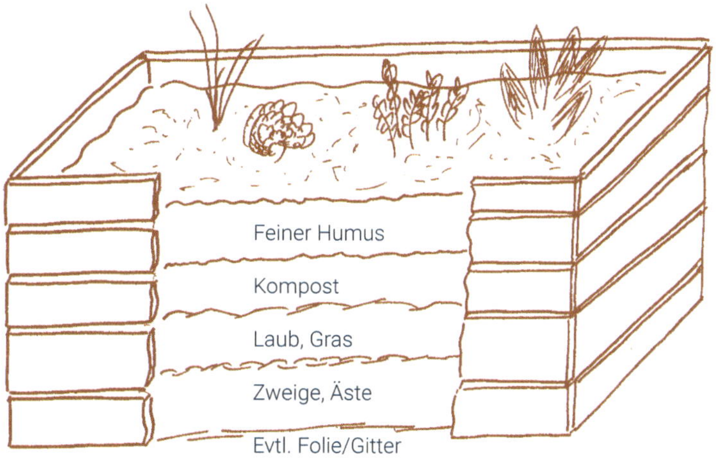

Holzschlag aus Lärchenholz, etwa ein Meter hoch

Das Schlüssellochbeet, ein besonderes Hochbeet: Dank der Einbuchtung in der Mitte lassen sich alle Flächen bequem erreichen.

Hochbeete können die unterschiedlichsten Formen haben und darum passgenau in die Gartenanlage eingebaut werden. Eine Sonderform des Hochbeets ist das sogenannte Schlüssellochbeet. Es heißt so, weil es eine runde Form mit einem Radius von etwa 1,5 Metern und einer Einbuchtung in der Mitte hat. Diese Einbuchtung – das Schlüsselloch – ermöglicht es, auch die Mitte des Hochbeets bequem zu erreichen.

Gebaut werden Hochbeeteinrandungen aus Holzstämmen, Brettern oder auch aus Stein oder Ziegeln (siehe auch Seite 73). Gefüllt werden die Beete schichtweise wie bei einem Hügelbeet zunächst mit grobem Astmaterial, dann mit Grassoden, Laub, Kompost und Feinerde oder mit humoser Gartenerde.

Zum Beispiel urbane Permakultur

Aus den unterschiedlichsten Gründen leben immer mehr Menschen in Städten. Stadtbewohner, denen ein nachhaltiger Lebensstil am Herzen liegt, haben oft nicht die Möglichkeit der Selbstversorgung im eigenen Garten und suchen nach Lösungen, die begrenzte Fläche bestmöglich zu nutzen. Daraus sind Bewegungen und Gemeinschaften entstanden, die sich mit Ernährung, Wohn- und Arbeitsformen oder mit Bildung befassen.

In der Stadt sind kreative Lösungen für Gartenprojekte besonders gefragt.

Als Pflanzgefäße sind diese Plastikbehälter gut geeignet.

BEISPIELE FÜR INITIATIVEN URBANER PERMAKULTUR

- Gemeinschaftsgärten
- Kräutergarten auf dem Balkon
- Wandbegrünungen
- Abgelaufene Lebensmittel werden aufbereitet, weiterverkauft und verwertet
- Lokale Märkte
- Gemüseabonnement
- Hochbeete auf ungenutzten Flächen
- Bienenhaltung auf Flachdächern
- Generationen- und Migrantenkurse im urbanen Gärtnern
- Schulgarteninitiativen
- Materialien, Maschinen, Autos werden ausgeliehen
- Dienstleistungen werden getauscht

9. WASSER EFFIZIENT NUTZEN

In trockenen Wüstenlandschaften stirbt alles Leben ohne Wasser. Diese Bedrohung tritt verstärkt in südlichen Ländern wie Südeuropa, Kalifornien, im Nahen Osten und weiten Gebieten Indiens auf. Dort erleben die Menschen hautnah, wie wertvoll Trinkwasser ist. Selbst im wasserreichen Mitteleuropa wird uns während sommerlicher Hitzeperioden, wenn Gemüsefelder verdorren, bewusst, wie kostbar Wasser ist.

Unser Wasser wird mit Gülle, Pestiziden, Abwässern aus Haushalten und Fabriken belastet. Unter großem finanziellen Aufwand werden die Abwässer wieder gereinigt. Zusätzlich werden unsere Böden mit schweren Landwirtschaftsmaschinen verdichtet und mit Beton und Asphalt versiegelt.

In der Permakultur hat die Ressource Wasser eine sehr hohe Priorität. Deshalb wird für einen schonenden, für alle Lebewesen gewinnbringenden Umgang mit dem Wasser gesorgt. Die Devise lautet: Fange möglichst alles aufs Gelände fallende Wasser auf, speichere es möglichst hoch, verwende es möglichst vielfältig und wenn es wegfließt, soll es sauber und unbelastet sein.

Eine feuchte Stelle zwischen Wiese und Hecke bietet ein willkommenes Biotop für Kröten, Enten, Libellen und Lurche. Vor allem Kröten und Enten sind im Garten willkommen, da sie Schnecken verzehren.

Zum Beispiel Regenwasser

Ein wichtiges Element der Planung ist der Umgang mit Regenwasser – es soll gesammelt, möglichst an der höchsten Stelle des Grundstücks gespeichert werden und den Pflanzen in Trockenperioden zur Verfügung stehen. Vom Dach fließt das Regenwasser über das Regenrohr in ein Fass oder einen Tank. Von dort wird es mithilfe einer Gießkanne oder eines Gartenschlauchs zur Bewässerung von Pflanzen eingesetzt. Es kann aber auch über einen kleinen Bach bis zu einem Teich fließen und dort für Frischwasser sorgen oder beim Hühnerhof vorbeifließen, damit die Hühner bei Regenwetter auch frisches Wasser bekommen.

Regenwasser kann auf vielfältige Weise genutzt werden.

Sogenanntes Grauwasser von der Dusche, vom Abwasch oder vom Händewaschen darf durchaus in dieses System hineinfließen, sofern ausschließlich rasch abbaubare Pflegemittel verwendet werden und eine Zwischenreinigung erfolgt, bevor das Wasser wiederverwendet wird. Schilf, Binsen, Seggen und Wasserlinsen können Schadstoffe aus dem Wasser filtern beziehungsweise für ihr Wachstum nutzen. Wird also Grauwasser oder auch Dachwasser, welches etwa mit Kupferrückständen aus Dachrinnen oder mit Luftschadstoffen verunreinigt ist, in einen Teich mit Wasserpflanzen geleitet, wird es mit deren Hilfe zum Teil gereinigt. Zusätzlich können kleine Wasserfälle eingebaut werden, um das Wasser mit Sauerstoff anzureichern. Kies- und Sandfilter können Grobstoffe aufhalten. Das so gereinigte Wasser wird für die Gemüsepflanzung verwendet. Im Handel sind verschiedene Systeme erhältlich, welche sich für größere oder kleinere Grundstücke eignen. Ab Seite 212 wird ein ausgeklügeltes Wassersystem beschrieben.

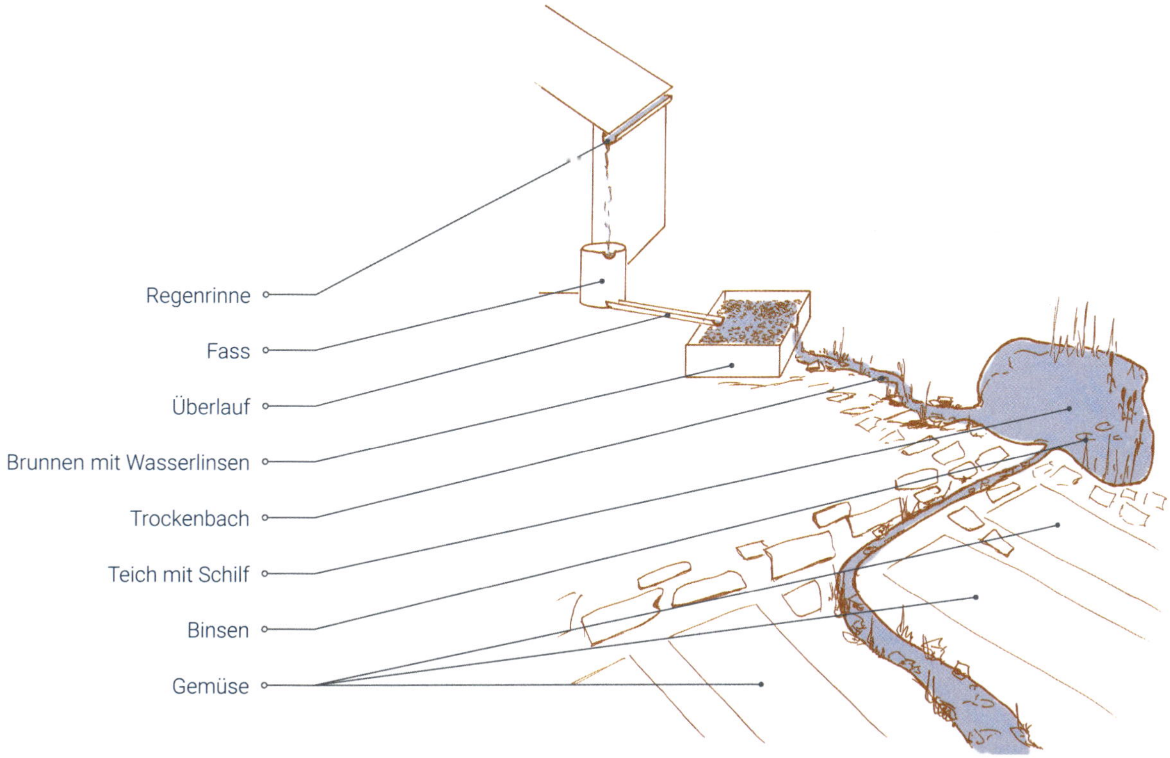

Zum Beispiel schwammartige Böden

Humusreicher Boden nimmt große Wassermengen auf, speichert sie und gibt sie langsam wieder ab. In Gebieten mit sehr trockenen Böden oder auf verdichteten und versiegelten Böden hingegen kann der Boden bei Regen nur wenig Wasser aufnehmen – es fließt rasch ab. Ein Ziel der Permakultur ist also, einen lockeren und humusreichen Boden zu erhalten.

Im Permakulturprojekt wird zuerst beobachtet, wie gut der Boden Wasser aufnehmen und speichern kann. Sandiger Boden trocknet wesentlich schneller ab als lehmiger Boden. Ein Versuch mit einem 20 bis 30 Zentimeter tiefen, mit Wasser gefüllten Loch im Boden zeigt den Grad der Wasseraufnahmefähigkeit. Versickert das Wasser rasch, ist der Boden eher sandig, bleibt es lange stehen, handelt es sich eher um einen lehmigen Boden.

Bei lehmigem Boden muss mit Mulch und Kompost gearbeitet werden. So verbessert sich die Wasseraufnahmefähigkeit des Bodens. Dafür eignen sich auch Holzschnitzel (die mindestens ein bis zwei Jahre kompostiert wurden) gut. Wichtig dabei ist, die Mulch- und Kompostschichten über die gesamte Vegetationsperiode regelmäßig zu erneuern. Ob eine tiefere Drainage, das Einbringen von Kies oder Sand in untere Bodenschichten oder eine Geländemodellierung notwendig ist, entscheidet man vor Ort.

Ist der Boden sehr sandig, trocken oder verdichtet, bietet sich der Bau eines Schwammbeets (*sponge bed*) an. Neben einer Kultur oder einem Baumbestand werden ein oder mehrere Löcher ausgehoben. Das Loch wird mit (gut durchnässten) Hackschnitzeln oder manchmal auch mit Papier und Kartonstücken aufgefüllt. Bei Regenwetter saugt sich das Material mit Wasser voll und bleibt einige Zeit feucht. Mit der Zeit verrottet das Material, sodass die Wurzeln des Baumes darin Nahrung und Wasser vorfinden. Es können auch Mulden ausgehoben werden, die nach unten mit Lehm oder Folie abgedichtet und anschließend wieder aufgefüllt werden. Wichtig ist, die Oberfläche dicht zu bepflanzen oder mit Mulch vor Wasserverdunstung zu schützen.

Ein Schwammbeet trägt dazu bei, trockene, sandige Böden fruchtbarer zu machen. Mehr Wasser wird gespeichert und steht den Wurzeln länger zur Verfügung.

Zum Beispiel Swales

Mit «Swales» werden Wassergräben bezeichnet, welche entlang von Höhenlinien verlaufen. Sie sammeln das Wasser und entwässern damit einen Teil des Geländes, speichern das Wasser aber auch in den unteren Schichten. So steht es den hangabwärts stehenden Pflanzen zur Verfügung. Swales werden vor allem in trockenen Gebieten verwendet. Dort wird das wenige Regenwasser direkt bei den Pflanzen gesammelt und fließt nicht unkontrolliert ab. Die Erosion kann damit gestoppt werden, das wenige Wasser wird effizient genutzt und steht über eine längere Periode zur Verfügung.

Swales sollten mindestens 60 bis 80 Zentimeter breit und rund 30 Zentimeter tief sein. Der Aushub wird hangabwärts zu einem Wall aufgeschichtet. Er kann mit Kompost angereichert und mit Büschen oder Gemüse bepflanzt werden. Wenn die Gräben teilweise mit Holzschnitzel aufgefüllt werden, verbessert sich die Wasserspeicherfähigkeit und nach rund zwei Jahren kann die daraus entstandene Erde für die Gemüsebeete verwendet werden. Die Swales werden dann erneut mit Hackschnitzeln aufgefüllt.

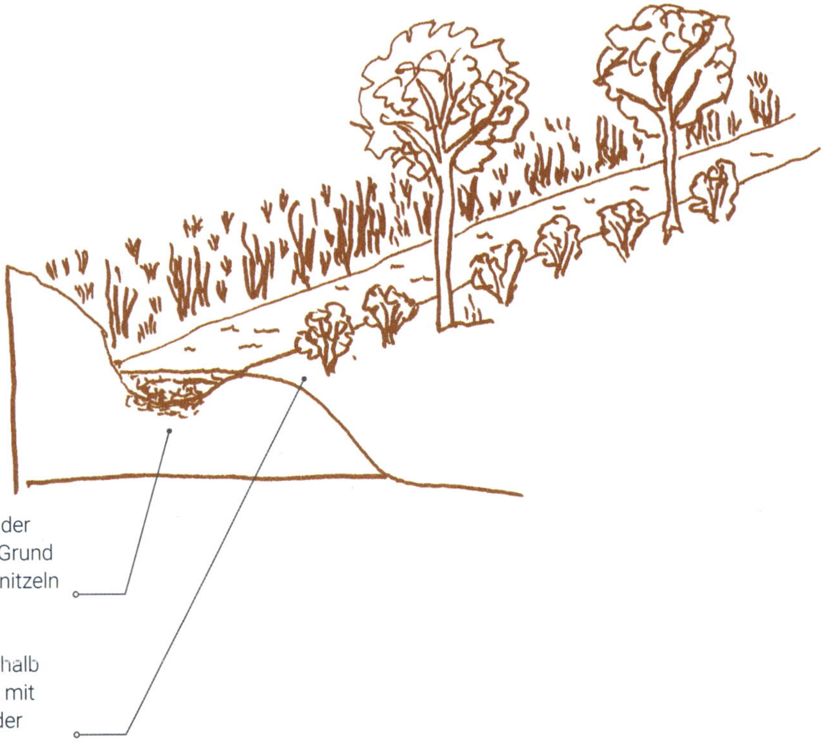

Graben entlang der Höhenlinie, der Grund ist mit Hackschnitzeln aufgefüllt.

Der Hügel unterhalb des Grabens ist mit Obstbäumen oder Beerensträuchern bepflanzt.

Swales sind vor allem in trockenen Gebieten beliebt, wo sie zur Sammlung und Speicherung von Regenwasser dienen. In regenreichen Gegenden dienen sie eher zum Ableiten des Wassers und zur Speicherung während längerer Trockenzeiten im Hochsommer.

10. Gestalten und optimal anordnen

Mit diesem letzten Grundsatz fängt die eigentliche Planung an. In der Gestaltung geht es um eine optimale Anordnung und um die bestmögliche Funktion der Elemente auf einem Grundstück. Wiederum spielt die Vernetzung eine entscheidende Rolle. Dieser Prozess ist nicht mit einer einmaligen Planung abgeschlossen, sondern muss immer wieder neu beachtet werden. In erster Linie ist dieser letzte Grundsatz also ein Planungsgrundsatz.

Dabei dienen Muster in der Natur als Vorbild für die Gestaltung. So kann beispielsweise die Mäanderform eines Flusses als Vorbild genommen werden, um den Wasserlauf auf einem Grundstück zu gestalten. Das Wasser legt somit einen weiten Weg zurück und es entstehen lange Uferzonen. Die Spiralform inspirierte Mollison zur Gestaltung der Kräuterspirale. Die indischen Mandalas waren das Vorbild für die Form der Mandalagärten. Die Pilzform oder die Tropfenform sind weitere nützliche Muster für ein Gartendesign.

Ein Muster kann also ein Gestaltungsproblem lösen. Das Beobachten von Mustern und Strukturen steht dabei an erster Stelle – hier schließt sich der Kreis zum Grundsatz 1. Wenn diese Anordnungen und Muster verstanden werden, unterstützen sie die Gestaltung nachhaltiger Systeme.

MUSTER DER NATUR

- Wellenformen sind vielfältig und kommen in der Wüste oder auf der Wasseroberfläche vor. Sie zeigen Windrichtung und Windstärke an. Wellen sind dynamisch, haben ein Tal und einen Hügel. Das Tal ist schattiger und feuchter als der Hügel. Erhöhte Beete sind trockener und bekommen mehr Sonne.
- Tropfen- oder Eiformen haben eine kleine Oberfläche, ein großes Volumen und sind stabil. Beispielsweise ist für geflochtene Strukturen die Tropfenform passend und benötigt die ovale Beeteinfassung wenig Material.

- Mäanderformen vergrößern die Übergangszonen zwischen zwei Arealen. Beim Teich oder beim Waldrand ist dies erwünscht, da die Artenvielfalt in diesen Randzonen groß ist, was wiederum ein System widerstandsfähiger macht.
- Netze sind die wohl treffendsten Muster in der Permakultur. Sie zeigen die Vernetzungen und damit das Systemische innerhalb eines Grundstücks. Wird an einem Ende gezogen, dann hat dies Auswirkungen auf alle anderen Bereiche im Netz. Schön zu sehen ist dies am Spinnennetz.

Zum Beispiel Geländemodellierungen

Modellierungen im Gelände können verschiedene Zwecke erfüllen. Terrassierungen schützen vor Erosion, Teichanlagen dienen der Wasser- und Wärmespeicherung, ein Hügelbeet vergrößert die Anbaufläche im Garten und profitiert vom intensiveren Einstrahlwinkel der Sonne an der Sonnenseite. Ein Hügelbeet ist im oberen Bereich meist trocken, da das Wasser gut ablaufen kann. Somit kann mehr Gemüse geerntet werden. Durch eine Geländeerhebung werden Winde gebremst und es entstehen windgeschützte Orte.

Eine Geländemodellierung kann auch umgekehrt erfolgen – es wird ein tiefer gelegener Bereich, ein sogenanntes Kraterbeet, angelegt: In der Vertiefung sind die Pflanzen vor Wind geschützt und Wärme wird in der Kuhle gespeichert. Wärmeliebende Pflanzen gedeihen hier besser. Die auf Seite 96 beschriebenen Swales sind Geländemodellierungen an einem Hang und dienen der Wasserspeicherung und dem Erosionsschutz.

Kraterbeete können für kälteempfindliche Pflanzen als windschützende Wärmekuhle dienen. Ihre Größe kann zwischen einem und zwanzig Meter Durchmesser liegen. Steinerne Sitzplätze können zusätzlich Wärme speichern. Am Grund des Kraterbeets kann Wasser gesammelt werden.

KRATERBEET

Im Mitteleuropäischen Klima können wärmeliebende Pflanzen wie Kürbis und Gurken im Kraterbeet besonders gut gedeihen. Meist wird eine Tiefe von 40 bis 80 Zentimeter und ein Durchmesser von zwei bis drei Metern gewählt. Der Aushub kann am Rand zu einem Wall aufgeschichtet werden. Auch größere Kraterbeete in anderen Formen sind möglich, allerdings kann dann beispielsweise der Windschutz weniger ausgeprägt sein. Die Ränder dürfen nicht zu steil abfallen und die Erde muss regelmäßig mit Kompost aufbereitet werden, da die oberste Humusschicht abgetragen wurde. In regenreichen Gebieten sammelt sich in Kraterbeeten oft Wasser.

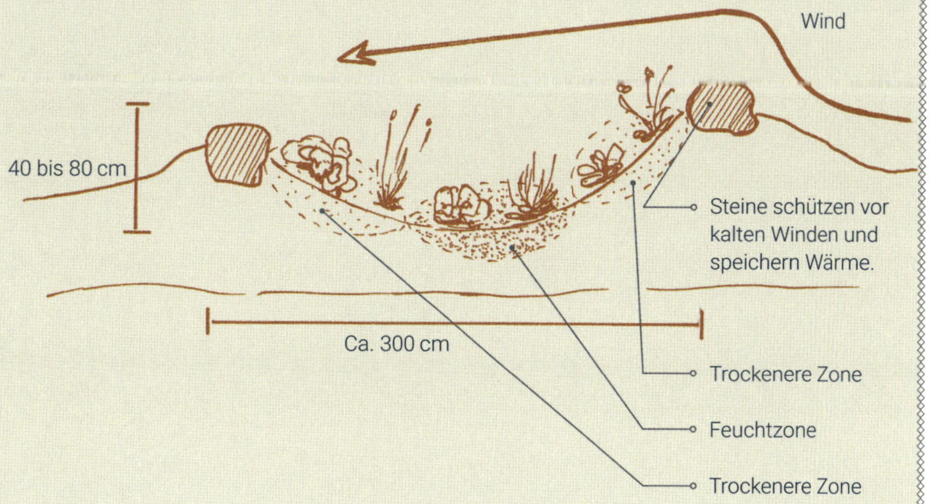

Zum Beispiel Zonierungen

Beim fünften Grundsatz wurde bereits erwähnt, dass das Permakultur-Design mit Zonen arbeitet. Die Zonen haben unterschiedliche Funktionen und müssen darum je nach den Bedürfnissen und der Größe der Anlage klug geplant werden. Nicht in jedem Permakultursystem werden alle Zonen eingeplant. Die Zonen und die Zonierung werden auf Seite 111 näher beschrieben.

Zum Beispiel Verbesserung des Mikroklimas

Bei der Geländemodellierung, beim Anlegen einer Windschutzhecke oder einer Kräuterspirale geht es immer um die Verbesserung des Mikroklimas. Wenn die Temperatur an einem bestimmten Standort ein wenig höher ist als in der Umgebung, wenn die Winde gebremst werden und den Boden weniger abkühlen oder wenn die auftreffende Sonnenwärme im Boden gespeichert werden kann, sind die Bedingungen für die oft empfindlichen Gemüsepflanzen meist besser. Nicht immer ist ein erhöhtes Gemüsebeet erwünscht, in heißen trockenen Gegenden wird in Gräben gepflanzt, die kühler und feuchter sind.

Eine Wasserstelle gibt Feuchtigkeit und Wärme ab und wirkt somit regulierend auf das Kleinklima in der näheren Umgebung. Außerdem liefert ein Teich Algen für Mulch oder Kompost und bietet vielen Tieren einen Lebensraum.

Es bieten sich verschiedene Möglichkeiten an, das Mikroklima auf einem Grundstück zu verbessern. Durch Wellenformen beziehungsweise durch höhere und tiefere Areale im Garten werden Winde gebremst, die Pflanzen stehen weniger feucht und bekommen in erhöhten Lagen mehr Sonne und Wind.

Wasserläufe und Teiche verbessern das Kleinklima ebenfalls. Sie geben in trockenen Zeiten Feuchtigkeit ab, kühlen im Hochsommer die Umgebung, bieten Gießwasser, Dünger in Form von Algen und reflektieren die Strahlung, was vor allem in der Übergangszeit und im Winter erwünscht ist. Auch Mulchen verbessert das Kleinklima. Die Wärmebilanz im Boden ist längerfristig besser als auf einem nackten Boden. In Städten tragen grüne Dächer und Fassadenbegrünungen stark dazu bei, dass das Klima ausgeglichener wird und mehr Schadstoffe gebunden werden.

Der Gestaltungsprozess mit TEEPUR

Permakultur ist – unter anderem – ein Gestaltungskonzept. Ein wohlüberlegtes Design auf der Basis der zehn permakulturellen Grundsätze ist wichtig, um einen optimalen Nutzen der ausgewählten Elemente zu erreichen.

Es gibt verschiedene Designmethoden, die in der Permakultur zur Anwendung kommen. Jede Gestalterin und jeder Gestalter hat eigene Gestaltungsabläufe. Für dieses Buch schlagen wir den Prozess gemäß dem Kürzel TEEPUR vor. «Tee pur» (also reiner Tee) ist ein Symbol für «reinen Tee einschenken», also dafür, dass die Produkte aus dem Garten naturbelassen sind und dass mit der Natur gearbeitet wird.

Gemeinsam ist allen Methoden, dass zunächst der Traum, die Idee oder die Vision wichtig sind. Anschließend wird beobachtet und bewertet, was vorhanden und was möglich ist und wo die Grenzen liegen. Dann folgen Planungs- und Umsetzungsphase. Auch Reflexion, Abschluss und die Pflege des Systems sind in der letzten Phase wichtig.

TEEPUR steht für:

Weitere Prozessmethoden in der Permakultur

T Träumen

E Entdecken

E Entwickeln

P Planen

U Umsetzen

R Reflektieren

- 5-D-Methode (Dream, Discover, Develop, Design, Deliver)
- BABDUEO (Beobachten, Analysieren, Beurteilen, Designen, Umsetzen, Evaluieren, Optimieren)
- SADIM (Survey, Analysis, Design, Implementation, Maintenance)
- OBREDIMET (Observe, Boundaries, Resources, Evaluation, Design, Implementation, Maintenance, Examination, Tweaking)

T — Traum und Vision

Was soll auf dem ausgewählten Grundstück entstehen? Welche Bedürfnisse und Wünsche haben die Menschen? Wie soll das Grundstück in fünf Jahren aussehen? Diese und weitere Fragen stehen am Anfang einer Gestaltung.

Bewusst wird in dieser Phase noch nicht eingeschränkt. Es darf geträumt werden, auch wenn klar ist, dass nicht alles verwirklicht werden kann. Alle Projektteilnehmer sind während dieser Phase aktiv. Mithilfe von Mindmaps, Interviews oder grafischen Darstellungen werden die Vorstellungen erfasst.

So wird ersichtlich, ob Gemüse oder Blumen wachsen sollen, ob Tiere einbezogen werden, ob der Betrieb als Hobby oder als Erwerbszweig dienen soll, ob Kinder dort spielen und welche Elemente bevorzugt angelegt werden sollen.

E — Entdecken und Beobachten

In dieser zweiten Phase geht es um die Beobachtung des zu gestaltenden Gundstücks. Die Besitzverhältnisse, die Platzverhältnisse, die Sonneneinstrahlung sowie alle weiteren Rahmenbedingungen müssen beachtet werden. Beobachten und Entdecken hat immer auch mit Achtsamkeit zu tun. Durch die Skizzen, Zeichnungen und Fotos wird die Beobachtungsgabe zusätzlich geschult. Wichtig ist dabei, dass man sich einlassen kann auf die Begebenheiten auf dem Grundstück und (noch) nicht bewertet.

In einer Tabelle wird notiert, was ein Acker oder ein Grundstück können muss, welche Ressourcen und welche Bedürfnisse vorhanden sind, wie Boden, Hangneigung, Feuchtigkeitsverhältnisse usw. aussehen. Mithilfe der **Sektoranalyse** wird festgehalten, woher die kalten

Die Vision ist die Vorstellung, wie es aussehen könnte, wenn es fertig ist. Träumen ist in dieser Phase sehr erwünscht.

Durch genaues Beobachten wird erkannt, was ein Gelände zu bieten hat, was sich wie entwickelt und wo das Potenzial schlummert. Der Pflanzenbewuchs (hier ein Adlerfarn) beispielsweise gibt Hinweise auf die Bodenstruktur.

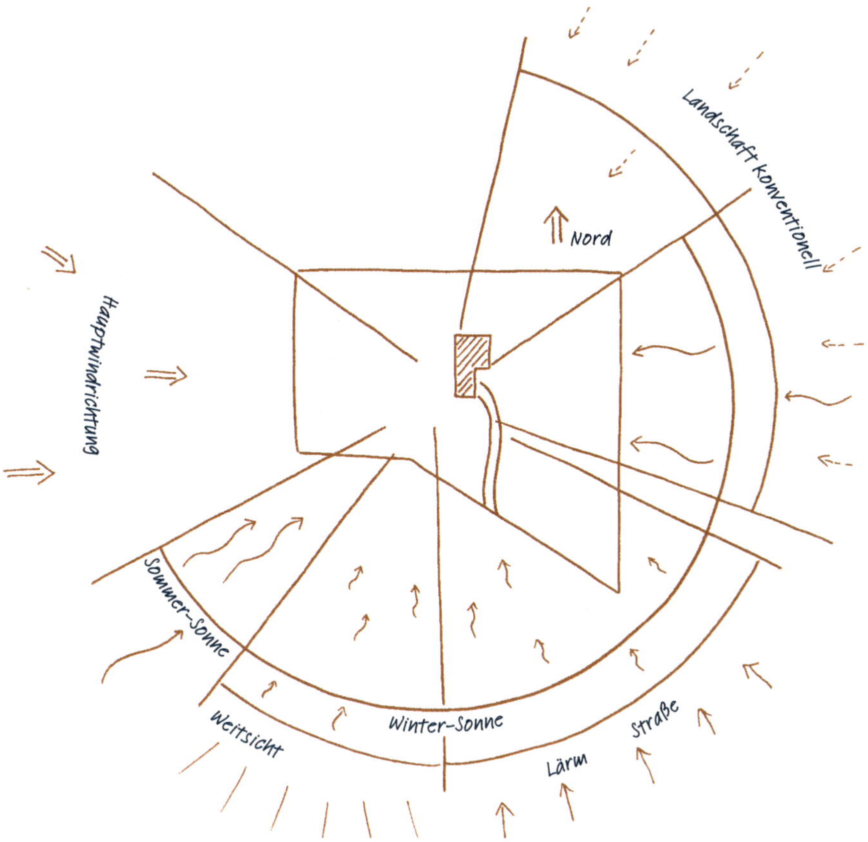

Mit der Sektoranalyse werden die Gegebenheiten rund um das Grundstück festgehalten. Vereinfachte und schematische Darstellungen helfen, die Situation zu erfassen. Oft wird mit Pflöcken markiert, wo die ersten Sonnenstrahlen hinfallen oder wo der Wind am stärksten weht.

Winde und die Regenfronten kommen. Ebenso werden die Lärmemissionen und die Eintragungen von unerwünschten Stoffen aus Verkehr und Landwirtschaft auf einer Karte eingetragen.

Die Bodenstruktur ist ebenfalls ein wesentlicher Faktor. Je nachdem, ob eher sandiger, lehmiger oder sehr humoser Boden vorliegt, sind die Elemente beziehungsweise die Pflanzen anders auszuwählen und die Maßnahmen zur Verbesserung der Bodenstruktur unterschiedlich.

Einige Pflanzen werden als Zeigerpflanzen bezeichnet. Sie zeigen an, wie die Bodenbeschaffenheit ist. So sind beispielsweise Brennnesseln (*Urtica*) ein Zeiger für eher stickstoffreiche Böden, Breitwegerich (*Plantago major*) für eher nasse, schwere und verdichtete Böden. Adlerfarn (*Pteridium aquilinum*) deutet auf eher nährstoffarme saure Böden hin, Margerite (*Leucanthemum vulgare*) und Gänseblume (*Bellis perennis*) auf eher nähstoffarme Böden. Zu wissen, welche Pflanzen auf dem Grundstück gut gedeihen, ist in dieser Observierungsphase wichtig.

Einige Designer beziehungsweise Designerinnen verbringen viele Stunden oder Wochen mit diesen Beobachtungen oder betrachten das Grundstück während eines ganzen Jahres, um auch die Richtung der kalten Winde im Winter und den Schattenwurf im Frühling zu kennen. Es lohnt sich, das zu gestaltende Stück Land genau zu beobachten und die Erkenntnisse zu notieren, bevor eine Schaufel zur Hand genommen wird.

MEIN GRUNDSTÜCK

- Was wächst hier?
- Wie wächst es?
- Warum wächst es gerade hier?
- Wofür kann ich diese Pflanze brauchen?
- Was braucht diese Pflanze?
- Welche Faktoren gilt es (sonst noch) zu berücksichtigen?

ENTWICKELN UND BEWERTEN

E

Auf Grundlage der Träume und Beobachtungen werden erste Bewertungen vorgenommen. Die Bewertung wird bewusst getrennt von der Beobachtung. So können Wert und Bedeutung einzelner Elemente gezielter erfasst und allenfalls in die Planung mit einbezogen werden. In dieser Phase ist es auch sinnvoll, erste Hindernisse und mögliche Stolpersteine zu benennen. Die Analyse der Beobachtungen kann auf verschiedene Arten erfolgen. Die Erfassung mittels der erwähnten Tabelle ist eine Möglichkeit.

Patrick Whitefield (ein englischer Permakultur-Designer) schlägt in seinem Buch «The Earth Care Manual» die sogenannte SWOC-Analyse vor. Die Abkürzung steht für Strenghts – Weaknesses – Opportunities – Constraints. Abgeleitet ist sie von der SWOT-Analyse, einem Instrument der strategischen Planung von Projekten. Das T für Threats (Bedrohungen) wurde aber in der Permakultur durch den Begriff «Beschränkungen» (Constraints) ersetzt, da im Permakulturdesign keine eigentliche Bedrohung vorkommen sollte, sondern vielmehr die Systembeschränkungen zu berücksichtigen sind. Whitefield schlägt vor, die Analyse zur Standortbestimmung oder auch zur Überprüfung eines Designs anzuwenden.

Die Beobachtungen werden notiert, erste Beurteilungen sind sichtbar. Nun muss man entscheiden, wie man mit den Beschränkungen beziehungsweise den Schwächen umgeht. Dies ist dann Sache des Designs.

Die Weiterentwicklung gehört zu dieser Phase. Immer wieder wird neu ausprobiert, welche Pflanzen zusammen passen, was auf diesem Boden gut gedeiht und welche Pflanzen für die Nutzer besonders interessant sind.

Mögliche Fragen sind:

S STRENGHTS | STÄRKEN

Was sind die Besonderheiten auf dem Gelände?

Was sieht jetzt schon besonders gut/erfreulich aus?

Was weiß ich über vergangene Ernten/Kulturen?

Welche bestehenden Vernetzungen können aktiviert/verbessert werden?

W WEAKNESSES | SCHWÄCHEN

Was klappte in der Vergangenheit nicht?

Welche Pflanzen sind vorhanden (beispielsweise invasive Pflanzen), die Probleme bereiten könnten?

Sind die Zugangswege besonders schwierig?

Wurde der Boden verdichtet oder überdüngt?

O OPPORTUNITIES | MÖGLICHKEITEN

Welche Elemente sind möglich bei der Gestaltung?

Wie sähe ein Ideal/der Traum aus?

Wo kann ich Vorbilder kennenlernen/Informationen einholen?

C CONSTRAINTS | BESCHRÄNKUNGEN

Wie sehen finanzielle und zeitliche Möglichkeiten aus?

Lässt die Größe des Grundstücks alle Möglichkeiten zu?

PLANEN UND DESIGNEN

Hier beginnt die eigentliche Planung. In der Permakultur spricht man vom Design. Bei der Planung werden Elemente ausgewählt, welche die gewünschten Funktionen erfüllen können. Mit diesen Funktionen soll dann der Traum (möglichst) verwirklicht werden. Die Elemente sind multifunktional angelegt und so im System mit anderen Elementen vernetzt, dass sie sich gegenseitig unterstützen können. Diese Vernetzung erhöht die Stabilität im System. Grundlegend ist dabei die Zonenplanung. Es werden verschiedene Zonen bestimmt, die unterschiedlich intensiv bewirtschaftet werden und unterschiedliche Zwecke erfüllen. Die Elemente werden in die passenden Zonen eingeteilt.

Wie genau geplant wird, ist ganz unterschiedlich. Man kann sehr analytisch vorgehen, beispielsweise mit Tabellen, in die man alle Funktionen und Verbindungen einträgt, mithilfe von Mindmaps oder auch mithilfe von Skizzen, welche in einer ersten Phase eher utopisch wirken.

Das **Ausschlussverfahren** ist eine Methode, bei welcher mehrere Optionen/Skizzen/Gestaltungen erstellt werden. In einem Auswahlverfahren fällt dann immer eine Möglichkeit weg, bis die bestmögliche Lösung erkannt ist.

Die **Data-Overlay-Methode** arbeitet mit mehreren transparenten Plänen, die man übereinander legt. So kann eine Entwicklung über mehrere Jahre beziehungsweise über mehrere Planungsstufen symbolisch festgehalten werden. Man kann auch verschiedene Elemente übereinander legen und verschieben, um die optimale Wirkung zu ermitteln.

Interessante Aspekte zeigen kann auch die **5-Minuten-Methode**. Alle Mitglieder der Planungsgruppe erarbeiten innerhalb fünf Minuten möglichst kreative Ideen, die sie anschließend präsentieren und diskutieren.

Mithilfe eines Grundrissplans, den man oftmals aus dem Internet herunterladen kann, beginnt man nun zu zeichnen. Diese Zeichnung wird meist von Hand angefertigt und koloriert. Sie dient den Auftraggebenden und dem Designer oder der Designerin als weiterer Konkretisierungsschritt.

Die Planung soll realistisch sein, aber auch kreativ. Bill Mollison sagte einst, das Design kenne keine Grenzen außer die Phantasie des Designenden.

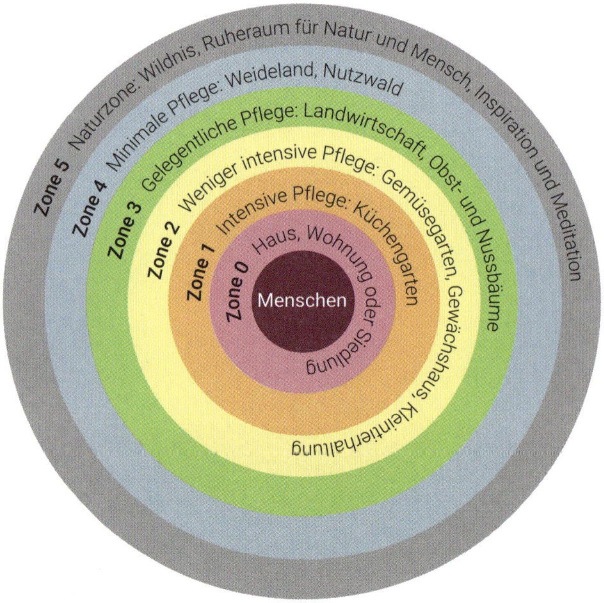

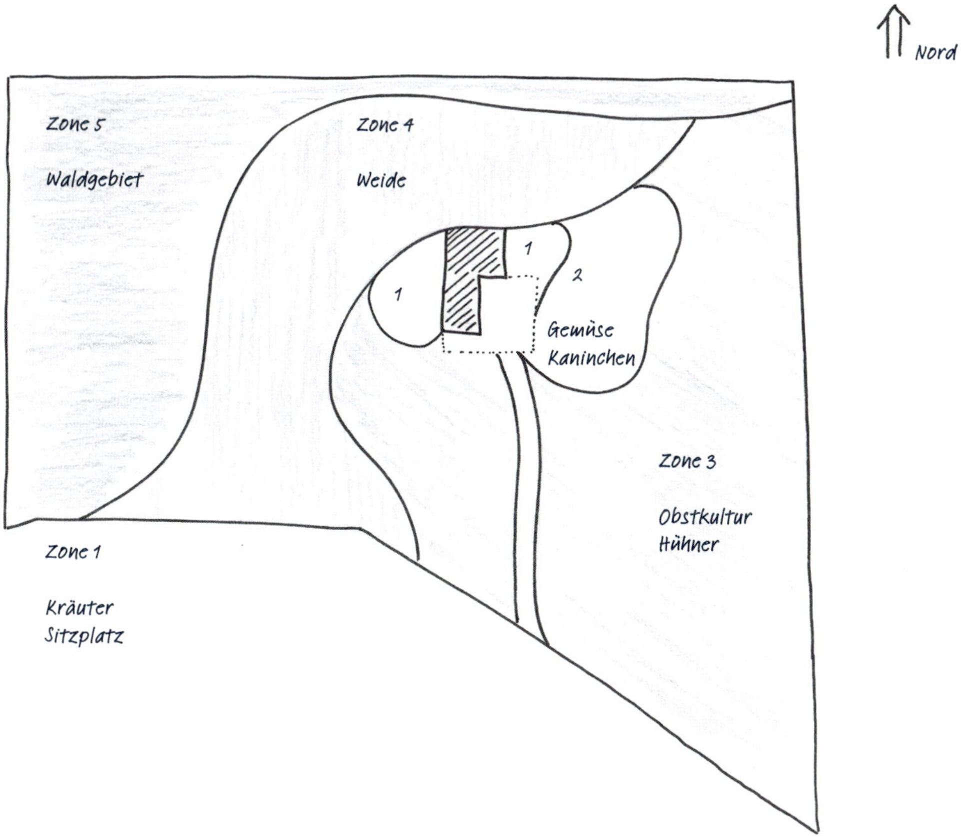

Zonenplanung

Ein Gartendesign wird meist in fünf oder sechs Zonen eingeteilt. Dabei sind die Zonen 1 und 2 jene, die am häufigsten aufgesucht und täglich bewirtschaftet werden. Sie liegen nahe beim Haus. Je höher die Zahl ist, desto weniger intensiv bewirtschaftet und desto weiter entfernt vom Haus ist die Zone. Die Zone 5 ist ein ungenutzter wilder Bereich und darf vom Haus entfernt liegen.

Nicht in allen Gärten sind alle Zonen denkbar oder wünschbar. Gerade auf kleinen Grundstücken ist oft nur eine Auswahl von Zonen realisierbar. Die Übergänge zwischen den Zonen sind nicht immer klar durch Wege oder Hecken markiert, sondern oft fließend. Wichtig für die Zonenplanung ist der fünfte Grundsatz: Energie effizient einsetzen. Die Wege sollten möglichst kurz gehalten werden, damit sich der Aufwand in Grenzen hält.

Die Zonen der Permakultur

Mit einer Skizze werden die Zonen geplant.

- **Zone 0** ist das Wohnhaus mit seinen Bewohnern. Sie gilt als Herz der Anlage.
- **Zone 1** ist die unmittelbare Umgebung zum Haus, beispielsweise der Hauseingang, der Balkongarten oder die Kräuterbeete. Diese Zone wird täglich genutzt und braucht viel Pflege.
- In **Zone 2** wachsen jene Pflanzen, welche fast täglich genutzt werden, wie Salate, Kohlrabi oder Rote Bete. Auch Kleintiere wie Hühner oder Kaninchen, die täglich betreut werden müssen, befinden sich optimalerweise in dieser Zone.
- In **Zone 3** befinden sich die Obstkulturen, Kartoffelpflanzungen und das Getreide, sie sind weiter vom Haus entfernt.
- In **Zone 4** liegen das Grasland, die Futterpflanzen für die Tiere und der Nutzwald.
- In **Zone 5** befinden sich die (fast) unberührten Lebensräume wie Wald, Sumpfgebiete oder Schutthalden, welche nicht bewirtschaftet werden.

Zu dieser Phase gehören auch Zeit-, Budget- und Ablaufpläne sowie die Auflistung der zur Verfügung stehenden (materiellen und menschlichen) Ressourcen.

UMSETZEN UND BAUEN

U

Die Realisierung muss keineswegs innerhalb kurzer Zeit erfolgen. Man kann die Elemente auch nacheinander bauen und installieren, im Sinne von kleinen und langsamen Lösungen. So entsteht über mehrere Jahre ein nachhaltiges Gartensystem. Wichtig bei solch langsam entstehenden Landschaften ist, die einzelnen Elemente bereits zu Beginn einzuplanen. Benötigt man sowieso einen Bagger für den Bau des Hauses, das Ausheben eines Teiches oder das Errichten einer Mauer, realisiert man sinnvollerweise gleich alle geplanten Geländemodellierungen. Ob Fachkräfte wie Teichbauer oder Baggerführer engagiert werden müssen, ist Sache der genauen Planung. Bei kleineren Grundstücken ist viel Eigenarbeit die Regel.

Die Permablitz-Methode wird ab und zu für die Realisierung von Elementen eingesetzt. Die Besitzer des Grundstücks laden Menschen ein, die beispielsweise den Aufbau eines Hügelbeets kennenlernen möchten. Das gesamte Material wird vorher bereitgelegt, dann kann man zusammen mit den Eingeladenen das Hügelbeet an einem Tag realisieren. So ist es möglich, einerseits Theorie und Praxis zu vereinen, andererseits viele zusätzliche Helfer für kurze Zeit zu gewinnen.

Die Materialien sollten ressourcenschonend produziert und dauerhaft sein. Die Vernetzung ist eine der Stärken der Permakultur. Verschiedene Elemente werden bestmöglich ausgewählt,

angeordnet und miteinander kombiniert. Jedes Element soll so gebaut werden, dass es seine Funktionen optimal erfüllen kann. Ein Permakultursystem kann mit einem Organismus verglichen werden, in welchem alle Elemente wichtig sind und sich positiv beeinflussen.

Die nachfolgende Tabelle listet Permakulturelemente auf, die ins Design einfließen können. Sie sind für unsere Klimazone gedacht, es sind aber weitere Elemente denkbar. In der Permakultur sind der Phantasie und dem Spiel mit den Elementen kaum Grenzen gesetzt und es sind immer verschiedene Elemente in einem System kombinierbar. Wichtig ist, dass die Elemente dem Gesamtsystem dienen und sinnvoll ausgewählt werden.

Größere Projekte lassen sich besser realisieren, wenn mehrere Menschen anpacken.

Permakulturelemente und ihr Einsatzbereich

Element	Zweck und Nutzen
Teich	Wasserspeicher, Energiespeicher, Lebensraum für Fische, Enten, Algen usw., Düngerproduktion
Wasserlauf	Bewässerung, Wasser im System halten, feuchte und trockene Stellen ermöglichen, Entwässerung
Regenwasser	kalkarmes Wasser sammeln , Trinkwasser schonen, Wasser dort speichern, wo es benötigt wird
Gewächshaus	Setzlingsanzucht, Schutz für empfindliche Pflanzen, Treibhauseffekt nutzen, (Sonnen-)Energie auffangen und speichern, Gemüse überwintern, Wurmkompost, Zitruspflanzen, usw., geschützter Arbeitsplatz
Folientunnel	einfache Version des Gewächshauses
Frühbeet	frühere Samenanzucht, dem Gewächshaus vorgelagert als zusätzliche Wärmespeicherung
Walipini	Erdgewächshaus in Hanglage, nutzt Sonnen- und Erdwärme optimal, fügt sich passend in den Hang
Windschutzhecke	schützt vor kalten Nordwinden, liefert zusätzlich Beeren, Holz und Mulchmaterial, Lebensraum für Wildtiere (Vögel, Igel, Kröten, Blindschleichen usw.), Erosionsschutz, Sichtschutz
Wildobsthecke	bietet zusätzliche Beeren und Früchte, optische Unterteilung einer Fläche

Element	Zweck und Nutzen
Mauer, Terrasse	schützt vor Erosion, speichert Wärme, bietet zusätzliche (senkrechte) Anbaumöglichkeiten
Kräuterbeet, Kräuterspirale	Kräuter auf kleinem Raum nahe beim Haus, effiziente Produktion, optimale Bedingungen schaffen für empfindliche Kräuter
Hügelbeet, Hochbeet	durch besondere Aufschichtung wärmer als Gartenbeet, Vergrößerung der Anbaufläche, sinnvolle Nutzung des Gartenabraums vor Ort, angenehme Arbeitshöhe
Kraterbeet	Erdvertiefung bringt Wärme- und Wasserspeicherung
Weißkleewege	sammeln Stickstoff, liefern Mulchmaterial
befestigte Wege	kein Unkraut jäten
Spalierobst	Nutzung verschiedener Stockwerke
Obstbaum-Lebensgemeinschaft	gegenseitige Begünstigung, liefert Nährstoffe, Aufbau der Humusschicht, liefert Mulchmaterial
Erdkeller	zusätzliche Lagermöglichkeit im Winter
Insektenhotel	Wildbienen im eigenen Garten helfen bei der Bestäubung
Kompost	Recycling des Gartenabraums
Wurmkompost	effizienter Kompost auf kleinstem Raum

R REFLEKTIEREN, FEIERN UND PFLEGEN

Nachdem das neue Grundstück oder ein Teil davon fertig ist, wird gefeiert. Das Fest ist wichtig, um den Prozess abzuschließen, den neuen Garten ein erstes Mal genießen zu können und die Arbeit wertzuschätzen.

Nach dem Fest kommt die Reflexions- und Pflegephase. Über die nächsten Jahre wird weiterbeobachtet, wie sich die Elemente entwickeln und wie die Verbindungen zueinander entstehen. Man kann korrigieren und neue Elemente können dazukommen. Somit schließt sich auch hier der Kreis. Es kommen neue Träume auf, es wird beobachtet und bewertet und wiederum neu geplant.

Die Pflege ist nicht zu unterschätzen und geht meist in der Euphorie der Planungsphase unter. Wenn Bäume im Design eingeplant sind, ist zu beachten, dass sie in zehn Jahren anders aussehen, einen anderen Schattenwurf und einen anderen Nährstoffbedarf haben als als junge Bäumchen. Wer aber bereit ist, sich auf Permakultur einzulassen, wird über viele Jahre Freude am sich wandelnden und immer wieder neu zu planenden Permakultursystem haben.

Die rote Aroniasorte (Brilliant) im November. Die Beeren sind reif, es ist Zeit für ein kleines Dessert.

Es wird bereits an die Zukunft gedacht, in dem die Samen des Lauches für die nächste Saison gesammelt werden.

Die sechs Schritte zum Permakulturgarten nach der TEEPUR-Methode

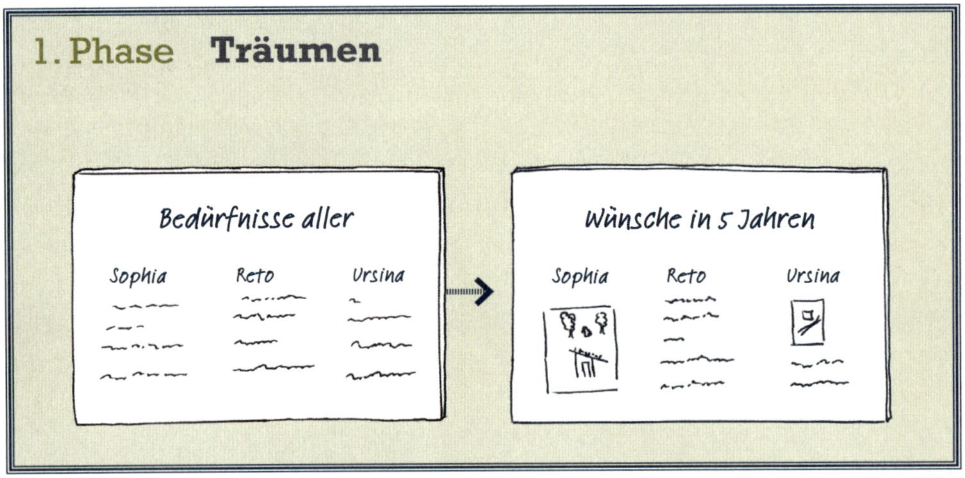

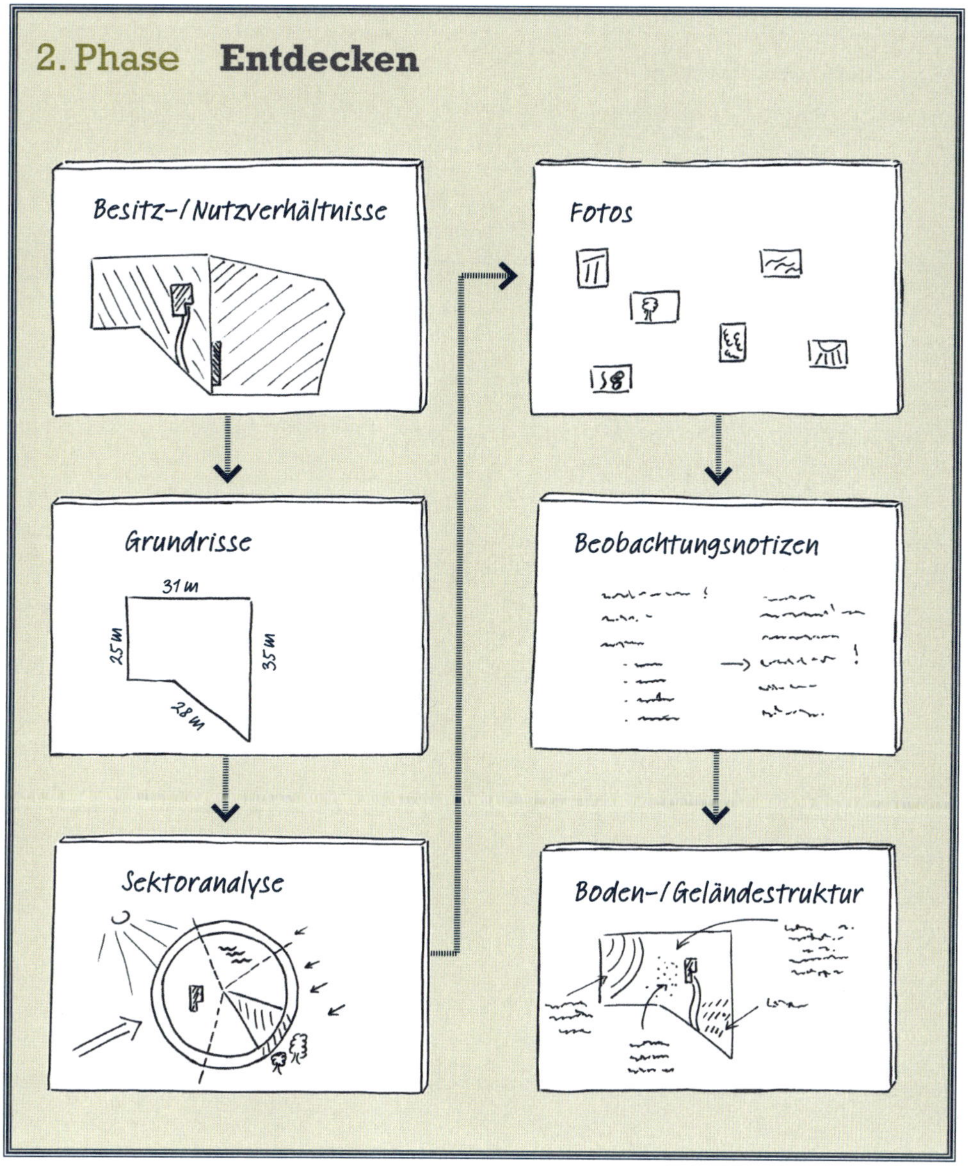
2. Phase Entdecken
Besitz-/Nutzverhältnisse
Fotos
Grundrisse
31 m
25 m
35 m
28 m
Beobachtungsnotizen
Sektoranalyse
Boden-/Geländestruktur

3. Phase **Entwickeln**

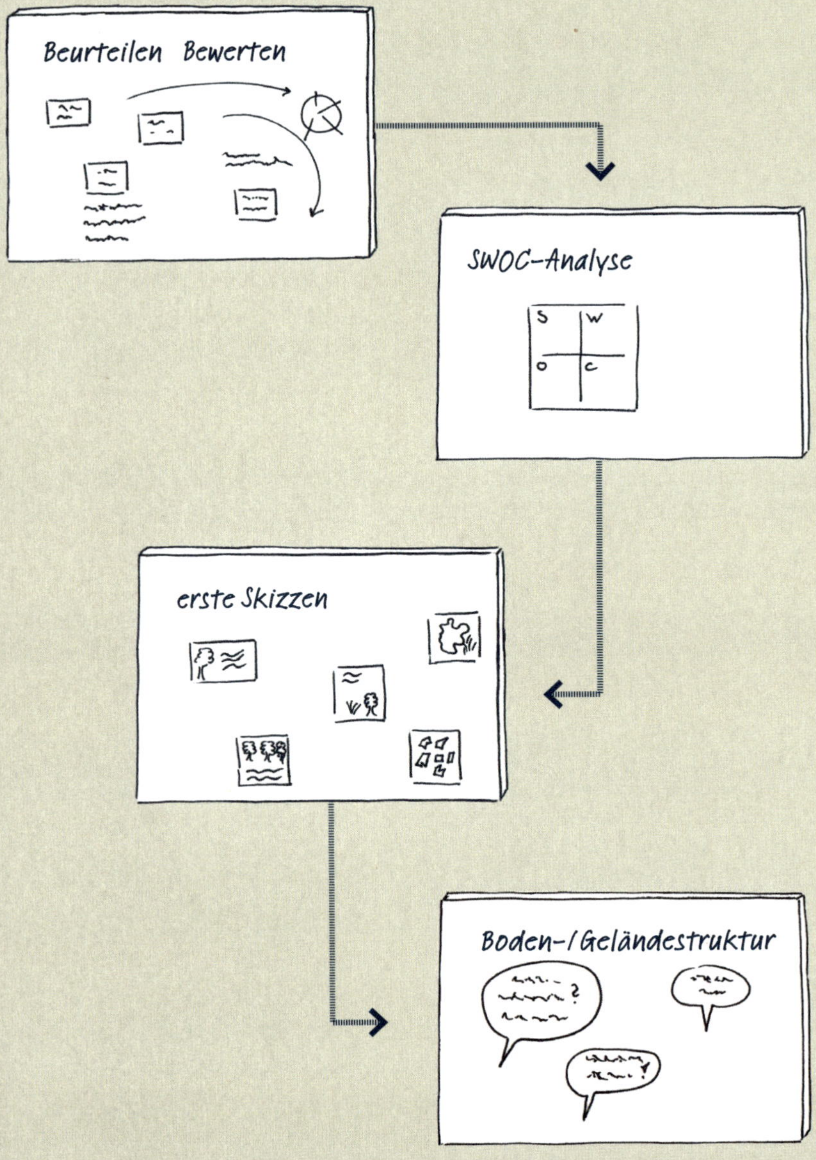

4. Phase **Planen, Designen**

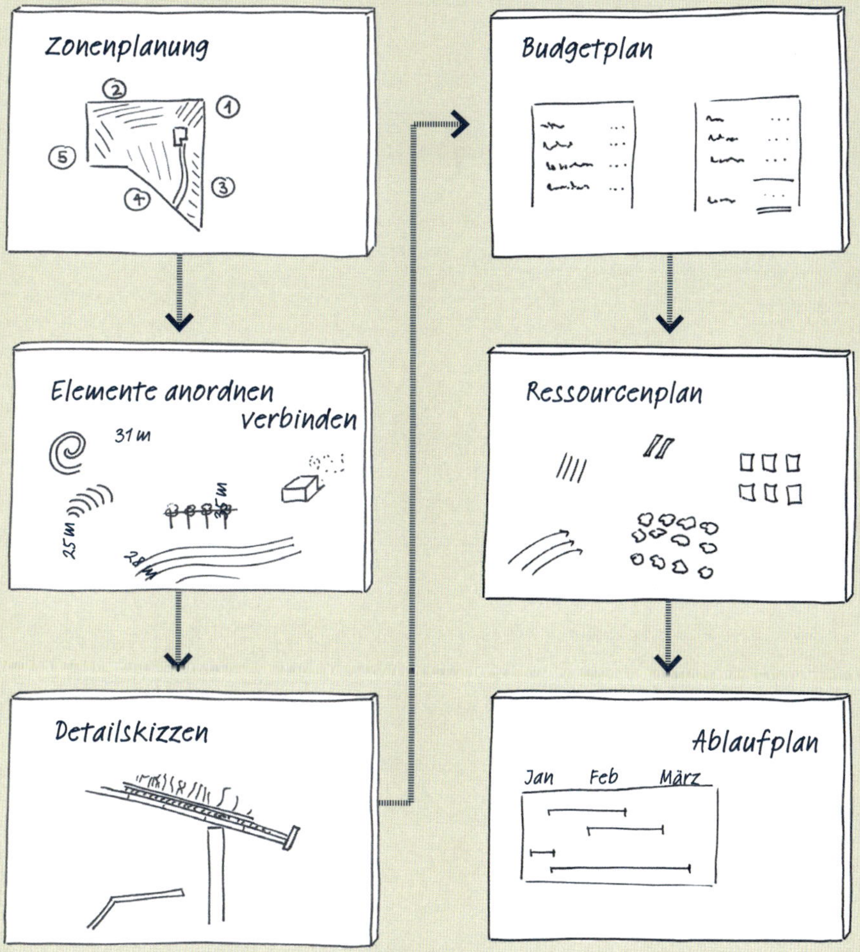

5. Phase **Umsetzen**

6. Phase **Reflektieren**

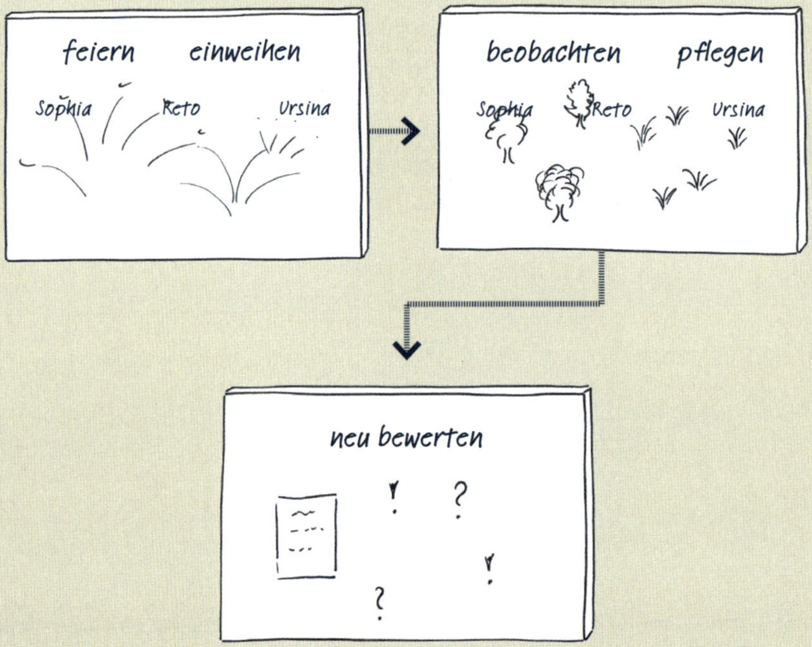

TEIL II

PRAXISBEISPIELE

Permakultur im Gemeinschaftsgarten

Eva Bührer

Viele Menschen, die in der Stadt leben, wünschen sich wieder mehr Kontakt zur Natur und merken, dass sie bei der Gartenarbeit wunderbar entspannen können. Sie genießen das lebendige Grün und die vielfältige bunte Umgebung im Garten. Sie wollen, dass ihre Kinder in engerem Kontakt zur Natur aufwachsen und miterleben, wie das Gemüse, das sie essen, gepflanzt, gepflegt und geerntet wird. Sie möchten wissen, wo ihr Essen herkommt, und legen Wert darauf, dass es biologisch gewachsen ist und dass sie etwas für ihre Ernährungssouveränität tun können. Zudem wird selbst gezogenes Gemüse mehr geschätzt und landet deshalb selten im Abfall.

Permakulturgrundsätze:

1. Von der Natur lernen
2. Vielfalt ermöglichen
3. Vernetzung fördern
7. Kooperation und Integration fördern

Nun verfügen aber gerade in der Stadt längst nicht alle über einen Garten – Grundstücke fürs Gärtnern und Anpflanzen des eigenen Gemüses sind rar. Aus diesem Grund haben sich in vielen Städten Menschen zusammengeschlossen, um auf einem Grundstück, das brach- oder am Rande der Stadt liegt, gemeinsam einen Gemüsegarten anzulegen. Permakultur und Gemeinschaftsgarten haben viel miteinander zu tun, kann doch die Permakultur beim Planen und Gestalten des Grundstücks angewendet werden, aber ebenso auch bei der Zusammenarbeit der Gruppe und dem gemeinsamen Bewirtschaften des Gartens.

KOOPERATION ZWISCHEN STADT UND LAND

Neben dem Anbau in Gemeinschaftsgärten, dem Einkauf von regionalen Produkten auf dem Markt und dem Selbstanbau gibt es eine weitere Form, um Gemüse aus der Region zu erhalten: die **Vertragslandwirtschaft** oder **Solidarische Landwirtschaft**. Bei dieser Produktionsform arbeitet eine Gruppe von Menschen aus der Stadt mit einem Bauern beziehungsweise einer Bäuerin zusammen, auf deren Land die Nahrungsmittel für die Gemeinschaft angebaut werden. Die Vertragslandwirtschaft basiert auf gegenseitigem Vertrauen. Jedes Mitglied leistet seinen Beitrag, so ist eine langfristige Planung möglich.

Die Mitglieder aus der Stadt garantieren den Landwirtschaft Betreibenden die Abnahme der Ernten, tragen aber auch Missernten mit. Sie bezahlen den Beitrag für ihren Gemüsekorb schon zu Beginn des Jahres. Somit verfügen die Bäuerin und der Bauer über genügend Finanzen. Sie haben direkte Abnehmer für ihre Ernte, Zwischenhändler und Vermarktung entfallen. Um die Beziehungen in der Gemeinschaft zu fördern und zu sehen, wo und wie ihr Gemüse gedeiht, arbeiten die Menschen aus der Stadt eine vereinbarte Anzahl Stunden auf dem Hof mit. Alle Erzeugnisse werden verwertet, auch krumme Gurken liegen im Gemüsekorb. Nichts wird weggeworfen. Das Gemüse bekommt einen größeren ideellen Wert. Spannend sind die wöchentlichen Gemüsekörbe. Sie enthalten eventuell Sorten, die man in der Stadt nicht kennt. So wird das Wissen vergrößert und die Kreativität beim Kochen gefördert, zudem kommt Abwechslung auf den Tisch.

Vorteile für Landwirte:

- finanzielle Sicherheit, auch Missernten werden gemeinsam getragen
- Vermarktung entfällt aufgrund garantierter Abnahmemengen
- kann «idealistischen» Anbau machen und nachhaltig wirtschaften
- optimale Verwertung der erzeugten Produkte – auch «krumme Gurken» kommen bei der Kundschaft an, nichts wird weggeworfen
- persönlicher Kontakt zur Kundschaft

Vorteile für Privathaushalte:

- Herkunft der Nahrungsmittel ist transparent
- qualitativ hochwertige Lebensmittel
- Höfe können aktiv mitgestaltet werden
- persönlicher Kontakt zum Landwirt/der Landwirtin
- Beitrag zu nachhaltigerer Lebensweise und ökologischer Landwirtschaft

Lebensfreude mit anderen teilen

T

Der Gemeinschaftsgarten ist ein Ort des gemeinsamen Lernens, Austauschens und Arbeitens. Auch das Genießen und das gemeinsame Feiern sollen nicht zu kurz kommen. Gleichgesinnte Menschen lernen sich kennen und schätzen und bekommen als Gruppe auch politisch mehr Gewicht. Die Wünsche der einzelnen werden gebündelt und Synergien bestmöglich genutzt. Und die Verantwortung für den Garten wird auf verschiedene Schultern verteilt. Ebenso kann der Gedanke der Permakultur weiterverbreitet werden und ein Gemeinschaftsgarten als Beispiel für ähnliche Projekte dienen.

Welche Bedürfnisse soll der Gemeinschaftsgarten erfüllen?

Gemeinschaft entsteht

Als Erstes luden wir alle Interessierten zu einem Treffen und Kennenlernen ein. Wir tauschten unsere Vorstellungen aus und erzählten von unseren Hintergründen und Motivationen. Sinnvollerweise beginnt man mit einer Traumsequenz, bei der jede Person sagen kann, wovon sie in Verbindung mit dem Gemeinschaftsgarten träumt, was der Garten können soll und was sie einbringen will und kann.

Beispiele aus der Traumsequenz

E. Ich möchte einen Waldgarten realisieren und die Wildpflanzen allen nahe bringen. Ich arbeite am liebsten im Garten, wenn viele da sind.

S. Ich möchte einen schönen Garten, in dem ich auch gerne ausruhe.

L. Ich möchte viele Blumen für Vögel, Bienen und andere Insekten im Garten.

C. Ich möchte ein Wildbienenhotel bauen und verschiedenstes Gemüse ernten.

A. Ich möchte eine Anzuchtmöglichkeit im Garten und außerdem Saatgut gewinnen.

D. Ich mache gerne mit bei der Administration und möchte eine Homepage realisieren, Vorlagen für Briefe und Protokolle erstellen. Es wäre gut, wenn das alles professionell daherkommt.

C. Ich möchte für unsere Administration eine gute Ordnung, damit wir finden, was wir brauchen, und eine gut ausgerüstete Küche haben. Ich möchte zudem Saatgut gewinnen und Gemüse konservieren.

S.: Ich möchte mit Pflanzenjauchen, biodynamischen Präparaten und Fruchtfolgen experimentieren. Gerne möchte ich auch Blumen anpflanzen.

S. Ich möchte den Boden verbessern, Kräuter und Jauchen zur Unterstützung einsetzen.

S. Ich möchte an der Schnittstelle «Garten und soziale Strukturen» politische Arbeit machen. Im Garten interessiert mich die Bodenverbesserung.

Unser Grundstück über der Stadt

E

Ohne Grundstück kann kein Gemeinschaftsgarten entstehen. Die erste Herausforderung der Gruppe bestand also darin, ein Stück Land für den Garten zu finden.

Das Grundstück beschaffen

Stadtentwicklung ist heute ein wichtiges Thema – dementsprechend existieren überall Anlaufstellen für solche Anliegen. Es musste das richtige Amt gefunden werden. In unserer Stadt gibt es ein Büro für Quartierentwicklung, das zuständig ist für die Initiativen der Menschen aus den Stadtteilen. Mit diesem Büro nahmen wir Kontakt auf. Allerdings wird nicht mit Einzelpersonen verhandelt. Wir gründeten daher sogleich einen Verein, damit das Anliegen mehr Seriosität und Gewicht erhielt. Im Internet finden sich alle nötigen Informationen, die man für eine Vereinsgründung braucht.

Der Verein bereitet sich vor

In der Zwischenzeit ist es förderlich, Vereinsmitglieder zu finden, eine Betriebsgruppe für den Garten zusammenzustellen und Geld für den Betrieb zu akquirieren. In unserem Fall stellte uns das Büro für Quartierentwicklung mit der Bewilligung auch etwas Startkapital zur Verfügung. Zudem durften wir einen bestehenden Businessplan verwenden, den wir für unser Anliegen änderten. So bekamen wir auch Geld von einer Stiftung. Ein knappes Jahr später war dann entschieden, auf welchem Stück Land wir gärtnern durften. Wir trafen klare Abmachungen mit der Stadtgärtnerei und der Betrieb wurde vorerst für ein Gartenjahr bewilligt. Die Erlaubnis kam im Herbst, so konnten wir den Winter bestens nutzen, um alle Interessierten kennenzulernen, das Land zu beobachten und alles für den Gartenstart im Frühling vorzubereiten.

Ein Grundstück für den zukünftigen Gemeinschaftsgarten, Blick gegen Süden. Die Obstbäume im Hintergrund gehören zur Stadtgärtnerei.

Wildkräuter im Garten geben Hinweise auf die Bodenqualität.

Das Gelände beobachten – die Sektoranalyse

Das Grundstück des Gartens gehört der Stadtgärtnerei und liegt leicht erhöht über der Altstadt. Es ist flach und von Bäumen eingefasst, die am Rande des Grundstücks sowie auf der anderen, westlichen Straßenseite stehen. Es ist nach Süden mit leichter Westdrehung ausgerichtet. Die Sonne scheint voll auf das Land von Osten und von Süden, bis sie gegen 15 Uhr, im Sommer 16 Uhr, hinter den Bäumen auf der Westseite verschwindet. Der Wind kommt meist vom im Süden gelegenen Hügel herab. Die zahlreichen Bäume halten ihn aber weitgehend in Grenzen, ebenso wie sie allzu starke Wetter von Westen und die kalten Nordwinde bremsen. Es ist also ein gut geschütztes, wunderschön gelegenes Stück Land mit etwa 1200 Millimeter Niederschlag pro Jahr. Der Boden ist nass und lehmig.

Die Umgebung

Fließendes Wasser kommt aus den beiden Wasserhähnen auf den Schmalseiten. Dort verläuft auch jeweils ein Steinweg. Auf der Wiese im Norden pflanzt die Stadtgärtnerei Blumen zum Selberschneiden an. Auf der Ostseite stehen die Gebäude und Anlagen der Stadtgärtnerei. Einfamilienhäusern mit Gärten liegen an der Süd- und Westseite. Auf der Straße westlich des Grundstücks spazieren die Menschen auf dem Weg zum Spielplatz oder hinunter in die Stadt vorbei.

KLIMATABELLE	Jan	Feb	Mrz	Apr	Mai	Jun	Jul	Aug	Sep	Okt	Nov	Dez
relative Luftfeuchtigkeit (%)	85	80	76	73	70	73	74	75	82	84	86	83
Sonnenstunden	2	3	3	5	7	7	7	7	5	3	2	1
Niederschlagsmenge (mm)	53	78	108	92	73	150	163	91	136	96	100	88
Regentage	13	13	17	16	10	17	14	14	15	15	14	15

Stärken und Schwächen des Projekts

E

Nach der Bestandsaufnahme werden die Beobachtungen bewertet, und zwar weniger nach gut und schlecht, sondern eher nach den Möglichkeiten und den limitierenden Faktoren. Das ist wichtig zu wissen, denn so können die zum Boden passenden Pflanzen gewählt und geeignete Bodenverbesserungsmaßnahmen ergriffen werden (siehe Seite 36). Die «Probleme» dienen dazu, sinnvolle Lösungen zu finden. So gedeihen in unserem Garten Pflanzen, die gerne Wasser haben, sicher viel besser als Pflanzen aus Trockenzonen. Die limitierenden Faktoren beziehen sich einerseits auf das Grundstück, andererseits auf den Grundstücksbesitzer, in diesem Fall die Stadtgärtnerei. Dazu gehören:

- Jede Erdbewegung muss bewilligt werden.
- Wir dürfen nichts hinstellen, was eine Baubewilligung braucht.
- Wir dürfen kein Feuer machen.
- Wir dürfen vorläufig keinen Teich bauen.
- Wir müssen den Gartenplan genehmigen lassen.
- Wir müssen sehr ordentlich sein.
- Wir dürfen nur ein Tomatenhaus und eine Werkzeugkiste hinstellen.
- Nach jeder Saison gibt's eine Feedback-Sitzung.
- Wir müssen das Land wieder so zurückgeben, wie wir es vorgefunden haben.
- Von den Bäumen auf der Westseite ragen die Wurzeln bis weit in unsere Wiese. Dort ist der Boden nicht besonders fruchtbar.
- Die Kräuterkisten müssen an der Westseite stehen, da sie nirgends sonst auf das Grundstück gehievt werden können.
- Aufgrund des Lehms bleibt das Regenwasser teilweise in Pfützen stehen und kann nicht abfließen, sodass der Boden sehr nass ist.
- Der Garten kann nicht alle Zonen enthalten, dafür ist er zu klein.

WIE SOLL DER GARTEN AUSSEHEN?

Im ersten Winter begannen wir mit der Planung oder dem Design. Wir überlegten also, wie wir den Garten einteilen können, welche Zonen wir wo realisieren wollen.

Zonenplanung

Im Gemeinschaftsgarten ist die Zonierung etwas anders als sonst in der Permakultur üblich, da wir vor allem Gemüse anpflanzen und Früchte und Beeren ernten wollen. Die Zonen 3 und 4 (Wald) fehlen, da das Gelände zu klein ist und die Einschränkungen zu groß sind. Tiere zu halten ist kaum möglich, da niemand täglich im Garten ist und zudem der Fuchs dort lebt. Er schläft gerne auf den Heukartoffeln. Eine kleine Wildniszone (5) ist hinter der Wildhecke eingeplant mit Ast- und Steinhaufen, wo sich Nützlinge niederlassen und Futter finden können. Für unseren Garten ergeben sich die Zonen 0 (in diesem Fall ein Sitzplatz), 1/2, 4 (Obstbäume) und 5.

Schichten und Stapeln im Gemeinschaftsgarten

Wichtiger als die Zonierung ist für unseren Garten die räumliche Anordnung, also der zehnte Permakulturgrundsatz. Alles soll so angeordnet werden, dass die Elemente miteinander in Verbindung stehen und sich gegenseitig nützen können sowie eine optimale Ausnutzung von Sonne und Schatten gewährleistet ist. Das Schichten und Stapeln, wie es auf Seite 82 beschrieben ist, ist in diesem Fall sinnvoll. Mit den höchsten Bäumen im Norden ergibt sich ein Schutzwall gegen kühle Winde, eine Sonnenfalle, die das Gemüse im Süden geschützt wachsen lässt.

Plan von 2015

Der Sitzplatz entspricht der Zone 0.

Der größte Teil des Gartens soll dem Gemüseanbau dienen.

In der Zone 4 wachsen Beeren und Bäume.

Endlich wird's konkret

U

Gegen den Frühling hin konnten wir endlich mit der Handarbeit anfangen und umsetzen, was geplant wurde. Und schon kam der erste Stolperstein, die Wiese.

Was tun wir mit der Wiese?

Bei der Diskussion über die Umgestaltung der Wiese in Gemüsebeete gab es zum ersten Mal unterschiedliche Meinungen. In der Permakultur ist es üblich, auf eine Wiese Karton zu legen, diesen mit Erde, Mist und Kompost zu bedecken und im Frühjahr dort hinein zu pflanzen. So wird das Wachstum der Wiese unterdrückt, die Bodenlebewesen bekommen reichlich Nahrung und es entsteht ein wunderbarer Humus. Dagegen stand die Meinung, man solle die Wiese wie im herkömmlichen Gartenbau üblich umgraben. Diese Schwerarbeit wollte sich die erste Gruppe nicht antun, die andere traute dem Karton mit den eventuell enthaltenen Fremdstoffen nicht. Die Lösung fanden wir, indem wir beides taten und schauten, welche Ergebnisse sich ergaben. Auf der umgegrabenen Fläche wächst seither viel Hahnenfuß, den man nicht gebrauchen kann. Auf der Kartonfläche ist die Erde viel lockerer, humusreicher und fruchtbarer.

Die Zonen im Gemeinschaftsgarten

Der Sitzplatz (Zone 0) in der Südwestecke des großen Gartenteils lässt uns den Eingang und den gesamten Garten bestens überblicken. Es gibt wenig Schatten im Garten, hier kommt er gegen 15 Uhr, sodass man manche Pause im Schatten abhalten kann.

Zone 1/2 ist der größte Teil des Gartens. Dort soll das Gemüse angebaut werden und ebenso Kräuter und Blumen wachsen. Die Gemüsebeete liegen in der Sonnenfalle vor den Bäumen, sie sind gut geschützt und besonnt. Die Fläche wurde in Beete für Gemüse, Kräuter und Blumen eingeteilt, am Rand wurden drei Hochbeete und das Tomatenhaus am sonnigsten Platz aufgebaut. Es soll im zeitigen Frühling auch als Anzuchthaus benutzt werden können.

Zone 4 liegt im Norden, wo sich mit der Zeit eine im Norden höhere, gegen Osten hin niedrigere Wildhecke bilden wird, die die Sonnenwärme im Garten halten hilft. Diese besteht aus Traubenkirsche, Weiden, Eberesche und Holunder. Davor wachsen Heidelbeeren, Johannisbeeren und Gojibeeren. Auch zwei Mittelstämmer, Zwetschge und Mirabelle, und drei geschenkte Kleinobstbäume sind in die Hecke gepflanzt. Der Platz für die Bäume wurde im ersten Jahr so

Der Kompostgarten mit Sträuchern, die den nötigen Schatten liefern.

lange nur gemäht, bis wir die Bäume im Herbst pflanzen konnten.

Dahinter, in der Nordecke, befindet sich die kleine Zone 5, das Nützlingsbiotop «Tierhausen». Dort liegen Totholz- und Steinhaufen und die Wiese wird nur zweimal jährlich geschnitten. Auch die Hecke entlang der Straße wird nicht bearbeitet. Der Kompostplatz kommt auf den kleinen Gartenteil im Süden und wird als Kompostgarten gestaltet, mit hohen Sträuchern, die den nötigen Schatten und Biomasse für den Kompost liefern.

Kompost, Mulch und Humus

In der Permakultur arbeitet man nach dem Vorbild der Natur, so auch beim Kompostieren. Regenwürmer machen mit vielen weiteren Organismen guten, dauerhaften Humus. Sie fressen Erde, Gras, Obst- und Gemüseabfälle, Blätter, Halme, Karton, Papier, Naturfasern, Reisig, Stängel, Federn, Haare, Kaffeesatz. Nach diesem Vorbild schichten wir den Komposthaufen auf. Nasse Schichten wechseln sich ab mit trockenen, feines Material mit grobem, großes mit kleinem. Dazwischen kommt Kleintiermist und das Ganze bekommt eine «Haut» aus langen Grashalmen. Dieser Haufen bleibt dann liegen, bis alle Bodenlebewesen ihre Arbeit gemacht haben und ein Humushaufen entstanden ist.

Um noch mehr Humus herzustellen, werden die Beete gemulcht, das heißt, auf die nackte Erde zwischen den Setzlingen kommt eine Schicht Gras, Heu oder Blätter. Der Boden trocknet weniger aus und die Lebewesen im Boden bekommen genug Nahrung, die sie dann in Humus verwandeln. Ist die Schneckenpopulation im Garten groß, sollte die Mulchschicht nicht allzu dick sein. Schnecken verstecken sich gerne darunter in der feuchten Dunkelheit.

Saatgut und Setzlingsanzucht

Heutzutage streben die Großkonzerne danach, das gesamte Saatgut zu monopolisieren. Deshalb ist es enorm wichtig, alle Initiativen zu unterstützen, die echtes keimfähiges Saatgut sammeln und erhalten. Dieses Saatgut lässt sich vermehren und im nächsten Jahr wieder verwenden, zudem wird damit die Sortenvielfalt am Leben erhalten. Adressen für den Bezug von Saatgut finden sich im Anhang dieses Buches (siehe auch Kapitel «Urbanes Klimagärtnern»).

Wir bestellten viele Samen und zogen diese Anfang des Jahres zu Setzlingen. Damit sollte nicht zu früh begonnen werden, da man meistens mit dem Auspflanzen warten muss, bis der Boden genügend erwärmt ist und das Wetter sicher frostfrei bleibt. Das ist nicht vor Mitte Mai der Fall. Zunächst verteilten wir die Samen unter den Gärtnerinnen und Gärtnern. Wenn die Pflänzchen auf der Fensterbank gehegt und gepflegt werden, ist das nicht immer gut, weil es dort meistens zu warm ist, die Setzlinge aufschießen und keine starken Pflanzen ergeben. Entsprechend schnell werden sie dann von den Schnecken gefressen. Die Anzucht sollte besser in einem eher kühlen Raum stattfinden und die Setzlinge auch mit Kälte-, Wärme- und Trockenzeiten abgehärtet werden.

Für die Anzucht eignen sich alle möglichen mit Aussaaterde befüllte (Abfall-)Gefäße. Wenn die Setzlinge größer sind, also nach den Keimblättchen die ersten richtigen Blättchen wachsen, werden sie pikiert, das heißt vereinzelt. So kann aus jedem Setzling eine starke Pflanze heranwachsen, die nun mehr Platz und reichhaltigere Erde benötigt.

Mischkulturen und Fruchtfolgen

Ebenfalls im ersten Winter erstellten wir einen Pflanzplan mit Mischkulturen und Fruchtfolgen. Mischkulturen gelingen gut, wenn Pflanzen zusammen gesetzt werden, die aus verschiedenen Pflanzenfamilien stammen und sich gegenseitig unterstützen. Aus Tabellen kann man herauslesen, welche Pflanzen sich gut tun und welche eher nicht zusammenpassen (siehe Tabelle «Mischkultur» im Anhang). Fruchtfolge bedeutet, dass nicht jedes Jahr das gleiche Gemüse auf einem Beet angepflanzt wird. Der Boden würde zu stark ausgelaugt werden, da die Pflanzen stets die gleichen Nährstoffe brauchen würden. Besser ist es deshalb, eine Rotation festzulegen. Bei uns werden die Gemüsesorten im Uhrzeigersinn auf den Beeten angepflanzt, wobei nach den Leguminosen (Bohnen, Erbsen usw.) die Kohlarten folgen, da diese Starkzehrer sind und den von den Leguminosen angereicherten Stickstoff gut brauchen können (siehe auch Kapitel «Kleinflächiges Permakulturparadies im Hausgarten»).

Was jetzt folgen wird

R

Ich habe hier nur die ersten Schritte von der Idee bis zum Anfang des Gemeinschaftsgartens beschrieben. Dies soll als Anleitung zum Aufbau weiterer Gemeinschaftsgärten animieren. Der Aufbau ist uns gut gelungen. Ein Jahr nach der Idee konnten wir mit dem Gärtnern anfangen, zusammen mit gleichgesinnten jüngeren und älteren Menschen.

Nach den Richtlinien der Permakultur sollte man über den Sommer beobachten, was wo gut oder weniger gut wächst, wie das Wetter und sein Einfluss auf den Garten war, was man wieder so, was anders machen würde. Wir müssen die Sitzung mit der Stadtgärtnerei abwarten, um zu wissen, ob wir überhaupt weiter im Garten bleiben dürfen. Auch über die Pflege des Gartens und über die Gemeinschaft werden wir uns Gedanken machen. Der Gruppenprozess wird beobachtet und gegebenenfalls besprochen. Wie das geht mit dem Arbeiten und Ernten ist sicherlich auch zu thematisieren. Und nicht zuletzt werden wir ein Erntedankfest feiern und die Land- und Geldgeber dazu einladen.

Der Garten gedeiht.

Permakultur auf dem Balkon

Ein kleines Stück Natur mit Gewürzen, Wildkräutern und Blumen

Eva Bührer

Wer weder einen eigenen Garten hat, noch in einem Gemeinschaftsgarten mitarbeiten kann, aber gärtnerisch tätig sein möchte, kann dies auch auf kleinstem Raum tun – auf dem Balkon oder der Terrasse. Begrünte Balkone sind nicht nur schön, sondern sie helfen mit, das Stadtklima zu verbessern und die Luft zu reinigen. Zudem können sie als kleine grüne Inseln im Grau der Stadt manchem Tier Nahrung bieten. Wenn die Balkone außerdem mit Gemüse bepflanzt werden und die selbst gezogenen Resultate auf dem Teller landen, kann dies auch dem Menschen viel Freude bereiten. Permakultur ist nicht nur auf großen Flächen möglich, auch im kleinen Rahmen vom Fenstersims über den Balkon bis zur Dachterrasse gibt es viele Möglichkeiten, Gemüse auf nachhaltige Weise anzubauen.

PERMAKULTURGRUNDSÄTZE

1. Von der Natur lernen
2. Vielfalt ermöglichen
6. Kreisläufe einrichten und Ressourcen nutzen
8. Positive und kreative Lösungen suchen

Ein grünes Paradies auf dem Balkon

T

Am liebsten lebe ich in der Stadt nicht mitten im Gewühl, sondern etwas abseits und mit viel Grün um mich herum. Ich bin gerne im Freien und gärtnere gerne. Deshalb muss meine Wohnung unbedingt einen Balkon haben. So kann ich beginnen zu träumen, was ich dort verwirklichen will. Ein Dschungel aus Grün und Blüten, möglichst viel Essbares und dazu Nahrung für die Insekten, das ist mein Traum. Es soll ein richtiges grünes Paradies werden, in dem das ganze Jahr über etwas blüht und es Nahrung zum Ernten gibt.

Ein kleiner Dschungel ist auch auf einem Balkon realisierbar.

Blumen, Kräuter und Salate

Beim Träumen kommen auch schon die ersten Fragen auf: Habe ich genug Zeit? Wie viel Nahrung will ich selber anbauen? Taugen die Töpfe und die Ausrichtung des Balkons für Gemüse? Brauche ich Hochbeete? Trägt mein Balkon überhaupt die ganze Last? Was gibt es schon in meiner Stadt? So beginne ich mit dem Entdecken und Überlegen, daraus folgt das Entwickeln.

Ein Gemeinschaftsgarten ist vorhanden. Da mache ich mit. Es gibt dreimal wöchentlich einen tollen Markt, auf dem die Bauern der Umgebung ihre Lebensmittel verkaufen. Dort gibt es auch einige Stände mit Biogemüse. Diese Bauern unterstütze ich gerne, indem ich bei ihnen das Gemüse kaufe. Somit muss ich nicht alles selber anbauen. Was brauche ich denn wirklich direkt vor meiner Tür? Ich entscheide mich für Kräuter und Salat. Beides bringe ich gerne frisch vom Beet auf den Teller. Dazu pflanze ich viele einheimische Blumen für die Insekten. Mit der Zeit lerne ich, dass die meisten Wildkräuter und Blüten auch essbar oder sogar Heilpflanzen sind. Der Salat verschwindet nach und nach und macht weiteren Wildkräutern Platz. Kräuter brauchen nicht so nährstoffreiche Erde, das heißt, sie gedeihen gut in Töpfen und benötigen nicht ständig Nachschub an Kompost oder Dünger. Dafür reicht Wurmkompost gut aus. Auch das ist ein Vorteil, ebenso der geringere Arbeitsaufwand. Die meisten Kräuter sind mehrjährig und wenn es ihnen an ihrem Platz gefällt, sprießen sie einfach. Zwei Hochbeete lege ich mir trotzdem zu, denn mir gefällt das bunte Durcheinander, welches hier auf etwas größerem Raum wachsen und gedeihen darf.

Der Balkon befindet sich auf der unteren Wohnung, es gibt also einen Betonboden dazwischen und es kommt nicht so sehr drauf an, wie viel Gewicht die Töpfe haben. Sonst müsste man bei der Hausverwaltung nachfragen, wie hoch die Belastung sein darf.

Im Sommer bekommt der Balkon von morgens bis um etwa 16 Uhr volle Sonne, im Winter wegen des Nachbarhauses fast keine. Ich brauche also Pflanzen, die die Kälte im Winter aushalten können. Die einheimischen Kräuter sind ziemlich robust und ich muss im Winter nur einzelne Töpfe einpacken. Der Balkon ist nicht vorstehend, sondern eingelassen in die Fassade, was den Wind, der häufig durch die Gassen zwischen den Häuserreihen weht, etwas abhält. Der Regen kommt ungehindert hin, es gibt kein Dach über dem Balkon. Für Wasser ist also schon gesorgt. Aus dem Fragen und Entdecken habe ich auch gleich meine Schlüsse gezogen und so das Entwickeln integriert.

Kräuter, Salate und Blumen sollen den Balkon verschönern.

Was es braucht

Zum Gärtnern auf dem Balkon sind seiner Tragfähigkeit angepasste Pflanzgefäße nötig. Alles kann verwendet werden, von der aufgeschnittenen Milchpackung, die mit Erde befüllt ideal ist für die Setzlingsanzucht, über weiteres Abfallmaterial wie Früchteschalen, Reissäcke aus dem Asialaden oder Bäckerkisten. Tontöpfe oder extra hergestellte Pflanzkisten sind schwerer, Pflanzsäcke aus Spezialmaterial leichter, haben aber trotzdem eine gute Größe. Die Hauptsache ist, dass sie ein Wasserabflussloch haben und vom Gewicht her den Balkon nicht überfordern.

Die beste Erde gibt es auf Wiesen mit Maulwurfshügeln. Das ist wunderbare Erde zum Pflanzen. Leider sind diese Wiesen nicht mehr so häufig anzutreffen. Muss die Erde gekauft werden, ist darauf zu achten, dass sie torffrei und bio ist. Torffrei sollte sie sein, weil Torfmoore hochsensible Biotope sind, die zerstört werden, wenn dort Torf abgebaut wird. Nachschub an guter Erde erhält man, wenn man für die Küchenabfälle einen Wurmkomposter benutzt (siehe Seite 70). Kompostieren ist damit möglich, auch wenn kein gewachsener Boden vorhanden ist, wie das beim Balkongärtnern der Fall ist. Ist kein Wurmkomposter vorhanden, gibt es eine einfache Möglichkeit, die Topferde mit Kompost zu verbessern: Klein geschnittene Küchenabfälle,

Bestimmte Pflanzgefäße können nur für eine Saison eingesetzt werden.

Kaffeesatz, Teebeutel, Pflanzenreste, Kleintiereinstreu, Papier, Karton usw. werden direkt in die Töpfe entsorgt und mit Mulchmaterial zugedeckt, vorausgesetzt natürlich, dass Würmer in den Töpfen wohnen. Es ist auch möglich, diese Materialien mit dem Mixer zu zerkleinern und als Brei auf die Erde zu geben.

Würmer sind Lebewesen und brauchen Pflege genauso wie Haustiere. Wenn die Würmer unten aus den Löchern der Töpfe kriechen und auf dem Balkon vertrocknen, haben sie zu wenig Nahrung und brauchen Nachschub. Sie benötigen also genug zu essen, Feuchtigkeit, Dunkelheit, eine kühle Temperatur und im Winter einen Wärmeschutz. Der Wurmkomposter steht am besten im Keller, wo die Temperaturen immer gleichmäßig kühl sind.

Samen in Bioqualität haben den Vorteil, dass man von den verblühten Pflanzen die Samen ernten und im Folgejahr wieder verwenden kann. Dies ergibt dann mit der Zeit Pflanzen, die sich an den Standort angepasst haben und gut gedeihen. Hybridsamen (F1) sind nicht samenfest und müssen deshalb jedes Jahr neu gekauft werden (siehe auch Kapitel «Urbanes Klimagärtnern»).

Wasser wird gemäß dem neunten Permakulturgrundsatz am besten auf dem Balkon gesammelt, indem man eine Regenwassertonne oder ein Becken aufstellt. Für die Pflanzen ist Regenwasser am besten, weil es weicher ist, das heißt weniger Kalk enthält als das Wasser aus dem Hahn. So wird das Regenwasser im Kreislauf behalten. Es geht aber auch mit abgestandenem Leitungswasser.

Die eigenen Wünsche, die zur Vefügung stehende Zeit, eigene Erfahrungen und die Gegebenheiten des Standorts helfen dabei, richtig zu planen. Mit wenig Erfahrung, aber Lust auf Gemüse, gelingt eine Ernte bestimmt, wenn man Krautstiel, Cherrytomaten, verschiedene Salate, Kräuter, Chilis und Radieschen anpflanzt. Etwas mehr Erfahrung muss man haben für Kürbisgewächse, Zucchini , Bohnen, Erbsen, Zwiebeln und Kartoffeln. Sie benötigen ausreichend große Gefäße, gute Erde, Kompost und reichlich Nährstoffe.

Die beste Erde für den Balkongarten: Maulwurfshügel.

Würmer sind wichtige Helfer und brauchen Pflege.

DIE TÖPFE WERDEN GEFÜLLT

U

Auf meinem Balkon ordne ich die Pflanzen so an: Die Tee- und Gewürzkräuter platziere ich direkt neben der Küchentür, damit ich jederzeit direkt Kräuter ernten kann, sogar ohne die Füße nass zu machen. Das sind Pfefferminze, Zitronenverbene und Zitronenmelisse. Daneben wachsen die Wildkräuter, die ich zum Essen pflücke, und weiter weg diejenigen, die selten verwendet werden oder nicht essbar sind. Es gibt zwei Sitzplätze, umgeben von Duftpflanzen wie Rosen und Lavendel.

Einmal probierte ich auch Kartoffeln im Topf aus. In einen großen Topf füllte ich eine Schicht Erde ein und legte einige Kartoffeln darauf, danach kamen abwechselnd immer eine Schicht Erde und ein paar Kartoffeln, zuletzt wird mit Erde abgedeckt. Da Blätter immer zum Licht wachsen, wuchs das Kraut aller Kartoffeln nach oben aus der Erde heraus. Die Ernte war toll. Welch eine Freude ist es, die eigenen Kartoffeln zu ernten und sie aus dem Topf direkt in die Pfanne zu geben. Krautstiele eignen sich gut für Töpfe. Sie leuchten dekorativ mit ihren roten oder gelben Stielen und können blätterweise verwendet werden. So kommt man leicht mit zwei bis drei Pflanzen aus. Auch die sonnenwarmen Tomätchen schmecken direkt von der Pflanze geerntet um vieles besser als die gekauften.

Wie im Garten auch achte ich darauf, dass man in den Töpfen keine bloße Erde sieht. Entweder mulche ich die Oberfläche mit Heu, dafür eignet sich bestens Bioheu für Tiere. Oder ich mache eine Unterpflanzung, meist sind das Walderdbeeren, die den ganzen Sommer über Früchte tragen. Da sich die Erde in den Töpfen schneller erschöpft als im gewachsenen Boden, gieße ich die Pflanzen regelmäßig mit Pflanzentees. Inmitten des Wohngebiets Jauchen anzusetzen, stinkt zu stark und ist den Nachbarn nicht zuzumuten. Die Flüssigkeit aus dem Wurmkompost, der Wurmtee, eignet sich ebenfalls gut zum Düngen und die Wurmerde enthält neue Nährstoffe. Rezepte für die Herstellung von Jauchen und Komposttees, Kaltauszügen und Kräuterbrühen sowie eine Übersicht über die geeigneten Pflanzen finden sich auf Seite 68.

Kirschtomaten gedeihen auf dem Balkon gut.

Mangold schenkt Farbe und lässt sich in Töpfern gut kultivieren.

MIT ESSBAREN WILDKRÄUTERN DURCHS JAHR

Kräuter im Frühling
Echtes Scharbockskraut *(Ficaria verna)*
Wohlriechendes Veilchen *(Viola odorata)*
Gundermann *(Glechoma hederacea)*
Löwenzahn *(Taraxacum officinale)*:
Bär-Lauch *(Allium ursinum)*
Knoblauchsrauke *(Alliaria petiolata)*
Brennnessel *(Urtica dioica)*
Giersch *(Aegopodium podagraria)*

Kräuter im Sommer
Echtes Mädesüß *(Filipendula ulmaria)*
Echtes Johanniskraut *(Hypericum perforatum)*
Bach-Nelkenwurz *(Geum rivale)*
Ringelblume *(Calendula officinalis)*
Gänseblümchen *(Bellis perennis)*
Große Kapuzinerkresse *(Tropaeolum majus)*
Wiesen-Storchschnabel *(Geranium pratense)*

Kräuter im Herbst
Nickende Distel *(Carduus nutans)* (Korbböden wie Artischocken verwenden)
Wilde Malve *(Malva sylvestris)* (gekochte Wurzeln)

Kräuter im Winter
Barbarakraut *(Barbarea vulgaris)*
Winterportulak *(Claytonia perfoliata)*

Der Traum hat sich erfüllt

R

Dass rund ums Jahr immer etwas blüht, ist fast geschafft. Das Jahr beginnt mit Christrosen, Schneeglöckchen und Winterlingen im Februar und endet je nach Wintereinbruch mit Prachtkerzen, Herbstastern und Kapuzinerkresse. Im Dezember und Januar gibt es keine Blüten, dafür aber Winterportulak und Barbarakraut in den Salat.

Anfangs kaufte ich Unmengen von Pflanzen auf dem Markt. Es gibt nichts Schöneres, als im Frühling über den Markt zu schlendern und sich von all den neuen Farben, Pflanzen und Setzlingen verführen zu lassen. Mit der Zeit waren aber alle Töpfe und Kisten voll. Viele der ersten Pflanzen sind heute nicht mehr da, ihnen hat der Standort offenbar nicht zugesagt. Dafür kamen aus der Nachbarschaft Pflanzen «eingeflogen», um die ich mich kaum kümmere, die aber in Schach gehalten werden müssen, weil sie sonst überhand nehmen würden. Dies sind zum Beispiel Wilde Möhre, Johanniskraut, Phlox und die Kanadische Goldrute.

Es wird gesagt, dass die Heilpflanzen, die man braucht, von selbst zu einem kämen. Deshalb sollten die eingewanderten Pflanzen genau geprüft werden. Kann man sie essen? Was helfen sie heilen? So lerne ich immer wieder neue Arten kennen und freue mich, wenn sie essbar oder sogar Heilpflanzen sind. Ich bin jedes Jahr gespannt, was den Weg zu mir auf den Balkon findet, was ich neu kennenlernen darf. Nach und nach ist tatsächlich eine grüne Wildnis entstanden, in der immer etwas blüht, die eine Unmenge von Vögeln, Schmetterlingen, Honigbienen, Wildbienen und anderen Insekten anzieht und somit eine hohe Vielfalt enthält. Mein Traum hat sich also erfüllt und verändert sich laufend.

Der Balkontraum hat sich erfüllt.

Urbanes Klimagärtnern

Permakultur mit Breitenwirkung

Sarah Daum

Die Herstellung von Schwarzerde aus Pflanzenkohle und organischen Abfällen, sogenannte Terra Preta (siehe auch Seite 71), ist eine wirkungsreiche Methode zur Erzeugung von Dauerhumus. Dies kann neben dem Bodenaufbau auch einen Beitrag zum Klimaschutz leisten, indem Kohlenstoff im Boden eingelagert wird. Deshalb wird die Bodenverbesserung mit Pflanzenkohle und Terra Preta auch als Klimafarming oder Klimagärtnern bezeichnet. Im Klimagarten an der Universität Tübingen wird seit 2012 das Klimagärtnern nach den Prinzipien der Permakultur erprobt und vermittelt. Dabei nutzten wir vorhandene Ressourcen auch für die Gestaltung der Beete auf kreative Weise.

PERMAKULTURGRUNDSÄTZE:

6. Kreisläufe einrichten und Ressourcen nutzen
7. Kooperation und Integration fördern
2. Vielfalt ermöglichen
3. Vernetzung fördern

Gemeinsam gärtnern, experimentieren, lernen

T

Der Klimagarten an der Universität Tübingen wurde von mir im Rahmen eines mit anderen Studierenden initiierten Forschungsprojekts zum Thema «Bodenverbesserung mit Pflanzenkohle» während meines Geoökologiestudiums angelegt. Mir war es dabei sehr wichtig, neben den laufenden Forschungen auf Versuchsflächen und im Labor auch außerhalb des akademischen Kosmos möglichst viele Menschen über die praktische Anwendung der Terra-Preta-Methode, über den Bodenaufbau und zu weiteren Themen der Permakultur zu informieren. Für die beteiligten Studierenden stand vor allem das gemeinsame Gärtnern, Experimentieren und Lernen im Vordergrund, da die meisten keinen eigenen Garten hatten und über wenig praktisches Wissen verfügten. Somit war die Bildungsarbeit ein wichtiges Ziel des Projekts, genauso wie die Vernetzung mit anderen Beteiligten vor Ort. Der Klimagarten sollte ein Lern-, Experimentier- und Begegnungsort werden sowie ein Modell für die urbane Selbstversorgung mit frischen Nahrungsmitteln, in dem auch Naturverbindung, Entschleunigung und Gemeinschaft erfahren werden können.

Der Klimagarten entstand auf einer Fläche an der Universität Tübingen: ein Lern-, Experimentier- und Begegnungsort.

Ein Grundstück wird gefunden

E

Über die Universität Tübingen fand sich eine Fläche, welche dem Land Baden-Württemberg gehört und direkt neben einem Institutsgebäude auf einem Berg am Stadtrand liegt. Die Nutzung ergab sich somit aus dem Forschungsprojekt heraus, das auf einem kleinen Teil der Fläche Feldversuche durchführte. Der andere Teil der etwa 3000 Quadratmeter großen Fläche stand für den Gemeinschaftsgarten zur Verfügung. Als Erstes nahmen wir Kontakt zum Hausmeister und weiteren Verantwortlichen des Instituts auf, um sie über unser Vorhaben zu informieren und sie um Unterstützung zu bitten. Von allen erhielten wir positive Resonanz, genauso wie von den Behörden. Wir fanden heraus, was auf der Fläche möglich war und was nicht, wer unsere Ansprechpersonen sind und wen wir informieren sollten. Gleichzeitig kündigte ich die Gründung in lokalen Netzwerken an und es kamen weitere Interessierte zur Gruppe hinzu. Somit wussten wir nun, wer in der ersten Phase zur Gruppe gehören und mit welchen Stellen aus der Universitäts- und Landesverwaltung wir zusammenarbeiten würden. Als Nächstes galt es die natürlichen Gegebenheiten auf der Fläche zu beobachten und zu kartieren: Windrichtung, Lichtverhältnisse, Bodenqualität, Vegetation, die bisherige Nutzung und Wege, Zufahrtsmöglichkeiten, Unterstellplätze für Werkzeug und Materialien.

ᴐas Gelände
ᴡird sorgfältig
ɔeobachtet.

ᖇobustes Saatgut
st sehr wichtig.

Saatgutsuche

Es folgte die Suche nach für den Standort passendem Saatgut sowie nach Gärtnerinnen und Gärtnern vor Ort, die selbst vermehrtes, lokal angepasstes Saatgut und Stecklinge von Stauden und Beerensträuchern an uns weitergeben konnten. Die Saatgutsuche gestaltete sich als nicht immer einfach. Wer gärtnert, stößt irgendwann auf das Thema Saatgut und die damit verbundene Problematik des Sortenverlusts und der Vermehrungsfähigkeit aufgrund der öffentlichen Saatgutpolitik und der hemmungslosen Profitgier großer Konzerne. Lokal angepasstes, nachbaufähiges, das heißt samenfestes Saatgut gibt es weltweit immer weniger und es sind bereits in den letzten 100 Jahren über 75 Prozent aller alten Kultursorten unwiederbringlich verloren gegangen.

Wer sich nach robustem Saatgut umsieht, das zudem sortenfest weitervermehrt werden kann, wird im Baumarkt oder in konventionellen Gärtnereibedarfsläden meist nicht ausreichend fündig. Denn das am Markt angebotenen Saatgut besteht zu großen Teilen aus Hybriden (F1), diese ergeben bei weiterer Vermehrung keine festen Sorten, das heißt, sie enthalten kein kulturelles Gut und sind das Ergebnis eines industriellen Fertigungsprozesses. Das Saatgut muss jedes Jahr wieder bezogen werden, damit die gewünschte Qualität erhalten wird. Auch sind die gängigen Sorten am Markt auf die industrialisierte Produktion ausgerichtet und nicht auf Geschmack, lokales Klima oder Robustheit, da sie oft an den Einsatz von Pflanzenschutzmitteln angepasst sind. Somit sollte man nach alternativen Saatgutanbietern suchen, zum Beispiel biologische Saatgutfirmen, die samenfeste Sorten anbieten. Davon gibt es mehrere im deutschen Sprachraum (siehe Anhang), außerdem gibt es verschiedene Organisationen zum Erhalt der Saatgutvielfalt, die den Samentausch ermöglichen und zum Thema Saatguterhalt informieren (beispielsweise Pro Specie Rara, Arche Noah, VEN).

Das Vermehren und Weitergeben von regional angepasstem Saatgut durch Gärtnerinnen und Gärtner in den Regionen ist eine wichtige Maßnahme zum Erhalt und zur Weiterentwicklung robuster, samenfester, lokaler Sorten. Dazu können auch selbst organisierte Samentauschbörsen beitragen. In Tübingen gab es anfangs noch keine Saatgutbörse. Wir waren jedoch auf angepasstes Saatgut aus der Region angewiesen. Zudem ist eine Samenpackung oft zu groß für gärtnernde Einzelpersonen, auf einer Tauschbörse kann man sich dann gegenseitig aushelfen, sodass die Kosten für neu gekauftes Saatgut gering gehalten werden. Es brauchte also eine Saatgutbörse.

Zum Erhalt und zur Vermehrung von Saatgut bedarf es auch etwas Fachwissen. Dazu hat der österreichische Verein Arche Noah das «Handbuch Samengärtnerei» herausgegeben, außerdem werden inzwischen vielerorts Samenbaukurse und Workshops angeboten. Notwendig waren aber auch Bildungsveranstaltungen für uns und die Region, um in Zukunft eigenes, lokales Saatgut anbauen zu können.

Sonne, Boden und andere Herausforderungen

E

Die Analyse ergab die Stärken und Schwächen der Fläche: Es ist oft sehr winding, im Sommer sehr heiß und trocken und die Fläche ist etwas abgelegen, aber vom Stadtzentrum aus in zehn Minuten mit dem Stadtbus oder dem Fahrrad zu erreichen. Die Anlieferung von Material über eine Zufahrt ist möglich. Die Umgebung ist sehr ruhig und naturnah und die Aussicht bis auf die Schwäbische Alb grandios – ein perfekter Ort, um den Lärm und den Alltag der Stadt für eine Weile hinter sich zu lassen. Die guten vorhandenen Unterstellmöglichkeiten am Institutsgebäude für Material und Werkzeug beförderten einen sicheren Start des Projekts.

Somit ergaben sich die Chancen und Herausforderungen: Eine gute Gemeinschaftsbildung und Öffentlichkeitsarbeit würden notwendig sein, um den Garten zu unterhalten und die Mitglieder und weitere Interessierte auch tatsächlich auf den Berg hinauf zu locken. Gleichzeitig war die ruhige Lage auch eine Chance für attraktive Veranstaltungen. Zudem würde man neben den Studierenden Bürgerinnen und Bürger aus Tübingen brauchen, die einen dauerhaften Kern in der Gruppe bilden könnten, da die Studierenden meistens nur für einige Semester dabei sein würden. Für die Veranstaltung lokaler Saatgutbörsen und Bildungsveranstaltungen zum Thema Saatgut wollten wir mit anderen Initiativen vor Ort kooperieren, in denen andere Gruppenmitglieder und ich ebenfalls aktiv waren.

Eine weitere Herausforderung stellte die Flachgründigkeit des Bodens dar. Die Fläche war ehemals als Hubschrauberlandeplatz genutzt worden, daher fehlte ein Teil des Oberbodens und in einigen Bereichen stieß man beim Graben auf eine Schotterschicht im Boden. Andererseits boten eine weitläufige Haselhecke und die Wiese viel Grünschnitt für den Humusaufbau.

Pläne für die ersten Jahre

P

Aufgrund der Beobachtungen und Analysen wussten wir, welche Bereiche der Fläche genügend Licht für den Gemüseanbau bekamen und welche in halbschattiger Lage eher für Stauden, Sträucher oder einen Kompostplatz geeignet waren. Als Windschutz sollte nach und nach eine Hecke auf der Westseite entstehen, zunächst aber sollten der Anbau von weniger robustem Feingemüse (wie Salaten, Portulak, Fenchel, Kohlrabi, Dill und Radieschen) und die Anzucht von Setzlingen in Hochbeeten stattfinden, die ein geschütztes Mikroklima bieten würden. Da viel Heckenschnitt zur Verfügung stand, sollte dieser teilweise in Hoch- und auch in Hügelbeeten verarbeitet werden, damit schon in den ersten Monaten ein Anbau auf fruchtbarem und nährstoffreichem Boden möglich wäre. Auf den Hügelbeeten sollten robuste Kräuter und Gemüse wachsen, wie Kürbis, Zucchini, Gurken, Borretsch, Ringelblumen, Kohl, Melde, Baumspinat und Rucola. Für den Anbau aromatischer Kräuter auf magerem Boden sollte ein Kräuterbeet mit Steinen angelegt werden, die wir beim Bau der Beete ausgraben würden.

Für den weiteren Humusaufbau sollte mithilfe der Terra-Preta-Methode Schwarzerde aus Grünschnitt, Küchenabfällen und Pflanzenkohle hergestellt werden. Dazu sollte auch ein Pyrolyseofen für die eigene Herstellung von Pflanzenkohle aus Recyclingmaterial gebaut werden. Zusätzlich sollte mit einer Komposttoilette weitere Terra Preta zum Düngen von Obstbäumen und Sträuchern hergestellt werden.

Zur Entwicklung der Gartengruppe sollte ein regelmäßiger Termin zum gemeinsamen Gärtnern sowie für Besprechungen eingerichtet werden. Als schattiger Treffpunkt bei gutem Wetter sollte ein Weidendom errichtet werden. Für die Kommunikation darüber hinaus und zur Öffentlichkeitsarbeit sollte eine einfache Webseite so-

Der Kürbis ist ein Starkzehrer. Hoch- und Hügelbeete bieten die Möglichkeit, auch auf kargem Boden die nötigen Nährstoffe zur Verfügung zu stellen.

wie eine Mailingliste eingerichtet werden. Über die Kooperation mit weiteren Initiativen wollten wir Veranstaltungen im Klimagarten bekannt machten.

Im ersten Jahr sollten der Aufbau einzelner Beete, des Weidendoms, der Komposttoilette und des Kompostplatzes sowie erste öffentliche Infoveranstaltungen im Vordergrund stehen, ab dem zweiten Jahr dann die Erweiterung der Anbauflächen und des Waldgartenbereichs sowie erste Bildungsveranstaltungen und weitere Öffentlichkeitsarbeit. Die Anschaffung von Werkzeug war jedoch der allererste wichtige Schritt, dazu bekamen wir bald Sachspenden und finanzielle Unterstützung durch den Universitätsbund Tübingen.

BEETE ENTSTEHEN

U

Die Umsetzung verlief wie geplant. Es folgen einige praktische Beispiele für den Bau der Beete und der Komposttoilette. Wir verwendeten zum Bau vorhandene Ressourcen, anstatt für viel Geld neue Materialien zu kaufen.

Hochbeet aus Paletten

Da sich der Klimagarten auf einem ehemaligen Hubschrauberlandeplatz mit wenig Humus befindet, war der Bodenaufbau sehr wichtig. Deshalb legte ich neben der Anwendung der Terra-Preta-Methode unter anderem Hochbeete, bestehend aus miteinander verschraubten Paletten, an. Diese waren umsonst zu bekommen und stabil. Bis auf eine Ausnahme handelte es sich dabei um sogenannte Einmalpaletten, die daher ohne Holzschutzmittel, das heißt frei von Schadstoffen, waren. Die Zwischenräume stopfte ich mit Heu aus, das wir vom Sensen der vormaligen Wiese übrig hatten. Da es ein recht windiger Standort ist, wuchs das Gemüse im Hochbeet im Vergleich zu den normalen Flachbeeten sehr viel besser. Wichtig ist es, einen Wühlmausschutz mit Mäusedraht unten im Hochbeet einzubauen. Von einem Fensterbaubetrieb bekamen wir gebrauchte doppelt verglaste Fenster und konnten somit im Frühjahr das Hochbeet auch als Frühbeet nutzen.

Ein Hochbeet aus Paletten ist einfach zu bauen.

Das Palettenbeet mit Fenster wird zum Frühbeet.

Hügelbeet aus Hecken- und Grasschnitt

Eine weitere Methode, um Humus aufzubauen und übrigen Heckenschnitt zu verwerten, ist der Anbau auf einem Hügelbeet (siehe Seite 72). Im Juni 2012 angelegt, war das Hochbeet bereits im August mit kräftigen, teilweise erntereifen Gemüsepflanzen bewachsen. Im Kern des Hügelbeets verarbeiteten wir Haselhölzer aus der Hecke vor Ort, darauf setzten wir die ausgestochenen Grassoden von der Beetfläche sowie Grasschnitt und Holzhäcksel, dann den abgegrabenen Oberboden von der Beetfläche und nochmals etwas Grasschnitt obenauf als Mulchdecke. Das Hügelbeet bescherte uns bis zum Spätherbst eine reiche Ernte, die sonst auf dem relativ kargen Boden so schnell nicht möglich gewesen wäre. Durch die entstehende Wärme im Beetinneren wurde die Saison für das darauf wachsende Gemüse etwas verlängert und der Borretsch blühte bei Wintereinbruch auf dem Hügelbeet noch immer, als auf den Flachbeeten schon alles abgefroren war.

Das Hügelbeet im Bau

Im August ist das Hügelbeet schön bewachsen.

TERRA PRETA IM EIGENEN GARTEN

Als Zutaten eignen sich holzige Grünschnittabfälle wie Heckenschnitt (keine Nadelbäume), Holzhäcksel von Laubbäumen, frische Küchenabfälle, Mist jeder Art, etwa zehn Prozent Volumenanteil Pflanzenkohle, etwas Gesteinsmehl. Die Anteile der einzelnen Bestandteile sind abhängig davon, was an Material tatsächlich vorhanden ist. Alles wird durchmischt und als Miete mit Bodenkontakt aufgesetzt und kompostiert. Die Miete sollte eine Ausgewogenheit zwischen trockenem holzigen und grünem feuchten Material haben, sodass keine Fäulnis entsteht, der Kompost aber auch nicht zu trocken und nährstoffarm ist. Die Praxis guter Kompostierung ist dabei zu beachten (siehe Seite 65). Nach der Kompostierung kann die Terra Preta auf Beete, in Blumentöpfe, unter Beerensträuchern oder unter Obstbäumen ausgebracht werden. Die Pflanzenkohle kann man selbst aus beispielsweise Heckenschnitt in einem selbst gebauten oder gekauften Pyrolysekocher oder in einer Erdgrube herstellen. Informationen dazu gibt es beim Ithaka-Institut in der Schweiz.

Linke Seite: Pflanzenkohle ist ein wichtiger Bestandteil der Terra Preta.

Oben: Fertige Terra Preta

Unten: Verschiedene Zutaten für die Terra Preta

Flachbeete

Für die Bodenverbesserung in den ebenfalls angelegten Flachbeeten nutzten wir ab dem zweiten Jahr unseren Terra-Preta-Kompost. Um die Flachbeete herum legten wir mit Haselholz Umrandungen und Wege aus Holzhäckseln an, welche die Schnecken und Wurzelunkräuter weitgehend von den Beeten fernhielten.

Flachbeete werden mit Haselholz umrandet.

Komposttoilette

Wir errichteten im Rahmen einer Bauwoche mit Studierenden aus ganz Deutschland unter anderem eine Komposttoilette aus Holzabfällen und Paletten. Da die Gartenfläche etwas abgelegen ist und wir auch wertvolle Nährstoffe erhalten wollten, wurde die Komposttoilette ein wichtiges Element im Klimagarten. Das Design der Toilette ist darauf ausgerichtet, dass sie jederzeit leicht abzubauen ist, aus Recyclingmaterial besteht und Urin und Exkremente getrennt gesammelt werden können. Der Urin dient eins zu zehn mit Wasser verdünnt als Flüssigdünger und wird mithilfe von Milchsäurebakterien und etwas Zucker haltbar gemacht, welche dem Sammelbehälter zugegeben werden. Die Exkremente werden mit einer Einstreu aus Sägespänen, Laub, Gesteinsmehl und Pflanzenkohle zu Terra Preta kompostiert. Diese Einstreu wird sozusagen als «trockene Toilettenspülung» angewendet, sorgt für Geruchsfreiheit und leitet die Kompostierung ein. Wenn der Sammelbehälter voll ist, werden die Exkremente mit der Einstreu in einen geschlossenen Komposter mit Bodenkontakt gegeben, wo sie mit Grünschnitt vermischt drei bis vier Jahre verrotten, damit keine Krankheitserreger übrig bleiben. Dieser Kompost wird jedoch sicherheitshalber nur unter Sträuchern und Bäumen verteilt, nicht auf Beeten.

Die Komposttoilette ist ein wichtiges Element im Klimagarten.

Das Trennsystem erlaubt die Wiederverwendung von Urin und Exkrementen.

Eine lebendige Gemeinschaft

R

Es entstand ein lebendiger Gemeinschaftsgarten, in dem von Studierenden bis Rentnerinnen und Rentnern, also an Gemeinschaft, frischer Nahrung und Natur interessierte Menschen gemeinsam gärtnern, lernen und feiern. Dabei gibt es viel Spielraum zum Experimentieren und zum gemeinsamen Austausch. Unser jährliches Bildungsprogramm bietet Einführungs- und Fachkurse zu Permakultur, urbanem Gärtnern und Terra Preta, in Vortragsreihen werden Themen wie Saatgutsouveränität, Biodiversität, Wildbienen usw. aufgegriffen. Im Rahmen des fächerübergreifenden Studium Oecologicums der Universität Tübingen werden für Studierende anrechenbare Seminare zu Permakultur-Design, urbanem Gärtnern und Bodenkunde angeboten. Außerdem können sie sich das Engagement im Klimagarten als Schlüsselqualifikationen in ihrem Studienzeugnis eintragen lassen. Dies macht den Klimagarten zu einem gefragten Lern- und Experimentierfeld in der Region, das sich ständig weiterentwickelt.

Durch vielfältige Vernetzungen mit anderen Initiativen und Schulen sowie mit öffentlichen Veranstaltungen hat der Klimagarten in der Region einen Beitrag dazu geleistet, das Thema des Bodenerhalts und der lokalen Produktion von Nahrung mehr in das öffentliche Interesse zu rücken und zudem Bildung zu vermitteln. Daraus entstanden weitere Projekte und der Klimagarten wurde dadurch erst dauerhaft tragfähig, denn aufgrund der Bekanntheit stoßen inzwischen immer wieder Menschen dazu, die mitmachen möchten.

So wollten wir zum Beispiel in der Region zum Thema Saatgut aufklären und organisierten verschiedene Veranstaltungen wie Filmvorführungen und Vorträge. Daraus entstand auch eine Zusammenarbeit mit anderen regionalen Initiativen und es etablierte sich eine jährliche Saatgut- sowie eine Setzlingstauschbörse für Tübingen, die von verschiedenen Beteiligten organisiert wird und den Zugang zu lokal angepassten Sorten ermöglicht.

Diese vielfältig geknüpften Verbindungen und Beziehungen zwischen Initiativen, einzelnen Menschen und Institutionen zeigen, dass das Gestalten sinnvoller Beziehungen nicht nur zwischen den einzelnen Pflanzen einer Mischkultur im Garten, sondern auch in einem sozialen Ökosystem wie einer Stadt oder Region sehr wichtig für eine funktionierende Permakulturgestaltung ist.

Der Klimagarten schenkt uns schon im ersten Jahr eine reiche Ernte.

Kleinflächiges Permakulturparadies im Hausgarten

Kurt Forster

Als Kind half ich meiner Mutter im Selbstversorgungsgarten – eine Notwendigkeit in knappen Zeiten. Später, als Erwachsener, störte ich mich zunehmend am vorherrschenden zerstörerischen Lebensstil und bei meiner Begegnung mit Permakultur erkannte ich in diesem Ansatz vieles wieder, was ich selbst schon angedacht hatte. Als meine Frau und ich beschlossen, ein Haus zu bauen, war uns klar, dass wir die Permakultur umsetzen und uns möglichst selbst versorgen wollten.

Permakulturgrundsätze

1. Von der Natur lernen
2. Vielfalt ermöglichen
4. Resiliente Systeme schaffen
5. Energie effizient nutzen
6. Kreisläufe einrichten und Ressourcen nutzen

Selbstversorgung aus dem Einfamilienhausgarten

T

Als wir unser Einfamilienhaus planten und damit Landwirtschaftsland überbauten, wollte ich auf der ehemaligen Viehweide mehr Nahrung produzieren, als dies mit den Kühen der Fall war, eine weitaus höhere Biodiversität und vielfältige Lebensräumen schaffen und zusätzlich mindestens so viel Energie erzeugen, wie wir benötigten. Zudem sollte das Grundstück eine traumhaft schöne Erholungsoase, ein kleines Paradies für unsere Familie sein.

Während meiner Gomeraferien begeisterten und inspirierten mich die kleinen, kunstvoll ins Gelände gebetteten Selbstversorgergärten. Die Gomeros haben die steilen vulkanischen Hänge in bunte, produktive Lebensoasen verwandelt. Es ist erstaunlich, wie viel Nahrung auf diesen Kleinflächen produziert wird. Salate, Kartoffeln, mehrjähriger Grünkohl, dazwischen einige Orangen-, Papaya- oder Mangobäumchen und in Meeresnähe sogar Bananenstauden. So etwas wollte ich auch für uns entwickeln. Um weitere Anregungen zu erhalten, besuchte ich vor der Planungsphase viele Selbstversorgungsgärten in unserer Nähe.

Die Selbstversorgergärten auf der Insel Gomera sind eine Inspiration.

E

Die Viehweide wird zum Garten

Nach längerer Suche fanden wir ein Gelände von 700 Quadratmeter Fläche auf 800 Meter Höhe, rundum Viehweiden ohne Obstbäume, also sicher nicht der ideale Ort für den Frucht- und Gemüseanbau. Dafür ist das Gelände südexponiert und recht windgeschützt. Auf der Nordseite liegt eine wenig befahrene Straße. Der Boden wurde teilweise aufgeschüttet, teilweise war es Boden der Viehweide, also ein Bodengemisch von Lehm, Sand und wenig Humus. Da die Parzelle außerhalb des Dorfes im Grünen liegt und nur wenig Verkehr vorbei führt ist die Luftbelastung mit Schadstoffen gering. Auf einem Plan habe ich dann aufgezeichnet, wo und wann wie viele Stunden am Tag während den verschiedenen Jahreszeiten Sonnenlicht einfällt. Dies habe ich auf einer Pergamentfolie festgehalten. Dann erforschte ich, wo trockene und wo feuchte Stellen liegen, und welche Stellen eher windexponiert respektive windgeschützt sind. Außerdem besorgte ich mir Informationen zum Niederschlag im Jahreslauf. Aufgrund dieser Informationen konnte ich ungefähr ausrechnen, ob das Regenwasser für die Gartenbewässerung und meine geplante Wasserlandschaft ohne Trinkwasserzufuhr ausreichend ist.

Aus einer Kuhweide wird der Selbstversorgergarten.

Zeitlicher und finanzieller Rahmen

E

Wie viel Zeit und Arbeit können die Bewohner für die Gartenarbeit investieren? Ich selbst war zu dieser Zeit beruflich noch voll ausgelastet, dazu kamen Einsätze als grüner Parlamentarier, als Permakulturkursleiter, für Vorträge und journalistische Arbeiten. Außer beim Bau von Mauern, Gewürzspirale, Hochbeeten, Gewächshaus oder Teichen sollte für mich Gartenarbeit immer Erholung und Entspannung sein. Meine Frau war teilzeitbeschäftigt und würde die Zierzonen beim Hauseingang, auf dem Balkon und beim Gartensitzplatz betreuen.

Bevor man in einem Gartenzentrum große, unüberlegte Einkäufe tätigt, sollte man sich überlegen, wie viel Geld zur Verfügung steht und was in einer ersten Phase unbedingt eingekauft werden soll. Vor allem aber ist es wichtig, bauliche Maßnahmen und Geländegestaltungen, die Erdbewegungen benötigen, in der Startphase zu planen, solange die Baumaschinen auf dem Gelände sind. Frühzeitig sollte man auch abklären, ob man für den Bau eines Gewächshauses, das Erstellen eines größeren Weihers oder einer höheren Stützmauer eine Baubewilligung benötigt. Da unser Grundstück in der Einfamilienhaus-Wohnzone liegt, sind zusätzliche Kleinbauten, etwa ein Gewächshaus mit Fundament, auf dem Grundstück gesetzlich erlaubt. Es muss aber ein Baugesuch eingereicht und bewilligt werden. Das Grundstück ist ans öffentliche Strom-, Wasser- und Abwassernetz angeschlossen.

Welche Gartenelemente soll unser Gelände bekommen?

Mit dem Gelände vor Augen wollten wir die verschiedenen Elemente planen. Über den heimeligen Sitzplatz sowie Gemüse- und Obstgarten waren wir uns rasch einig. Soll jedoch auch ein Kinderspielplatz, eine Wasserlandschaft oder ein größeres Gewächshaus mit geplant werden? Sollen zudem Tiere wie Hasen und Hühner auf dem Gelände wohnen? Jedes Gelände soll die Wünsche und Bedürfnisse seiner Bewohner möglichst gut abdecken. Wir notierten all unsere Wünsche auf Zettelchen und befestigten sie an einer Pinnwand. Dann diskutierten wir viel und lange über unsere Ziele und legten anschließend die Prioritäten fest. Wichtig ist bei solchen Diskussionen, alle Bewohner miteinzubeziehen.

Flächeneinteilung

Bei unserem Selbstversorgungsgarten entschieden wir uns für folgende Flächeneinteilung:

- Wohnhaus, Parkplatz vor der Garage und Sitzplatz unter dem Balkon: 200 Quadratmeter
- Großer Gemüsegarten inklusive zweier Hügelbeete von etwa zehn Quadratmeter Fläche: 150 Quadratmeter
- Gewächshaus mit integriertem Sitzplatz: 35 Quadratmeter
- Solarbeete vor dem Gewächshaus und Lager-, Kompost- und Speicherraum auf der Gewächshausnordseite: 20 Quadratmeter
- Solarbeete, Beerenstauden und Minikiwi am Südhang: 50 Quadratmeter
- Waldrandgarten mit verschiedensten Beeren und Baumarten: 70 Quadratmeter (siehe Kapitel «Der produktive Waldrandgarten», Seite 200)
- Moorbiotop für Heidel- und Preiselbeeren sowie Cranberrys: acht Quadratmeter

- Obstgarten mit verschiedenen Apfelsorten, Zwetschgen, Birnen: 80 Quadratmeter
- grüne Wände mit Trauben, Kirschen, Feigen und Birnen
- Wasserlandschaft: drei Teiche mit Wasserrinnenverbindungen: 50 Quadratmeter (siehe Kapitel «Wasser im Hausgarten», Seite 212)
- wildnisartige Lebensräume mit Hecken und viel Altholz: 30 Quadratmeter

Zusätzlich sind Kräuterspiralen und Kräuterschlangen zwischen die verschiedenen Bereiche eingebettet, ein kleiner Pilzgarten befindet sich unter den Bäumen. Man muss aber auch bereit sein, Änderungen aufgrund neuer Projekte oder Anpassungen, die mit dem Älterwerden zusammenhängen, schrittweise einzuplanen.

Gewürzkräuter, Beeren, Blumen und grüne Wände sind zu einem kleinen, produktiven Paradies verwoben.

Der Garten wird geplant.

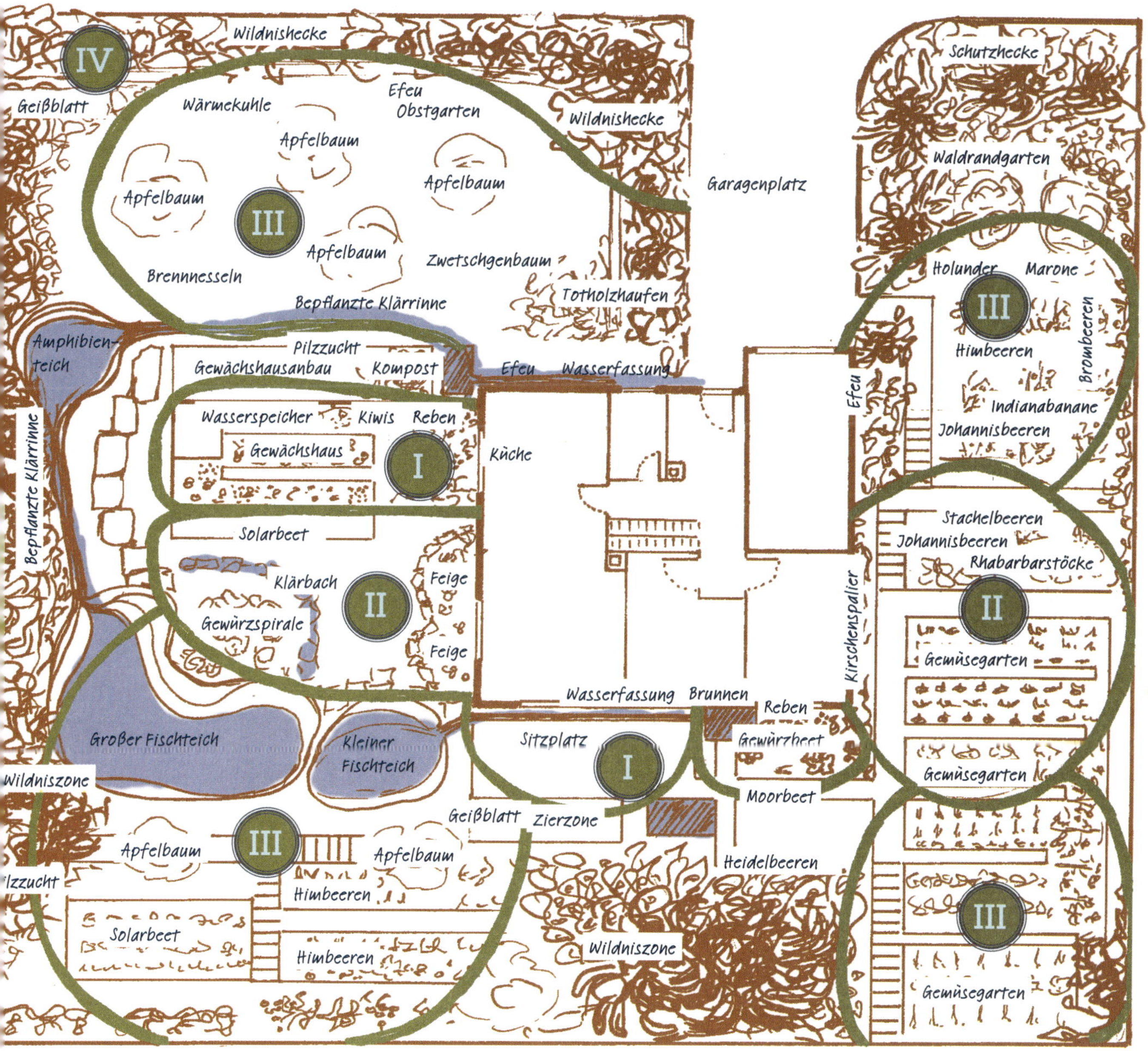
Wildnishecke
IV
Geißblatt
Wärmekuhle
Efeu
Obstgarten
Wildnishecke
Apfelbaum
Apfelbaum
Apfelbaum
III
Apfelbaum
Zwetschgenbaum
Garagenplatz
Brennnesseln
Totholzhaufen
Bepflanzte Klärrinne
Amphibienteich
Pilzzucht
Gewächshausanbau
Kompost
Efeu
Wasserfassung
Wasserspeicher
Kiwis
Reben
Gewächshaus
I
Küche
Bepflanzte Klärrinne
Solarbeet
Klärbach
II
Feige
Gewürzspirale
Feige
Wasserfassung
Brunnen
Reben
Großer Fischteich
Kleiner Fischteich
Sitzplatz
I
Gewürzbeet
Wildniszone
Moorbeet
Geißblatt
Zierzone
Apfelbaum
III
Apfelbaum
Heidelbeeren
Himbeeren
Solarbeet
Himbeeren
Wildniszone
Schutzhecke
Waldrandgarten
Holunder
Marone
III
Himbeeren
Brombeeren
Efeu
Indianabanane
Johannisbeeren
Stachelbeeren
Johannisbeeren
Rhabarberstöcke
Kirschenspalier
II
Gemüsegarten
Gemüsegarten
III
Gemüsegarten

Permakulturgrundsätze umsetzen

Alle diese Wünsche müssen möglichst optimal auf das Gelände abgestimmt werden. Um eine ganzheitliche, systematische Planung zu entwickeln, lasse ich vor dem Entwerfen die Prinzipien von Bill Mollison und David Holmgren durch meinen Kopf ziehen. Welche dieser Strategien werden wo am besten angewendet? Übergreifen sich sogar mehrere? Beim Gewächshaus wird es vor allem der fünfte Grundsatz, bei der Wasserlandschaft der zweite (Wasserrand) und dritte sein. Die Intensitätszonen spielen auf dem kleinen Gelände eine untergeordnete Rolle. Ich achtete aber trotzdem darauf, dass oft besuchte Orte möglichst nah bei der Küche liegen, weniger oft besuchte wie der Obstgarten dürfen etwas weiter weg liegen. Wir wollten von der Küche direkt ins Gewächshaus gelangen, um uns im tiefen Winter trockenen Fußes mit Salaten, Gemüse oder Kräutern zu versorgen oder auf dem Gewächshaussitzplatz einen Kaffee zu trinken. Zudem sollte das Gewächshaus möglichst sonnenexponiert liegen.

Gegen Norden wollten wir uns vor kalten Winden und vor Straßenlärm schützen. Deshalb wurden zwei große Wärmekuhlen (Sonnenfallen, siehe Seite 57) geplant. Dazu sollten an der Nordgrenze etwa einen Meter hohe Erdwälle aufgeschüttet und mit dichten, artenreichen Hecken bepflanzt werden. Der Obstgarten sollte in der größeren Sonnenfalle liegen.

Gemüsegarten und Gewächshaus sollten möglichst viel Sonnenlicht erhalten. Deshalb plante ich beide Elemente südlich des Hauses. Der größte Teich sollte vor dem Gewächshaus angelegt werden, damit im Winter viel Licht hinein gespiegelt wird. Ich wollte möglichst viel gesundes, unbelastetes Gemüse, Früchte, Beeren, Salate und Kräuter anzubauen, ohne die Erde auszulaugen, sondern im Gegenteil, sie aufzubauen.

Die Grundplanung schrittweise verwirklichen

U

Beim Verwirklichen des Projekts sollte man sich nicht überfordern oder sich gar die Freude verderben, sondern Schritt für Schritt die geplanten Projekte verwirklichen. Vor allem bei größeren Projekten, bei welchen ein Bagger für Erdverschiebungen notwendig ist, ist es wichtig, dass sie sofort beim Hausbau angepackt werden. In unserem Fall galt das für folgende Projekte: Anlegen der Teiche, Bau des Gewächshauses, Terrassierung des Geländes, Aufschüttung des Erdwalls für die Schutzhecke.

In jedem Jahr verwirklichte ich selber ein größeres, arbeitsintensives Projekt, baute also beispielsweise eine Kräuterschlange, legte eine Steinterrasse an, erstellte ein Hügelbeet (siehe Permakulturgrundsatz 6, Seite 73), legte ein Moorbeet an oder mauerte ein Solarbeet auf. Daneben entstanden jedes Jahr auch kleinere Projekte wie eine Pilzzucht, eine Beerenhecke oder eine spezielle Wandbegrünung.

Nachfolgend werden einige der von mir umgesetzten Permakulturelemente beschrieben. Die Teichlandschaft und das Wassermanagement werden in einem eigenen Kapitel behandelt (siehe Seite 212).

Terrassen für den Gemüsegarten

Das Gelände ist teilweise ziemlich steil, schwer zugänglich, schwierig zu bearbeiten und es besteht die Gefahr, dass durch Starkregen und Schnee Humus weggeschwemmt wird. Um dies zu verhindern und um das Regenwasser zurückzuhalten, sollten die Hänge mit Terrassen stabilisiert und gut zugänglich gemacht werden. Eine Terrassierung mit Holzbrettern war mein erster Gedanke. Doch dabei besteht die Gefahr, dass Holz anfault, wenig stabil ist und die Holzwände sich zum Schneckenparadies entwickeln können. Deshalb entschied ich mich, quer zu den Hängen begehbare Stützmauern aufzubauen. Oberhalb der Stützmauern wurden auch einige wärmespeichernde Solarbeete angelegt.

Am Anfang des Jahres, meist im Januar, plane ich meine Beetbepflanzungen. Wichtig sind dabei die richtigen Folgepflanzungen und sich fördernde Mischkulturen (siehe Anhang). Mit einer großen Vielfalt robuster Pflanzen und unter Einbeziehung vieler Nützlinge gelingt es, stabile, gesunde Pflanzen zu ziehen. Anfänglich

traten gewisse Schäden auf, die jedoch in Kauf genommen wurden. Mit den Jahren hat sich dank der vielen Nützlinge, die sich ansiedelten, ein gesundes, stabiles Gesamtsystems entwickelt.

Besonders wichtig ist die permanente und lückenlose Bepflanzung. In der Permakultur gilt die Regel: Es gibt keinen nackten, ungeschützten Boden! Ernte ich einen Salat oder Kohlkopf, so setze ich auf die frei gewordene Stelle gleich wieder eine Jungpflanze oder säe ein paar Samenkörner. Entstehende Lücken werden sofort geschlossen. Für die Bodengesundheit und als Heil- oder Gewürzpflanzen wachsen zwischen dem Gemüse Ringelblumen, Kapuzinerkresse, Tagetes usw. (siehe auch die Abschnitte über Kompost, Seite 65, Mulch, Seite 26 und Gründüngung, Seite 36).

Bodenaufbereitung und Kompostierung – alles ist im Kreislauf

Der Boden ist der Magen der Pflanzen. Ist der Magen intakt, so ist die Pflanze gesund. Der Aufbau fruchtbarer Erde ist eines meiner Hauptziele und schenkt mir tiefe Glücksgefühle. Gesunde Erde puffert die Auswirkungen von Krankheiten und Nematoden. Wir müssen lernen, unsere Erde nicht zu wenden, also weder Pflug noch Stechgabel einzusetzen.

Bäume verbreiten Lebendigkeit, brechen den Boden auf und holen Nährstoffe aus der Tiefe und liefern mit ihren abgefallenen Blättern Nahrung für die bodenaufbereitenden Lebewesen. Deshalb ist eine ausgewogene Baumlandschaft für die Schaffung einer fruchtbaren Erde wichtig.

Den teilweise vorhandenen Lehmboden wollte ich in eine fruchtbare, speicherfähige, humusreiche Erde umwandeln. Der fruchtbare, dunkelbraune, duftende Waldboden war Vorbild für den von mir gewünschten Gartenboden. Um dieses Ziel zu erreichen, brachte ich durchweg Kompost, Häckselgut, Brennnesseln, Wasserrandpflanzen wie Schilf, Seggen oder Binsen und Blätter von Beinwell aus. Auf einem solchermaßen aufbereiteten Boden können sich kaum Wildkräuter ansiedeln und wenn doch, dann sind sie leicht aus dem lockeren Boden zu entfernen. Wichtig ist, dass der Boden nie unbedeckt ist, also Pflanzen stets übergreifend angebaut werden und der Boden immer mit Mulch bedeckt ist.

In der Permakultur gilt das Prinzip: Produziere keinen Abfall. Darum ist das Kompostieren von Garten- und Küchenabfällen zentral und mit dem Kompost werden wertvolle Substanzen dem Boden zurückgegeben. Ich arbeite mit zwei Komposten. Der eine liegt im Gewächshausanbau, der andere im Obstgarten. Der vor Wetter und Tieren geschützte «Edelkompost» im Gewächshausanbau besteht aus zwei parallel liegenden Mieten. Ich baue ihn sorgfältig Schicht für Schicht auf. Die erste Schicht besteht aus Häckselmaterial, die zweite aus Küchenabfällen und dann folgt eine Tiermistschicht, meist aus Kuhfladen, die ich mit siliziumreichem Steinmehl einstäube. Ist eine Kompostmiete aufgebaut, dann wird die zweite angesetzt und mit der obersten Schicht des ausgereiften Komposts eingedeckt. So gelangen Mistwürmer und weitere Abbauer in die neue Miete. Jetzt wir der reife Kompost in den Gemüsegarten ausgebracht.

Für meinen Edelkompost ließ ich mich außerdem von der Terra Preta inspirieren (siehe Seite 71). Da bei mir als Fischer Fischabfall anfällt, wollte ich einen ähnlichen Prozess in meinem

Links oben: Aus Steinen gemauerte Wege quer zum Hang erschließen das Gelände und halten gleichzeitig Wasser und Humus zurück.

Links unten: Der gut gemulchte Boden ist mit stets wechselnden Mischkulturen bepflanzt; hier eine Kombination von Karotten, Zwiebeln und Lauch.

Rechts: Mit schwarzer Lochfolie ausgekleidetes Kompostgitter

Kompost aufbauen. Bei den Gärungs- und Fäulnisprozessen entsteht Wärme, die mithilft, meinen Gewächshausanbau zu «heizen». Der zweite Kompost liegt im Freien, und zwar im Obstgarten. Es ist ein mit einer schwarzen Lochfolie ausgekleideter Gitterkompost. In ihn kommt dasjenige Material, das von der Schadstoffbelastung her fragwürdig sein könnte, beispielsweis Zierblumen oder gehäckselter Heckenschnitt. Diesen Kompost verwenden wir vor allem für Blumen- und Beerenkulturen.

Das multifunktionale Gewächshaus

Das Gewächshaus ist «von der Stange» gekauft und an der Westseite des Hauses angebaut. So kommt man jederzeit trockenen Fußes hinein. Im Norden liegt ein 1,2 Meter breiter Anbau, der das Gewächshaus gegen kalte Winde isoliert und gleichzeitig als Lager- und Kompostraum dient. Südlich vor das Gewächshaus sind isolierende Solarbeete (Frühbeete) erstellt. Hier werden vor allem Wintersalate angebaut. Im Gewächshaus gedeihen mehrjährige Kiwis, Trauben und Feigen. Auf den Beeten werden im Sommer wärmeliebende Pflanzen wie Tomaten, Gurken, Auberginen und Peperoncini gezogen. Im Winter wachsen hier Wintersalate wie Endivien, Nüssler, Portulak und roter Radicchio. Auf dem Sitzplatz überwintern Zitronen- und Olivenbäumchen, sowie kälteempfindliche Gewürze. Mehr Informationen zum Thema Gewächshaus findet sich auf Seite 228.

Geschütze Doppelmiete im Gewächshausanbau; die linke wird aufgebaut, die rechte abgetragen.

Das Gewächshaus im Sommer

Im Winter trägt das Gewächshaus viel zur Selbstversorgung bei.

Grüne Wände für Schutz und Genuss

Die Wände unseres Hauses wollten wir nicht kahl und grau lassen. Überwachsene Wände und Dächer sind nicht nur schön, sondern vermögen auch Früchte und Beeren zu produzieren und gleichzeitig als Luftreiniger, Sauerstoffproduzenten, Klimaverbesserer und Lärmdämpfer zu dienen. In Städten und Vorstädten steht immer weniger fruchtbarer Boden zur Verfügung, vertikale Gärten werden deshalb auch dort immer populärer.

Bevor man die Fassadenbegrünung umsetzt, gilt es auch hier, das Wo, Wozu und Wie gründlich zu überlegen. Befindet sich der Standort an der Nordseeküste, in der Rheinebene oder im Alpenvorland? Erhält die Pflanze volles Sonnenlicht oder Schatten? Soll sie eine Fassade verschönern oder Früchte tragen? Wie viel Boden benötigt die Pflanze mindestens? Wächst sie entlang einer Straße, wie viel Raum soll sie einnehmen? Will man ein Klettergerüst bauen oder soll es ein Selbstklimmer sein? Bevorzugt man einen dichten immergrünen, vieljährigen Pelz oder gibt man schnell wachsenden Einjährigen den Vorzug? Soll die Fassade hauptsächlich verschönert werden, sind Wilder Wein, Waldrebe, Glyzinie oder Geißblatt eine geeignete Wahl. Mit Feuerbohnen kann man Schönheit und Nützlichkeit paaren. Bohnen und Kefen (Zuckererbsen) begrünen einen Sommer lang Wände und bringen gleichzeitig Ertrag. Auch mit aufgehängten Töpfen und Kisten auf Fenstersimsen und an Balkongeländern können Fassaden begrünt werden. Verschiedenste Kräuter, Blumen, Erdbeeren, selbst Rispentomaten können in Töpfen gezogen werden. Green-City-Gruppen begrünen auch mit Plastiksäcken, Strumpfoberteilen, aufgesägten Regenrohren, Dachrinnen, halben PET-Flaschen, Vliestaschen, ausgedienten Konservendosen usw. In den letzten Jahren wurde verstärkt mit Systemen experimentiert, bei denen ganze Wände mit verschiedenen Pflanzen überzogen werden.

Wir entschlossen uns, jede Hausseite passend bewachsen zu lassen. Die Nord- und Ostseite sollte mit einem Efeupolster gegen kalte Winde geschützt werden. An der Südseite pflanzte ich blaue Tafeltrauben und vor die Westwand wurden ein Birnenspalier und ein spalierförmig gezogener Feigenbaum gesetzt.

Am einfachsten ist sicher der Ankauf der gewünschten Wandbegrüner in einem Gartenzentrum. Von Kiwis, Wildem Wein, Efeu, Schlingknöterich und Geißblatt lassen sich aus Stecklingen problemlos Jungpflanzen heranziehen. Im Februar schneidet man an frostfreien Tagen etwa 20 Zentimeter lange, kleinfingerdicke Stecklinge und stellt sie dann in Wassergläser auf die Fensterbank. Sobald sie Wurzelansätze bilden, setzt man sie vorsichtig in Blumentöpfe mit feuchter Gartenerde. Eine Vielzahl einjähriger Kletterpflanzen wie Bohnen, Feuerbohnen, Zuckererbsen, Gurken und Kürbisse keimen in wenigen Tagen, wenn die Samen in feuchte, keimfreie Anzuchterde gesteckt werden.

An Drähten gezogene Birnen- und Feigenspaliere verbrauchen wenig Bodenfläche.

Mit Trauben überwachsene südexponierte Hauswand

PFLANZEN FÜR DIE FASSADENBEGRÜNUNG

Jede Pflanze braucht Licht und strebt deshalb in die Höhe. Allerdings haben die Pflanzen dabei unterschiedliche Techniken entwickelt, um dieses Ziel zu erreichen.

- **Spalierobst:** Süd-, Südwest- und Westwände sind ideal geschützte Orte, um auf kleinstem Raum wärmebedürftige Obst- und Beerensorten zum Reifen zu bringen. In milden Lagen und vor warmen Mauern gedeihen Edeltrauben, Kiwis, Aprikosen, Feigen und Pfirsiche besonders gut. Selbst in mittleren Höhenlagen kommen an Südwänden Birnen, Kirschen, Zwetschgen und Äpfel zum Reifen. Das Spalierobst und auch die schlingenden Kiwis brauchen allerdings eine Kletterhilfe. Kletterhilfen sollten etwa zehn Zentimeter Abstand zum Objekt haben. Je nach Funktion und persönlichem Geschmack können dies Holzspaliere, gespannte Drähte, Stützgitter, Rankengewebe, Stäbe oder Kunststoffseile sein. Holzgerüste brauchen allerdings einen Wetterschutz.
- **Selbstklimmer** (Haftkletterer): Sie brauchen keine Kletterhilfe, denn sie haben Haftorgane entwickelt, mit denen sie sich an die Unterlage heften können. Dazu gehören Efeu, Wilder Wein, Spindelstrauch, Kletterhortensie und Trompetenblume. Wilder Wein klettert mithilfe von Haftscheiben, Efeu mittels Haftwurzeln. Die Behauptung, dass Efeu die Mauern zerstört, ist falsch. Im Gegenteil, intaktes, rissfreies Mauerwerk hat eine zwei- bis dreimal längere Lebensdauer, wenn es vor Nässe und extremen Temperaturschwankungen geschützt wird. Efeu gedeiht selbst an schattigen Mauern. Es ist daher die ideale Pflanze, um Nord- und Ostwände ganzjährig zu begrünen. Solche Pflanzenpelze bilden ein Isolationspolster um das Haus und helfen dabei, Energie zu sparen. Sie schützen ebenfalls vor Lärm, Staub und Elektrosmog. In der kalten Jahreszeit bieten Efeuwände Vögeln und anderen Kleintieren Nahrung und Schutz vor Nässe und Kälte. Da Selbstklimmer jede Unebenheit, jeden Riss und jede Spalte im Mauerwerk ausnutzen, ist bei Schindelhäusern, Eternitplatten, Dachziegeln und Ablaufrohren Vorsicht geboten.

- **Rankenkletterer:** Weintraube, Waldrebe *(Clematis)*, Wicken, Glockenrebe, Gurken, Passionsblumen und Kürbisse besitzen einzelne Blätter, die in Halterungsranken umgebildet sind und mit denen sie sich an Kletterhilfen festhalten.
- **Schlinger** (Winder): Blauregen (Glyzinien), Geißblatt, Hopfen, Pfeifenwinde, Prunkwinde, Schlingknöterich, Stangenbohne, Feuerbohne, Platterbse, Schwarzäugige Susanne *(Thunbergia)* usw. winden sich als ganzer Spross spiralförmig um ihre Stütze, indem die Sprossspitzen kreisende Suchbewegungen ausführen. In diese Gruppe gehören auch die Kiwis. Die forstharten Minikiwis gedeihen sogar in mittleren Höhenlagen und versorgen uns mit vitaminreichen Früchten.
- **Spreitzklimmer:** Kletterrosen, Brombeeren und Winterjasmin bilden lange, stachelbesetzte Triebe, mit denen sie sich zwischen Kletterhilfen (Latten oder gespannten Drahten) festspreizen. Eine zusatzliche Befestigung an der Kletterhilfe erhöht die vertikale Standfestigkeit.

Der Efeu funktioniert als Isolierschicht für das Haus.

Die eigene Winterversorgung

In den Sommer- und Herbstmonaten fällt meist reichlich Ernte an und man kann sich leicht aus dem eigenen Garten versorgen. Im Winter jedoch, wenn die Sehnsucht nach frischem, knackigem Gemüse und Salat besonders groß ist, gibt es meist wenig zu ernten. Statt billige, halbreif geerntete, nitratbelastete und oft pestizidverseuchte Salate und Gemüse aus fernen Kontinenten zu kaufen, gelingt es mit verschiedenen Anbautechniken, sich auch im Winter weitgehend aus dem eigenen Garten mit frischem Gemüse, Früchten, Salaten und Beeren zu versorgen.

Frühzeitige Gartenplanung: Am besten plant man während der Wintermonate. Dann ist es im Garten ruhiger und man hat Zeit, auf das vergangene Gartenjahr zurückzublicken, die neuen Gartenbeete zu planen und Saatgut einzukaufen. Ich führe ein Gartentagebuch und erstelle jedes Jahr einen Pflanzplan. Dabei berücksichtige ich auch, was bisher an welchem Bodenstandort gewachsen ist, und plane mithilfe von Mischkulturtabellen die notwendigen Fruchtwechsel. Kohlgewächse dürfen beispielsweise erst nach fünf Jahren auf dasselbe Beet, Erdbeeren sollten nach drei bis vier Jahren den Bodenstandort wechseln, nach Starkzehrern folgen im zweiten Jahr Mittelzehrer und im dritten Jahr Schwachzehrer auf dasselbe Feld. Den Kern meiner Selbstversorgung bilden sieben Gemüsebeete mit einer Fläche von 1,2 auf fünf Meter. Zwei davon sind als Hügelbeete (siehe Seite 73) gestaltet. Darauf baue ich vor allem Starkzehrer wie Kohlgewächse, Kürbisse, Tomaten, Zucchini, Mais und Sellerie an. Für Buntheit und Bodenge-

Der Garten muss gut geplant werden.

Mischkultur von Zwiebeln, Winterlauch und Karotten

Die ganz Harten, blaugrüner Winterlauch und Rosenkohl.

sundheit sorgen sich selbst versamende Ringelblumen, Tagetes und Kapuzinerkresse. Nehmen die Blumen an einem Ort zu viel Platz ein, werden sie entfernt.

Beispiel einer Fruchtfolge auf einem Gartenbeet: Im frühen Frühling erstelle ich drei parallele Erdwälle und besäe sie südseitig mit Spinat. Nach den Eisheiligen, Mitte Mai, stecke ich Kartoffeln in die Wälle. Sie werden gut mit Mulchmaterial abgedeckt, zum Beispiel mit Wasser- oder Wasserrandpflanzen und Rasenschnitt. Schon im Juni erntet man den Spinat und im Frühherbst die Kartoffeln. Nach der Kartoffelernte ebne ich die Beete ein und stecke drei Kefenreihen. Diese Leguminosen durchwurzeln den Boden noch im Spätherbst und kommen im zeitigen Frühling zum Blühen. Die feinen Kefen werden Ende Juni geerntet und an ihrer Stelle folgen drei Reihen junger Zuckerhutsetzlinge. Dazwischen stecke ich zwei Reihen Winterzwiebeln im Abstand vom 20 Zentimeter. Im Frühling, wenn der Zuckerhut abgeerntet ist, setzte ich jungen Winterlauch zwischen die Zwiebeln und säe Karottenreihen zwischen die Lauch- und Zwiebelreihen. Im Sommer werden die Zwiebeln geerntet. Dadurch bekommt der Lauch mehr Raum, um heranzuwachsen. Gleichzeitig bekommt er etwas Kompost als Düngung und Winterschutz. Im Herbst, wenn die Karotten abgeerntet sind, erfolgt eine Einsaat von Feldsalat zwischen die Lauchreihen usw. Mit dieser Anbautechnik ist der Boden nie unbedeckt und ungeschützt Wetter, Wind und Niederschlägen preisgegeben.

Winterharte im Freien: Einige wenige Gemüse trotzen ohne besondere Schutzmaßnahmen Schnee, Frost und Eis. Im Gegenteil, erst eine gewisse Kälte lässt sie voll ausreifen und macht sie bekömmlicher. Diese ganz Harten sind Rosenkohl, vitaminreicher Federkohl (Grünkohl) und blaugrüner Winterlauch. Diese Setzlinge werden im Frühsommer in einen gut gedüngten Boden gepflanzt und wachsen dann in den Sommermonaten – am besten unter einem Schutznetz gegen Kohlweißlinge und Lauchmotten – kräftig heran. Der blaugrüne Winterlauch erhält im Herbst eine Lage von Mulchmaterial und etwas Kompost als Kälteschutz. Diese Schutzschicht erleichtert auch die Ernte bei gefrorenem Boden. Roten Radicchio säe ich im Hochsommer. Die rotvioletten, knackigen, bitterherben Blätter bereichern im Winter unsere Salatplatte als bunte Farbtupfer. Die Sorte «Palla Rossa» wird im Frühwinter geerntet, während die Sorte «Roter von Verona» im frühen Frühling, oft noch unter dem Schnee, feste, knackige rote Köpfe liefert. Die Salatpalette können wir auch mit «Grumola verde», «Castelfranco» oder dem robusten, frostunempfindlichen «Bubikopf» bereichern.

Alle diese Sorten können noch im Sommer ausgesät werden. Oft lasse ich auch Karotten im Winter draußen und bin immer wieder überrascht, wie gut die an frostfreien Tagen geernteten Karotten schmecken.

Dauerversamung: Von Feldsalat, Portulak, Rotem Spinat (auch Roter Meier genannt), Rucola und einigen weiteren Arten lasse ich immer einige Pflanzen stehen und sich selber versamen. Sie keimen zum richtigen Zeitpunkt und so ist es möglich, während der Winter- und Frühlingsmonate die ansonsten eher dürftige Salatspeisekarte mit diesen harten, ausdauernden Pflanzen zu ergänzen.

Pflanzen zweijährig gezogen: Mangold ließ ich während des Winters sowohl draußen als auch im Gewächshaus stehen. Im Gewächshaus wuchs er zu kräftigen kleinen Stämmchen heran und wir konnten so laufend kleinere Mangoldblätter ernten. Als der Schnee weg war und es wärmer wurde, bildete der Stamm im Freien neue knackige Blätter.

Aus dem Folientunnel: Nach der Ernte von Spinat, Erbsen, Radieschen und Frühlingskopfsalat werden Beete für die Winterversorgung frei. Verschiedene Salate wie Zuckerhut, Winterendivie, Chinakohl, mehrjähriger Rucola und Feldsalat kann man selbst unter einer Schneedecke ernten, sofern sie geschützt sind. Man pflanzt beziehungsweise sät sie im Spätsommer. Sie wachsen dann zu kräftigen Exemplaren heran. Bevor die ersten starken Fröste und Schneefälle auftreten, werden sie zugedeckt. Feldsalat und flache Salate wie Endivie werden mit einem Vlies bedeckt. Da Endivie gerne fault, muss er hin und wieder kontrolliert werden. Noch besser schützt man ihn mit einer Strohunterlage. Die höher wachsenden Salate wie Zuckerhut und mehrjähriger Rucola sowie die Kraussalate mit ihren dicht gefüllten Köpfen wie der Friseé oder Azura und Chinakohl erhalten als Schutz einen Folientunnel. Alternativ kann der Zuckerhut aber auch mit den Wurzeln ausgegraben und dann in Zeitungspapier eingewickelt werden. So bleibt er kühl gelagert längere Zeit frisch.

Zuckerhutsalat wird im Winter durch ein Folienzelt geschützt. Bei Sonnenschein ist das Folienzelt offen und bei Schnee und Kälte geschlossen.

Zweijährig gezogener Krautstiel schenkt im Frühling frisches Grün.

Der winterfeste Klassiker für Septembersaaten ist der Feldsalat. Er wird Ende August/Anfang September breitwürfig ausgesät und mit dem Rechen festgeklopft. Da es im September oft stabile Schönwetterlagen gibt, gießt man die Saat häufig oder deckt das Beet mit feuchten Säcken ab, damit die Saat rasch keimt. Der vollherzige, dunkelgrüne Feldsalat wächst besonders schnell und bringt von November bis März eine gute Ernte.

Dauerernte aus dem unbeheizten Gewächshaus: Das unbeheizte Gewächshaus ist in unseren Breiten eine ausgezeichnete Hilfe für die ganzjährige Grünversorgung. Wer glücklicher Besitzer eines kühlen Glashauses ist, hat vor allem während der Wintermonate einen großen Nutzen davon. Im Winter werden die abgeernteten Tomaten- und Gurkenbeete mit Feldsalat, Winterportulak, Kubaspinat, Barbarakraut, Winterendivie und Spinat bepflanzt. So kann man jederzeit frischen Salat ernten oder sich die erfrischend säuerlichen Blättchen des Winterportulak auf sein Käsebrot legen. Schon im Februar können die ersten Kopfsalate, Kohlrabi, Radieschen und Kresse ausgesät werden.

Im unbeheizten Gewächshaus überwintert auch mein Zitronenbäumchen. Von ihm gibt es dauernd Früchte zu ernten. Sein Nachbar, der im Sommer stark herangewachsene Andenbeerenstrauch (Physalis), steuert zusätzlich laufend frische gelbe Früchtchen bei. Die großen, pelzigen Kiwis erntete ich früher immer Ende Oktober. Nun habe ich entdeckt, dass man die Früchte hängen lassen und sie bis Ende März ernten kann. Bedingung ist, dass die Temperatur im Gewächshaus nicht unter null Grad Celsius fällt.

Die Neuen aus Fernost: Aus China und Japan sind in den letzten Jahren einige recht kälteverträgliche, vitaminreiche Salate und Gemüse nach Europa gekommen: Pak Choi, Mizuna, Mibuna und der Japanische Senfkohl sind vor allem für den Wok geeignet. Sie bereichern zusammen mit Lauchzwiebeln und Rettichen

Die zweijährig gezogenen Andenbeeren aus dem unbeheizten Gewächshaus schenken im Winter frische Vitamine.

unsere Salat- und Gemüsepalette im Winter. Sie produzieren in kurzer Zeit viel gesunde Grünmasse. Im August gesät, reicht die Zeit noch für eine Ernte im November und Dezember. In meinen doppelwandigen Solarbeeten (geeignet wären auch im Boden versenkte Frühbeete) gelingt es noch bis in den Winter hinein, diese «Fernostsalate» zu ernten.

Lagergemüse: Wurzelgemüse wie Karotten, Sellerie, Randen und Winterrettiche ernte ich im Spätherbst, bevor die ersten Fröste auftreten. Ich lagere sie im Treibhausanbau, dessen Naturboden ich mit einer zehn Zentimeter dicken Sandschicht abgedeckt habe. So gelagert, bleiben sie einige Monate frisch und knackig. Sie dürfen jedoch nicht zusammen mit Obst gelagert werden. Ende Mai werden Karotten, Winterrettich und Rote Bete gesät und die Selleriesetzlinge gepflanzt. Karotten plant man am besten in Mischkultur mit Lauch, Sellerie dagegen wird im Wechsel mit Rosenkohl und Weißkohl angebaut. Diese Starkzehrer lieben einen gut mit Kompost versorgten Boden. Eine andere Möglichkeit ist, die Wurzelgemüse in einem selbst gebauten Erdkeller zu lagern. Sofern die frisch geernteten Äpfel nicht sofort verzehrt werden, lagere ich sie schichtweise in Styroporkisten. Diese stehen im Freien unter dem Balkon. Trotz großer Kälte im Winter blieben die Früchte bis in den März essbar.

Eine kräftige Kürbissuppe im Winter: Wenn es draußen stürmt und schneit, ist eine würzige, kräftige Kürbissuppe ein ganz besonderer Genuss. Aus der großen Fülle der orangefarbenen Kugeln haben sich der kräftig rankende «Muscade de Provence» mit fünf bis zehn Kilogramm schweren Früchten, der schmackhafte «Baby Baer» mit 12 bis 15 Zentimeter großen Früchten und der Hokkaidokürbis gut bewährt. Ich schätze vor allem den birnenförmigen «Butternut». Dieser eher weiß gefärbte Kürbis hat ein herrlich festes, oranges Fleisch. In normal geheizten Räumen halten sich die Kürbisse bis in den Frühling, sie sind also bestens dafür

In den Styroporkisten geschützt unter dem Balkon halten sich Äpfel bis ins Frühjahr.

Gut gelagert halten Kürbisse bis ins Frühjahr.

geeignet, die Winterzeit zu bereichern. Die Setzlinge werden Anfang Mai aus selbst geernteten Samen gezogen und nach den Eisheiligen in kompostreiche Erde oder auf Hügelbeete ins Freie gepflanzt. Gerne pflanze ich auch «die drei Schwestern» der Inkas an (siehe Seite 34), eine Kombination von Mais, Bohnen und Kürbissen.

Weiße Zichorien im Hochwinter: Zichorien (Chicorée, Brüsseler) sind sehr robust und machen während der Anbauzeit kaum Arbeit. Chicorée wird im Mai gesät und wächst ähnlich wie Löwenzahn heran. Die dicken, kräftigen Wurzeln werden im Herbst ausgestochen, auf etwa 30 Zentimeter eingekürzt und die Blätter zwei Zentimeter oberhalb des Schafts abgeschnitten. Die Wurzeln werden kühl gelagert und bei Bedarf dicht gedrängt in 30 bis 40 Zentimeter hohe Gefäße oder in einen Müllsack gesetzt. Die Zwischenräume werden mit sandiger Erde oder Rindenhumus gefüllt und eingegossen. Dann stellt man die Gefäße in einen dunklen, wärmeren (zehn bis 15 Grad Celsius) Raum. Nach zwei bis drei Wochen wachsen kräftige, weissgelbe Zapfen. Bei einem anderen Verfahren stellt man die Wurzeln in Wannen mit fünf Zentimeter Wasser. Aus jeder Wurzel gibt es zwei Ernten, zuerst eine kräftige und nach dem Schnitt noch eine zweite, schwächere. Mit dem gleichen Verfahren kann man aus Löwenzahnwurzeln einen leicht bitteren, hellgelben Salat heranziehen. Chicorées lassen sich nicht nur als Dipp und Salat, sondern auch als Gemüse zubereiten und sind reich an Vitaminen.

Die Wärmeliebenden von der Fensterbank: Das Wohnen auf 800 Meter Höhe hat im Spätherbst und Winter auch Vorteile. Wenn unten der Nebel liegt und oben die Sonne strahlt, sind die Südfenster kleine, warme «Treibhäuschen». Viele Heil-, Würz- und Küchenkräuter, ja selbst Peperoncinis ziehe ich drinnen auf der Fensterbank. Peperoncinis halte ich zwei- bis dreijährig in Töpfen. Im Sommer stehen sie draußen und im Winter erhalten sie einen sonnigen Fensterplatz im Haus. Dies gelingt allerdings

Zichorien lassen sich im Winter im Keller heranziehen.

nur an einem sehr hellen, südexponierten Fenster. Schnittlauch oder Petersilie kann man im Februar an einem frostfreien Tag im Garten ausstechen und dann in Töpfe setzen. Auf einer warmen, hellen Fensterbank platziert, treiben sie bald frisches Grün.

Schnelle vitaminreiche Keimlinge: Jederzeit kann man aus Samen rasch vitamin- und mineralstoffreiche Keimsprossen heranziehen. Wir verwenden sie als würzige Salatbeigabe, Brotbelag oder kurz gebraten als Pfannengericht im Wok. Die Keimlinge können aus verschiedensten Samen gezogen werden. Als schmackhafte Salatbeilage eignen sich Soja-, Kresse-, Dinkel-, Weizen-, Rettich-, Rauke-, Senf-, Alfalfa-, Bockshornklee- und Radieschensamen sowie Kichererbsen, Mungobohnen, Linsen und Sonnenblumenkerne. Man zieht sie auf durchfeuchtetem Krepppapier im Suppenteller oder besser mithilfe einer Keimbox an. Auf dem Markt findet man Keimgeräte aus Kunststoff oder Ton mit ein bis drei Etagen. Nach wenigen Tagen können die Keimlinge geerntet werden. Ich schneide sie, wenn sie etwa fünf Zentimeter hoch sind.

Zwei ganz Besondere: Der Topinambur erinnert mit seinen Blüten an Sonnenblumensterne. Neben dem herrlichen Schmuck besitzt er kräftige, verzweigte Wurzelknollen, die man mitten im Winter ausstechen und dann als Salat oder Gemüse verwenden kann. Die sehr harte Pflanze vermehrt man über die verzweigten Wurzelknollen. Selbst kleine Wurzelstücke schlagen aus und wachsen während des Sommers zu kräftigen Pflanzen heran.

Ähnlich winterhart sind die in den letzten Jahren in Vergessenheit geratenen, rübenartigen Pastinaken oder Hammelmöhren. Man sät das Wurzelgemüse im Frühling in einen tiefgründigen, lockeren, humosen Boden. Wie bei vielen Doldenblütlern wachsen die weißen Rüben langsam heran. Ab Spätherbst gräbt man sie bei Bedarf aus. Dieses Verfahren hat sich besser bewährt, als die Pastinaken im Keller einschrumpeln zu lassen.

Dörrfrüchte: Alles, was im Überfluss anfällt, wie Äpfel, Birnen, Zwetschgen, Kiwis oder Cranberrys, wird in unserem Haushalt getrocknet und steht jederzeit als Snack bereit. Manches kann bei warmem Sonnenschein direkt auf schwarzen Kochblechen ausgelegt und sonnengetrocknet werden. Allerdings fällt eine Vielzahl an Früchten erst im Spätherbst an. Dann ist ein elektrisch betriebener Dörrapparat notwendig. Möchte man jedoch auf elektrische Geräte verzichten und besitzt man genügend handwerkliches Geschick, so besteht die Möglichkeit, sich in Kursen das notwendige Know-how anzueignen, um einen eigenen Dörrapparat zu bauen.

Aus dem Tiefkühler: Das Überwintern im Tiefkühler ist energieaufwändig, aber Früchte und Gemüse bleiben knackig frisch. Erd-, Johannis-, Stachel-, Brom- und Heidelbeeren portionieren wir für den Frischverzehr oder für Konfitüren in Halbliter- oder Literbeutel . Auch Erbsen packen wir in solchen Portionen ab. Für Suppen oder andere Gerichte schneiden wir Kürbisse in Würfel und packen sie ab.

3ohnen, Butternut-
<irbisse, getrocknete
Chilis und Dinkel berei-
chern die Mahlzeiten
m Winter.

=ällt reichlich Obst an,
dann wird es gedörrt:
hier Äpfel, Birnen,
Minikiwis und Cran-
berries.

Alles fliesst

R

Wenn ich auf das vergangene Gartenjahr zurückblicke, durchströmt mich häufig eine tiefe Dankbarkeit. Vielerlei ist mir gut gelungen: Die Erdbeerernte war reichlich, die staffelweise gesetzten Salate haben uns monatelang mit knackigem Grün versorgt und die Zwiebel-Lauch-Karotten-Mischkultur schenkte uns bis in den Spätwinter herrliches Wurzelgemüse. Andererseits gab es auch schlechtere Ernten, beispielsweise zu wenig und zu kleine Kartoffeln. Lag es am schlechten, feuchten Wetter oder versorgte ich sie nicht ausreichend mit Kompost? Demzufolge werde ich nächstes Jahr mehr Kompost ausbringen und im Frühjahr vielleicht ein Folienzelt über der Kartoffelkultur legen.

Es gibt aber auch andere Problembereiche. Ich werde älter, bin schon deutlich über 70 Jahre alt. Wie lange kann ich noch auf dem Dach und den Hauswänden herumklettern, um den wüchsigen Efeu zurückzuschneiden? Ähnliche Gedanken tauchen auch beim Ernten und Schneiden meiner Hochstammapfelbäume auf. Muss ich den Efeu von den Wänden entfernen und soll ich meine Hochstämmer durch Spalierbäume ersetzen? Wohnen kleine Kinder auf dem Gelände? Hat man aufgrund Arbeitsüberlastung zu wenig Zeit für die Gartenarbeiten oder wird man älter und damit sturzgefährdeter? Diesen sich ändernden Umständen muss man seine Planungen immer wieder anpassen.

Vor allem in den Wintermonaten tauchen häufig neue Projektideen auf, die man ins Grundgerippe seiner Planungen einfließen lassen kann. Soll man neue Lebensräume für Tiere schaffen, also mehr Altholz im Garten aufschichten? Oder soll ein neues ertragreiches Hoch- oder Hügelbeet erstellt werden? Was hat sich nicht bewährt? Wo muss ich ergänzen oder sogar Elemente ändern? Es lockt mich, mit neuen Pflanzen zu experimentieren, beispielsweise spezielle Pilze, Indianaerbananen, Feigen, Artischocken, Reis, verschiedene Peperoncinisorten und Pepinos.

Im Permakulturgarten wird uns immer wieder bewusst, dass alles fließt, sich alles verändert, also eine natürliche Sukzession stattfindet. Wollen wir dies annehmen? Wollen wir annehmen, dass der Teich langsam verlandet oder wollen wir dies durch das Entfernen von Schlamm- und Wasserrandpflanzen verhindern? Bei uns taucht

Wie viel Urwald erträgt man im Gewächshaus?

auch immer wieder die Frage auf, wie viel Urwald wollen wir im Garten und im Gewächshaus? Ich ertrage sehr viel davon, meine Frau bedeutend weniger. Hier gilt es dann Kompromisse zu finden.

Unsere Gedanken, Wünsche, Anregungen und Träume halten wir mit Zetteln auf einer Pinwand fest. In der ruhigen Winterzeit kann man das Dafür oder Dagegen abwägen und entscheiden, was im kommenden Jahr neu erstellt werden soll.

Der produktive Waldrandgarten

Kurt Forster

Biotopübergänge, also der Waldrand als Übergang vom Wald ins offene Gelände oder der Wasserrand als Übergang vom Wasser zum Land, sind äußerst produktive, vielfältige, artenreiche Zonen. Deshalb plant man in der Permakultur solche Bereiche und versucht sie durch Schleifenformen zu verlängern und zu vergrößern.

PERMAKULTURGRUNDSÄTZE

1. Von der Natur lernen
2. Vielfalt ermöglichen
7. Kooperation und Integration fördern

T

Kinderträume

Schon als Kinder haben wir entlang von Waldrändern Beeren gesucht. Wir sammelten herrliche schwarze Brombeeren, vereinzelt Himbeeren und am Boden fanden wir kleine, sehr schmackhafte Walderdbeeren. Die Mutter pflückte Holunder für gesunde Konfitüren. Manchmal fanden wir sogar ein paar Pilze. Diese Kindheitserinnerungen inspirierten mich, in unserem Garten einen kleinen Waldrandgarten nachzuahmen.

Entdecken der Waldrandeigenheiten

E

Vor allem bei südlich exponierten Waldrändern beobachtet man, wie schnell der Schnee wegschmilzt und wie rasch schon im frühesten Frühling Schlüsselblumen und Veilchen erblühen. Dieses schützende Mikroklima ermöglicht den Anbau von wärmeliebenden Pflanzen, die sonst in solcher Höhe nicht angepflanzt werden könnten. Waldrandböden sind locker, humos, schwammartig, braun, duftend – also für den Anbau von Beeren ausgezeichnet geeignet.

Eine weitere Anregung erhielt ich vom Ökogärtner Hermann Benjes. Er schuf aus Schnittholz drei bis vier Meter breite und etwa einen Meter hohe Wälle. Diese Gestrüppbarrieren tragen dazu bei, den Boden aufzubereiten, und sind bevorzugte Wohnorte für Vögel und Igel. Durch den Vogelkot wird schrittweise eine Wildhecke angesät.

Eine Benjeshecke aus Schnittholz bietet Lebensraum für viele Tiere.

E

Das Entwickeln der artenreichen Schutzzone

Eine solch vielfältige Waldrandzone versuchte ich im Garten nachzubilden. Ich wollte auf wenig Fläche eine möglichst große Pflanzenvielfalt und einen hohen Ertrag an Beeren erzielen. Am Nordrand meines Geländes führt eine Straße vorbei. Dort ließ ich einen 1,5 Meter hohen Erdwall aufschütten, den ich mit Heckensträuchern bepflanzte. Er bietet Schutz gegen bissig-kalte Nordwinde sowie gegen Lärm und Abgase aus dem Straßenverkehr.

Ursprünglich hatte ich diesen Wall mit Berberitzen bepflanzt, empfand diese aber bald als naturfremd. Deshalb entfernte ich die Berberitzen und reicherte den Wall schrittweise mit einheimischen Heckenpflanzen an: mit Schwarzdorn, Weißdorn, Schlehe, Pfaffenhütchen, Haselnuss, Stechpalmen, Liguster und Wildrosen. Zusätzlich legte ich zwischen den Sträuchern eine Benjeshecke aus Abfallholz und Baumschnitt an. Durch den Kot von Vögeln siedelten sich Holunder und weitere Heckenpflanzen an. So entstand schrittweise ein dichter, undurchdringlicher Dschungel, ein von Vögeln bevorzugter Ort.

Holunder siedelt sich von selbst an.

WINDSCHUTZ UND BEERENVORLIEBEN

P

Zu planen gab es beim Waldrandgarten wenig. Der gestaffelte Aufbau war gegeben, das heißt, je südlicher auf dem Grundstück die Pflanzen wachsen, desto niedriger müssen sie sein, damit die dahinter liegenden ausreichend Licht bekommen. Ebenso selbstverständlich war die Lage: Der dichte Waldrandgarten sollte im Norden des Grundstücks liegen, um es vor kalten Winden und Straßenlärm zu schützen. Die Auswahl der einzelnen Beerenarten und deren Anzahl hängen natürlich stark von den Vorlieben der Grundstücksbewohner ab. Um unseren Zweipersonenhaushalt ausreichend mit frischen Beeren und Konfitüren zu versorgen, pflanzten wir neben einem Erdbeerbeet von fünf Meter auf 1,2 Meter, je eine Himbeer- und Brombeerhecke von fünf Metern Länge, drei Rote-Johannisbeer-, zwei Stachelbeer-, zwei Schwarze Johannisbeer- und zwei Jostabeersträucher.

U

Waldboden für gesunde Beeren

Waldbodenaufbereitung

Waldböden sind ein geheimnisvolles Zusammenspiel von pulsierendem Leben. Der Organismus Boden ist ein Puzzle, eine Vernetzung von Produzenten, Konsumenten und Reduzenten (auch Destruenten genannt), er wächst stetig und entwickelt sich weiter (natürliche Sukzession). Diese Böden sind humos, fruchtbar, weich und federnd. In «aufgeräumten» Wäldern dagegen wird kaum neuer Humus aufgebaut. Für all die kleinen bodenaufbauenden Lebewesen ist eine Nahrungsversorgung mit Blättern, Tannennadeln, heruntergefallenen Ästen und abgestorbenem Baummaterial überlebenswichtig. Aus diesem Material bildet sich im Laufe der Jahre herrlich duftender Waldboden. Dieser Standort wird von vielen Beerenarten geliebt. In naturnahen Wäldern sind die Waldränder fast undurchdringlich dicht.

Planung des Beerengartens am Waldrand

Der Waldboden ist das Vorbild.

Ich wollte aus meinem aufgeschütteten, harten Lehmboden für meine Beerenkulturen solch einen schwammartigen, lockeren, humosen, leicht sauren Waldboden aufbereiten. Biotopgerechte Bodennachbildung hat mich schon immer fasziniert und mir tiefe Freude geschenkt. Dazu brachte ich auf meinen ursprünglich harten Lehmboden reichlich Häckselmaterial, gut gelagerten Kompost, Tannennandeln und Laub aus, um die Eigenschaften solch eines humosen Waldbodens nachzubilden. Um all die abbauenden Mikroorganismen in meinem Garten anzusiedeln, brachte ich auch etwas Waldbodenerde aus.

Gestaffelter Ertrag gesunder Beeren

Leckere bunte Beeren liebt jedermann, ob direkt vom Busch genascht, gekocht als Konfitüre oder frisch beziehungsweise getrocknet im Birchermüsli. Beeren sind vitaminreich, sie gelten als cholesterinsenkend, krebshemmend und die Immunkraft stärkend sowie blutdrucksenkend. Dies sind überzeugende Gründe dafür, einen vielseitigen Beerengarten anzulegen. Zwischen dem Heckenwall pflanzte ich noch einige Tannen und südlich davor zwei Maronenbäume und eine Indianerbanane. Davor liegt eine hohe Himbeerreihe, dann folgen Rote Johannisbeeren, Schwarze Johannisbeeren und Jostabeeren, darunter setzte ich Erdbeeren, zwischen die ich Zwiebeln und Knoblauch steckte. Denn Rosen- und Liliengewächse fördern sich gegenseitig.

Himbeeren schmecken frisch vom Busch, aber auch gekocht oder getrocknet.

Holunder in der Benjeshecke

Der Schöpfer der Benjeshecke, Hermann Benjes, vertritt die Ansicht, es sei Frevel, Gehölzschnitt mit hohem Energie- und Personaleinsatz zu verschreddern. Man solle am besten das Schnittholz liegen lassen, nach der Devise: «Die Vögel kommen und scheißen sich ihre Hecke zusammen». Tatsächlich habe ich nie Holunder gepflanzt und doch wuchsen in meinem Walddschungel zwei solcher Bäume heran. Wahrscheinlich wurden sie durch Vogelkot an den richtigen Standort geschmuggelt. Sie wuchsen südlich zwischen den Tannen schnell heran und liefern heute reichlich Beeren für Holunderkonfitüre.

Maronen auf 800 Metern Höhe

Eine ehemalige Schülerin schenkte mir vor einigen Jahren ein kleines, 20 Zentimeter hohes Maronenbäumchen. Was sollte ich damit, war meine erste Reaktion. Ebenso schnell wusste ich, dass es einen Versuch wert war. Das Maronenbäumchen benötigt natürlich ein besonderes Mikroklima, um an meinem Wohnort auf 800 Metern Höhe gedeihen zu können. Also pflanzte ich es an den Südhang vor die schützende, dichte Wildhecke. In dieser Südwaldrandexposition wuchs es kräftig heran. Heute, nach etwa zehn Jahren, ist es gut vier Meter hoch und trägt die ersten Maronen. Diese Ernte erfüllt mich mit tiefer Freude. Um den Ertrag zu steigern, pflanzte ich später als Querbestäuber noch ein zweites Maronenbäumchen daneben.

Am Südhang wächst der Maronenbaum.

Tropisches Feeling

Immer wieder lockte es mich, Neues auszuprobieren. In einem Prospekt las ich von der Indianerbanane (oder Dreilappige Papau, *Asimina triloba*). Es sind Bäume mit avocadoähnlichen Früchten, deren Geschmack zwischen Mango und Bananen liegen soll. Ich kaufte ein knapp ein Meter hohes Bäumchen und pflanzte es im Frühling ein. Drei, vier Jahre lang wuchs es ohne Früchte heran. War es ein Fehlkauf? Aber oh Wunder, ab dem fünften Jahr trug es verführerische Früchte – und dies im kühlen Klima auf der Höhe. Erstaunlich, was durch eine geschützte Südhanglage alles möglich ist!

Nach sechs Jahren war das Indianerbananenbäumchen 1,5 Meter groß.

Die avocadoähnlichen Früchte der Indianerbanane schmecken leicht mangoähnlich.

Parasolpilze?

Ich habe auf meiner Waldrandparzelle nie Pilzsporen ausgebracht. Trotzdem erschienen dort einige Parasolpilze – wie ich glaubte. Sie entpuppten sich dann aber als Safran-Schirmlinge (*Macrolepiota rachodes*). War das Biotop besonders gut geeignet und hat der Wind Pilzsporen hergeweht oder hatte ich mit der ausgebrachten Waldranderde solche Sporen nach Hause gebracht? Ich weiß es nicht, aber es war eine große Freude, eigene Pilze zu ernten. Es zeigte sich, dass sich in einer solchen Lebensvielfalt neue Symbiosen und Verflechtungen entwickeln können. Eine weitere Möglichkeit, zu eigenen Pilzen zu kommen, besteht darin, die Walderde mit Austernpilz- oder Kulturträuschlingmyzel zu impfen. Und vielleicht lässt sich sogar das Geheimnis der Pfifferlings- oder Steinpilzzucht entdecken.

Intensives Frühlingserwachen dank Veilchen und Primeln

Zum Teil wohl durch zugetragenen Samen aus dem nahen Wald oder unserem Garten haben sich unter den Beerensträuchern auch Schlüsselblumen, Buschwindröschen, Primeln und Veilchen angesiedelt. Dank ihnen erleben wir in unserem Waldrandgarten immer ein besonders wundervolles, buntes Frühlingserwachen. Es ist dadurch ein Wohlfühlort entstanden, ein Platz, wo man gerne Beeren pflückt und sich dabei entspannt.

Tierfreundlicher Lebensraum: Vielfalt anstelle aufgeräumter Monokultur

Im Frühling singt und zwitschert es in meinem Waldrandgarten. Vor allem in den Efeupolstern, die sich an den Tannen emporwinden, fühlen sich die Vögel wohl. Die schädlingsbekämpfenden Meisen nisten hier besonders gern. Unter den Tannen, in den dichten Altholzhaufen liegt auch der geschützte Wohnort einer Igelfamilie. Sie sorgt für das Entfernen schleimiger Nacktschnecken in meinem Gemüsegarten.

Kaum Bodenbearbeitung – wenig Schnitt

Weder Umgraben noch Bodenlockerung sind im Waldrandbiotop notwendig. Mit jedem Jahr wird der Boden lockerer, humoser und waldartiger durch herunterfallende Tannennadeln, Blätter und abgestorbene Pflanzen. Im Spätherbst bringe ich zusätzlich etwas Häckselmaterial, Mulch und ein wenig Kompost aus. Sollte sich etwas Unerwünschtes eingeschlichen haben, so entferne ich es. Zudem schneide ich dann ein paar der ältesten Johannisbeer- oder Jostabeerenäste heraus und stutze die Hecke etwas zurück.

Selbst gezogene Shiitake-Pilze sind eine gesunde und schmackhafte Ergänzung unserer Mahlzeiten.

R Mit Tieren teilen

Mein Waldrandgarten funktioniert schon seit Jahren sehr gut. Ein Problem ist die vielfältige Vogelpopulation, die sich in der dichten Vegetation wohlfühlt und sich zunehmend an den Beeren gütlich tut. Anfangs waren nur Trauben und Heidelbeeren gefährdet, zunehmend vergreifen sich, vor allem Amseln, auch an Johannis- und Erdbeeren. Sie mit Netzen zu schützen ist schwierig und mir auch unsympathisch.

Dann taucht auch die Frage auf, mit welchen weiteren Beerenarten ich den Waldrandgarten noch bereichern könnte. Sehr gerne würde ich neben den Haselstrauch Walnussbäume anpflanzen. Leider ist die vorhandene Fläche zu klein. Ferner überlege ich, ob ich meine Pilzzucht ganz oder teilweise in den Waldrandgarten verlegen soll.

Stapeln von Kulturen im Waldrandgarten: Südlich unter dem Maronenbaum gedeihen Himbeeren.

Wasser im Hausgarten

Kurt Forster

In der Permakultur hat der Umgang mit den Wasserressourcen einen sehr hohen Stellenwert, denn Wasser ist die Grundlagen allen Lebens. Der neunte Permakulturgrundsatz zielt ganz auf einen sorgfältigen Umgang mit Wasser ab: Das gesamte auf das Grundstück fallende Wasser soll aufgefangen, möglichst weit oben gespeichert und vielseitig verwendet werden. Wenn es wegfließt, muss es sauber sein.

PERMAKULTURGRUNDSÄTZE

9. Wasser effizient nutzen
8. Positive und kreative Lösungen suchen
5. Energie effizient nutzen
2. Vielfalt ermöglichen

VERBOT

Der Traum von der eigenen Wasserlandschaft

In Schaffhausen am Rhein geboren und aufgewachsen, hatte ich immer eine intensive Beziehung zum Wasser. Ich wurde Fischer, Schwimmer, Aquarianer und Taucher. Am liebsten hätte ich am Ufer eines Gewässers gewohnt. Aus finanziellen Gründen und weil solche Bauplätze nicht verfügbar waren, musste ich diesen Traum begraben. Umso intensiver wurde jedoch der Wunsch, im eigenen Garten eine kleine Wasserlandschaft zu gestalten. Ich wollte Biotope für Amphibien und Libellen schaffen, eigene Fische aufziehen und vor allem sollte ein Entspannungsort an einem geheimnisvollen Teich mit leuchtenden Seerosen entstehen.

Aus diesen Träumen entwickelte ich folgende konkrete Ziele:

- Auffangen und Speichern sämtlichen auf das Gelände fallenden Niederschlagswassers, um auch in Trockenzeiten eine möglichst langfristige Wasserversorgung des Gemüse- und Beerengartens sowie der Obstbäume zu ermöglichen und einen hohen Grad an Wasserretention auf dem ganzen Gelände zu erreichen
- Schaffung vielfältiger Lebensräume für die schneckenfressenden Amphibien (Grasfrösche, Erdkröten, Bergmolche usw.)
- Gewinnung von Wasserpflanzen und Wasserrandpflanzen als Mulch und teilweise als Nahrungsmittel
- Gewinnung fruchtbaren Teichschlamms zum Düngen der Gemüse- und Hügelbeete
- Lebensraum für Fische
- Anlegen eines wundervollen, romantischen Teichs mit Seerosen, Wasserschwertlilien usw.
- Der Teich soll im Winter Licht ins Gewächshaus spiegeln.
- Aufbau mehrerer Nahrungsketten mit Wasserflöhen, Wasserschnecken, Libellen usw.
- Schaffung eines Kreislaufsystems: kleines Bächlein rund um die Gewürzspirale, einzelne Becken mit essbaren Wasserrandpflanzen bestücken, die dem Teichwasser Nährstoffe entziehen.
- Einbettung einer Gewürzspirale in das Gesamtwassersystem

Auf der Insel La Gomera sind Wasserspeicher überlebenswichtig.

DAS GELÄNDE ENTDECKEN

E

Für eine Wasserlandschaft war mein Gelände eher ungeeignet. Es liegt erhöht an einem Hang und der aufgeschüttete Untergrund besteht teilweise aus einem Gemisch aus Erde, Sand und Bauschutt. Ebene Flächen sind nur beschränkt verfügbar und es steht weder eine Quelle, noch Grundwasser zur Verfügung.

MÖGLICHKEITEN FÜR DAS BAUEN ERKUNDEN

E

Jetzt galt es, all die verschiedenen Möglichkeiten für die Bauart meiner Wasserlandschaft zu eruieren.

Um Kleingewässer abzudichten, gibt es folgende Möglichkeiten:

- Mit Klopftechnik erstellter «Lehmteich»: Dieses Verfahren machte vor allem der österreichische Permakulturist Sepp Holzer bekannt. Es ist das natürlichste und gleichzeitig günstigste Verfahren. Es ist gut geeignet, wenn der Boden lehmhaltig ist und genügend Wasser zur Verfügung steht, zum Beispiel eine Quelle vorhanden ist. Zuerst wird die Erde ausgehoben, dann wird der Untergrund mit Schaufel oder Bagger festgeklopft. Diese Teiche verlieren leicht Wasser und wenn es länger trocken ist, können Risse in den Lehmwänden entstehen. Zudem werden so erstellte Gewässer durch die Tonminerale sehr nährstoffreich und es besteht die Gefahr, dass sie rasch veralgen.

- Abdichtung mit Folie: Mit einer Folienabdichtung erreicht man einen optimalen Wasserrückhalt. Dabei werden zunächst der Boden ausgehoben und spitze Gegenstände entfernt, dann wird ein Mäusegitter ausgelegt und mit einer Sandschicht von fünf bis zehn Zentimetern abgedeckt, darauf kommt ein Vlies und am Schluss wird die Folie ausgelegt, zugeschnitten und verschweißt. Es ist darauf zu achten, dass die Folie eine gute Qualität besitzt und gerippt ist. Je billiger die Folie ist, desto schlechter ist in der Regel die Haltbarkeit und desto geringer ihre Reißfestigkeit.
- Betonteich: Bei dieser Technik wird ein Drahtgitter in die ausgehobene Grube gelegt und mit einer etwa fünf bis zehn Zentimeter dicken Betonschicht überstrichen. Bei unstabilem Gelände entstehen später gerne Risse in den Wänden. Zudem ist Beton nicht besonders umweltfreundlich, seine Herstellung verbraucht sehr viel Energie und er kann mit Schadstoffen belastet sein.
- Fertigbecken aus Kunststoff: Bei Fertigbecken ist die Form vorgegeben, beispielsweise eine Rechteck-, Nieren- oder Kreisform. Solche Becken sind vor allem für kleinere Teiche geeignet. Bevor das Becken in die Grube versenkt wird, sollte der Boden mit einer Sandschicht ausgekleidet und begradigt werden.
- Bentonit, Lehmplatten oder ähnliche Produkte: Dies sind meist lehmähnliche Produkte, die plattenweise ausgebracht werden und dann aufquellen. Preislich liegen diese Lösungen in der Nähe eines Folienweihers.

Welches Abdichtungsverfahren man wählt, hängt von folgenden Faktoren ab:

- Art des Untergrunds: lehmig oder eher sandig
- Lage im Gelände: feuchte Mulde oder erhöht und trocken gelegener Standort
- Wassermenge, die zur Verfügung steht: eigenes Quell- oder Grundwasser, kann Wasserverlust durch Versickerung toleriert werden?
- Geldsumme, die investiert werden soll

Aufgrund des lehmarmen, zum Teil zusätzlich mit Sand versehenen Bodens und der erhöhten Lage entschied ich mich, meine Gewässer mit Folie abzudichten.

Frisch verlegter Folienteich

WASSERPLANUNG

P

Zu Beginn meiner Wasserplanung stellte ich mir folgende Fragen:

- Wo kann ich Wasser auffangen (Quelle, Dachwasser, Grundwasser, Swales)?
- Wie will ich es leiten (mit Schläuchen, Bächlein, Wasserrinne)?
- Wo will ich es speichern (Kunststofftank, versenkte Wasserzisterne, Brunnen, Teiche, vernetztes Wassersystem)?
- Wohin will ich das Wasser verteilen (Tropfbewässerung für Gemüsebeete, in Schwammbeete, in die Teichlandschaft)?
- Kann es vorgewärmt und mit Nährstoffen angereichert werden (für Aquakultur durch das Fischbecken leiten)?
- Wie kann ich wasserspeichernde Retensionsböden aufbauen?
- Kann ich mithilfe von Swales und Terrassen Wasser zurückhalten?
- Wie kann ich eine romantische Teichlandschaft, ein Nützlingsbiotop oder sogar eine Aquaponik-Fischzucht aufbauen?
- Wohin kann bei Starkregenfällen das überschüssige Wasser abgeführt werden, damit es nicht zu Überschwemmungen oder zu Hangrutschungen kommt?

Lange habe ich die verschiedenen Möglichkeiten der Wasserführung und die Lage der Teiche auf meinem Gelände überdacht, aufgezeichnet und Vor- und Nachteile abgewogen. Da nur vor meinem Gewächshaus eine größere ebene Fläche zur Verfügung stand, war rasch klar, dass dort der Fischteich liegen musste. Diese Lage hat zudem den Vorteil, dass von seiner Eisfläche im Winter das wenige Sonnenlicht ins Gewächshaus gespiegelt wird. Der Fischweiher hat eine Fläche von sieben Meter auf vier Meter und eine Tiefe von 1,7 Metern. Die artenreiche Übergangszone vom Land zum Wasser sollte mithilfe von Einbuchtungen möglichst groß gestaltet werden.

Gemäß dem Permakulturgrundsatz 9 soll das gesamte Wasser, das auf das Grundstück fällt, aufgefangen und möglichst vielfältig verwendet werden. Das Regenwasser von Hausdach und Gewächshausdach wird aufgefangen und gelangt in Wasserspeicher und ins Teichsystem.

DAS WASSERSYSTEM ENTSTEHT

U

Grundlage für mein Wassersystem war, alles auf das Gelände fallende Nass zurückzuhalten, das heißt, das gesamte Dach-, Balkon- und Gewächshausdachwasser aufzufangen und in das Teichsystem oder in Speicherbehälter zu leiten. Das auf die Hänge regnende Wasser sollte mittels aufgemauerten Terrassenwegen parallel zum Hang «Swale-artig» für die Pflanzen zurückgehalten werden. Bäume und Sträucher an den gut gemulchten Hängen sollten den Boden zusätzlich vor Erosion schützen und das Wasser länger im Boden halten.

Wasser auffangen

An den Fallrohren des Hausdachs ließ ich Öffnungsklappen montieren, die von Hand geöffnet werden können. Über diese stülpte ich PET-Flaschen mit entferntem Boden und befestigte sie mit einem Draht. Der Flaschenhals wurde mit einem Schlauch verbunden. So kann ich das Dachwasser dorthin führen, wo es benötigt wird. Sind alle Speicher und Teiche gefüllt, werden die Klappen geschlossen. Das Regenwasser der erhöhten Nordseite des Hauses fließt in eine

Über die Abflussklappe gestülpte PET-Flasche mit Schlauchanschluss

Selbst gebautes Wasserauffangsystem mit Kunststoffspeicher

Wasserklärrinne hinter dem Gewächshaus, dann in einen kleinen Amphibienteich und anschließend durch eine zweite Wasserrrinne in den großen Fischteich.

Am Fallrohr auf der Südseite des Hauses sind zwei Klappen angebracht, eine davon auf dem Balkon. Dank dieser erhöhten Lage kann ich das Wasser dorthin leiten, wo es benötigt wird: Aufgrund der Schwerkraft fließt es in die Fischteiche. Die untere Klappe leitet das Wasser in einen Brunnentrog. Vom Gewächshausdach fließt das Regenwasser in einen 1000-Liter-Container im Gewächshaus.

Wasserretension an den Hängen

Auf ausgetrockneten Lehmböden fließt Wasser bereits nach kurzer Zeit ab. Deshalb ist die Aufbereitung schwammartiger Böden mit großem Humusanteil und hohem Speichervermögen sehr wichtig. Dies lässt sich durch häufiges Mulchen und eine Bepflanzung mit mehrjährigen Sträuchern und Bäumen erreichen.

Gemauerte Wege und gut gemulchter, dicht bepflanzter Boden halten das Wasser an den Hängen zurück.

An Hängen muss die Fließgeschwindigkeit des Wassers verlangsamt werden, damit es in den Boden eindringen kann und die Erosionswirkung vermindert wird. Dazu werden Sickergräben (Swales, siehe auch Seite 96) von etwa 30 Zentimeter Tiefe entlang der Höhenlinien angelegt. Ideal ist, wenn sie ein leichtes Gefälle von zwei bis drei Grad besitzen. Das wird durch aufgemauerte Terrassenwege erreicht. Sie ermöglichen einen leichten Zugang zu den Kulturen und halten gleichzeitig das Wasser zurück.

Meine Teichlandschaft

Das Wasser von der Nordseite des Dachs wird in einer Klärrinne um das Gewächshaus in einen kleinen Amphibienteich geführt und fließt anschließend in einem kleinen Bächlein in den größeren Fischteich. Dieser ist an der tiefsten Stelle etwa 1,7 Meter tief, die über fünf, etwa 30 Zentimeter hohe Stufen erreicht wird. Für Wasserrandpflanzen wie Schilf, Binsen, Seggen und Wasserschwertlilien ist eine Randzone von

30 Zentimeter Tiefe ideal. Nördlich des größten Fischteichs liegt eine Gewürzspirale, um die ein Klärbächlein in einem in Stufen aufgemauerten Bachbett fließt. Auf dem Balkon befindet sich ein Solarmodul, das den Strom für die Wasserpumpe liefert. Sie liegt an der tiefsten Teichstelle und pumpt das nährstoffreiche Teichwasser ins oberste Becken. Dann fließt es gemäß dem Motto: «Fließt das Wasser über Stock und Stein, wird es wieder klar und rein», stufenweise hinunter. In den einzelnen Becken sind essbare Wasserrandpflanzen angebaut. Sie entziehen dem Wasser Nährstoffe. Am Ende fließt das so gereinigte Wasser wieder in den Fischteich zurück.

Einrichtung der Gewässer

Als Erstes wird der Boden mit einer fünf bis zehn Zentimeter dicken Schicht aus Sand und Steinkieseln belegt. Nährstoffreiche Erde darf nicht verwendet werden, da sonst die Gefahr besteht, dass das Wasser überdüngt wird und rasch veralgt. Bevor man mit der schrittweisen Wasserfüllung und Bepflanzung startet, setzt man größere Stein und eventuell Wurzelstöcke als Schutzräume für Kleintiere und Jungfische an die Gewässerränder. Die größeren Rundsteine dienen zusätzlich als Wärmespeicher. An ihren Rändern schmilzt im Winter das Eis sehr rasch weg und ein Gasaustausch zwischen Wasser und Luft wird ermöglicht.

Bepflanzung der Gewässer

Natürliche Ökosysteme besitzen eine hohe Artenvielfalt und sind durch eine Fülle gegenseitiger Verbindungen miteinander vernetzt. Dies macht die Systeme widerstandsfähig und alle profitieren davon. Besonders artenreich sind die Übergänge von einem Biotop zu einem anderen, also beispielsweise der Wasserrand. Diese Übergangszone wird durch Ein- und Ausbuchtungen möglichst verlängert, um sie sehr artenreich zu gestalten und so einen Lebensraum für Amphibien und Jungfische zu bieten.

Seerosen und echte, untergetauchte Wasserpflanzen wie Tausendblatt, Hornkraut oder Wasserpest werden an die tiefsten Stellen gesetzt. Damit sich die Seerosen nicht zu stark ausbreiten, kann man sie in kleine Kunststoffkörbe setzen. Das Wasser wird nun stufenweise eingefüllt. Zuletzt werden die Wasserrandpflanzen gesetzt. Bevor Wasserschnecken, tierisches Plankton oder Fische eingesetzt werden, lässt man die Pflanzen zwei bis drei Wochen lang anwachsen.

Aufbau der Nahrungsketten

Wenn die Pflanzen angewachsen sind, werden die Nahrungsketten schrittweise aufgebaut. Zuerst setzt man die Phytoplankton- und Algenfresser ein, also Wasserflöhe und Wasserschnecken. Erst wenn die unterste Nahrungsstufe eingespielt ist, kann man Fische oder Krebse in den Teich einsetzen. Am besten erfolgt ein Besatz mit wenigen kleineren Fischen. Einen Überbesatz mit großen Fischen sollte man vermeiden.

Das Klärbächlein fließt um die Gewürzspirale.

Fischbesatz und -futter

Bevor man sein Gewässer mit Fischen besetzt, muss man wissen, welche Wasserqualität und welche Biotopeigenschaften es besitzt. Des Weiteren muss man das Futterprofil der gewünschten Fische kennen. Da in meinen Teichen das Wasser nährstoffreich, eher sauerstoffarm und die Gewässer dicht bewachsen sind, kamen keine forellenartigen Fische (Salmoniden) infrage. Für kleinere Teiche sind vor allem karpfenartige Fische geeignet, da sie bezüglich der Wasserqualität wenig anspruchsvoll sind, ein breit gefächertes Futterprofil aufweisen und dicht durchwachsene Gewässer lieben. Deshalb setzte ich einen kleinen Schwarm Rotaugen, etwa zehn Stück, und einen kleinen Schwarm algenfressender Karauschen ein. Diese Fische ernähren sich weitgehend von Algen, Plankton, Mückenlarven und zerkleinerten Essensresten wie Brot oder Reis, die wir ins Wasser werfen.

Abfluss

Bei lang andauernden Starkregenzeiten muss man sich überlegen, wohin das überflüssige Wasser abfließen soll. In solchen Zeiten schließe ich die Wasserklappen der Abflussrohre. Dann fließt das überschüssige Wasser in die Kanalisation. Das Restwasser vermögen die dicht bepflanzten Wasserrandzonen zu speichern.

Gewässerunterhalt

Werden Kleingewässer nicht betreut, besteht die Gefahr, dass sie langsam verlanden, da dauernd Blätter hineinfallen und die Fische ins Wasser koten. Dadurch wird das Wasser immer nährstoffreicher und die Wasserrandpflanzen dehnen sich immer stärker aus. Wenn der Teich nicht verlanden soll, muss man regelmäßig Bodenschlamm entfernen und Wasser- und Wasserrandpflanzen abernten.

Blick auf die vor dem Gewächshaus liegenden Fischteiche

Die gelben Wasserschwertlilien sind ausgezeichnete Wasserreiniger.

Altholz und Wasserrandpflanzen bieten einen vielfältigen Lebensraum.

Tipps für das (Trink-)Wassersparen

- Gezielt den Wurzelbereich wässern, nicht Wasser überallhin versprühen
- Selten, aber gut wässern, so wurzeln die Pflanzen tiefer
- Muss zwingend bewässert werden, verwendet man Tropfbewässerungsschläuche.
- Nur am Morgen wässern, dann ist der Boden am kühlsten und es werden keine Schnecken angelockt. Während der Mittagszeit verdunstet Wasser am schnellsten.
- Boden darf nie unbedeckt und unbewachsen sein. Er wird stets gemulcht und wenn eine Pflanze geerntet wird, setzt man gleich wieder eine Jungpflanze an den leeren Platz.
- Mit Kompost humose Böden aufbauen, sie speichern mehr Wasser.
- Aufgehackter Boden verdunstet weniger Wasser, alle ein bis zwei Wochen den Boden hacken.
- Karotten, Kartoffeln und anderes Gemüse werden am Brunnen gewaschen. Dieses Wasser kann zum Gießen der Beete verwendet werden.
- Pflanzen möglichst direkt säen. Sie verankern sich besser und müssen nicht eingeschwemmt werden.

Im Winter wird weitergedacht

R

In Ruhephasen, vor allem in den Wintermonaten, ist Zeit, um zu überlegen, was gut gelaufen ist und wie das Wassersystem optimiert werden kann. Welche Teilprojekte möchte man weiterentwickeln, welche Spezialgebiete sind interessant? Solche Fragen fordern uns immer wieder heraus. Bei mir waren dies folgende Punkte:

- Das Optimieren meines Aquaponik-Systems: mit dem Fischabwasser Nahrungspflanzen düngen
- Das Heranziehen essbarer Wasserpflanzen wie Wassernuss, Wildreis, Wasserminze, Zitronengras, Brunnenkresse
- Die Erforschung des Nahrungsprofils bestimmter Fischarten, zum Beispiel der Karauschen: fressen neben Algen und Plankton auch gerne eiweißhaltige Wasserlinsen (Entengrütze)
- Das Aufziehen der Jungfische ohne zugekauftes Trockenfischfutter, beispielsweise mit selbst gezogenen Wasserflöhen, Cyclops oder geschabter Fischleber
- Die Verbesserung der Wasserqualität: eventuell möglich mit EM-Tonröhrchen (mit Effektiven Mikroorganismen beimpft)
- Den Schutz der Fische vor räubernden Fischreihern: möglich ohne Netze über dem Gewässer?

Je nach Interesse, eigenen Kenntnissen und der Geländeart kann man weitere Entwicklungen ausprobieren.

Auf großem Gelände können breite Wassergräben parallel zu den Hängen gelegt werden, um das Wasser zurückzuhalten. Solche Teichlandschaften sind sehr artenreich und eignen sich für die Fischzucht.

Permakultur im Gewächshaus

Christoph Bachmann

Ein Gewächshaus ist in unserer Klimazone eine hervorragende Möglichkeit, die Saison zu verlängern. Auf kleinem Raum kann sehr viel Gemüse angebaut werden, da die Pflanzen geschützt vor Starkregen, Schnee und Tieren gedeihen können. Gleichzeitig ist es ein geschützter Arbeitsplatz, bietet Stauraum, sammelt Dachwasser und dient dem Überwintern von Pflanzen. Auch Fische können in einem Aquaponik-System im Gewächshaus gezüchtet werden. Das Wasser in den Fischbehältern ist temperiert und mit Nährstoffen versetzt, wovon die Pflanzen wiederum profitieren.

Permakulturgrundsätze:

5. Energie effizient nutzen
6. Kreisläufe einrichten und Ressourcen nutzen
3. Vernetzung fördern

Es gibt sehr unterschiedliche Formen von Gewächshäusern. Für jedes Grundstück und für jede Parzelle sehen die Lösungen anders aus. Bevor ein Gewächshaus von der Stange gekauft wird, lohnt es sich – wie bei einer permakulturellen Planung üblich – sich über Standort, Größe, Ausrichtung und Material Gedanken zu machen. In einem steilen, nach Osten, Westen oder Süden ausgerichteten Gelände wird man am ehesten ein Walipini (siehe Seite 60) errichten, da dabei der Arbeitsaufwand am geringsten ist. Nahe beim Haus bietet sich ein Anlehngewächshaus an, welches die Wärme des Hauses nutzen kann. Im Garten ist ein freistehendes Gewächshaus oder ein Erdgewächshaus (siehe Seite 86) eine gute Option.

Gewächshäuser verlängern die Saison. Ein frei stehendes Gewächshaus im Winter.

EIN ANBAU WIRD ZUM GEWÄCHSHAUS

Einige Jahre schon hegte ich den Wunsch, die Gemüsesaison mit einem Gewächshaus zu verlängern. Es entstand die Idee, einen alten Holzanbau in ein Anlehngewächshaus umzugestalten. Ich stellte es mir schön vor, an diesem geschützten Ort zu arbeiten, in einer Atmosphäre halb draußen und halb drinnen – und mit viel Tageslicht. Im Eingangsbereich sollte das Gewächshaus auch weiterhin als Geräteschuppen dienen. Ich wollte mithilfe eines Kompostbehälters die Temperatur in der Übergangszeit etwas erhöhen können. Die Wasserversorgung würde über die Dachentwässerung beziehungsweise über den Anschluss an die Entwässerung des Hausdachs erfolgen.

E

Möglichkeiten für das Gewächshaus

Zentral bei einem Gewächshaus ist, dass Energie aufgefangen und gespeichert werden kann. Folgende Überlegungen waren beim Bau unseres Anlehngewächshauses wichtig:

- In jeder Art von Gewächshaus macht man sich verschiedene Wärmequellen zunutze, um die Temperatur vor allem in den ersten Frühlingsmonaten sowie im Herbst zu erhöhen. Mit einer Abdeckung aus Glas oder Acrylglas ist eine optimale und dauerhafte Überdachung gegeben und damit auch ein guter «Treibhauseffekt». Plexiglas als Abdeckung ist wesentlich günstiger, vergilbt aber rasch und ist nicht zu empfehlen.
- Als zusätzlicher Energiespeicher kann ein Wassertank dienen, welcher das Regenwasser vom

Aus dem Holzanbau soll ein schönes Gewächshaus entstehen.

Das Gewächshaus speichert Energie, und das Regenwasser von seinem Dach wird im Brunnenbecken aufgefangen.

Wohnhaus an der höchstmöglichen Stelle auffängt. Das Wasser im dunklen Tank wird vor allem bei Sonneneinstrahlung leicht erwärmt und kann in kalten Nächten Energie abgeben.

- Das Grauwasser aus dem Haus kann ebenfalls in einem Tank im Gewächshaus aufgefangen werden und damit zum Temperaturanstieg beitragen. Dann müssen aber spezielle Reinigungsstufen eingebaut werden, damit das Grauwasser nicht unangenehm riecht und eventuell sogar für die Bewässerung im Garten genutzt werden kann.
- Eine Kompostbox kann eine zusätzliche Heizquelle darstellen. Das Wasser aus dem darüber liegenden Regentank kann durch den Komposthaufen geleitet werden. Dort wird es aufgeheizt und dann in die Pflanzbeete geleitet.
- Wird im Gewächshaus im Frühling ein (kleines) Hügelbeet gebaut, kann zusätzliche (Verrottungs-)Wärme produziert werden.
- Auch die Integration von Kleintieren wie Hühnern oder Wachteln in einem Gewächshaus ist denkbar. Zu beachten ist dabei, dass die Tiere nicht an die Jungpflanzen gelangen sollen. Deshalb ist ein abgetrennter Bereich für die Tiere empfehlenswert. Durch ihre Aktivität geben sie Wärme ab und können in einem (kleinen) Gewächshaus dazu beitragen, dass die Temperatur etwas erhöht wird.

Der Anbau, direkt neben der Haustüre gelegen, diente bisher als Unterstand für Kinderfahrräder, Velos, Spielgeräte, Holzlager usw. Der Boden ist mit Verbundsteinen belegt, ein Fenster ist nicht vorhanden. Der Anbau ist nicht isoliert. Davor befinden sich eine kleine Rabatte sowie ein Weg, welcher zur Spielwiese und zum Gemüsegarten führt. Die Beete vor dem Schopf sind mit diversen Pflanzen bewachsen (Rosen, Lavendel, Ziergräser usw.). Die Erde an sich ist sehr lehmig, mit wenig Humus und daher wenig fruchtbar. In den letzten fünf Jahren (seit unserem Einzug) und wahrscheinlich schon einige Zeit davor wurden keine nennenswerten Bodenverbesserungen vorgenommen. Die vorhandenen Pflanzen sind klein und weisen teils gelbliche Blätter auf, was auf eine ungenügende Nährstoffzufuhr hinweist. Es wachsen im Frühling sehr viel Scharbockskraut und einige Milchdisteln.

Die Ausrichtung ist exakt nach Osten und damit etwas geschützt vom Westwind, welcher bei uns vorherrscht, allerdings pfeift der Wind von Norden (trotz großer Hecke auf der Nordseite) teilweise stark um die Hausecke. Auf das Gewächshaus scheint vor allem die Morgensonne und es kommt morgens relativ rasch zu einem Aufheizen. Größere Bäume oder Häuser stehen weiter weg. Am Nachmittag liegt es im Schatten des Nachbarhauses. Die Nordecke ist dem Wind aus Nordwesten ausgesetzt. Auf eine gute Isolierung beziehungsweise Winddichtigkeit dieser Nordwand ist zu achten.

Beim Erdgewächshaus wird auch die im Boden gespeicherte Wärme genutzt.

Bodenqualität und Recyclingpläne

E

Vor dem Bau eines Gewächshauses stellen sich folgende konkrete Fragen:

- Was soll mit einem Gewächshaus erreicht werden?
- Welcher Platz im Garten bekommt im Frühjahr viel Sonne?
- Welche Art von Gewächshaus soll es sein?
- Wie sieht die Topographie aus?
- Wie ist der Schattenwurf von Gebäuden und Bäumen?
- Soll das Haus in der Nähe des Wohnhauses stehen?
- Was sind die Vorteile und die Bedürfnisse?
- Wie hoch ist das Budget?
- Welche Bewilligungen sind notwendig?
- Welche Materialien sollen verwendet werden?
- Welche Arbeiten können selber erledigt werden?

Abgelagerter Kompost und gute Gartenerde wurden in die ausgehobene Grube eingefüllt. Darunter sorgt eine Drainage aus Kies und Sand für einen guten Wasserabfluss.

SWOC-Analyse

Wie im ersten Teil auf Seite 108 beschrieben, bietet die SWOC-Analyse eine gute Möglichkeit, die Stärken, Schwächen, Stolpersteine und Chancen eines Projekts zu analysieren.

S STRENGHTS | STÄRKEN

- geschützt durch Hauswand
- direkt beim Hauseingang gelegen, kann ohne Umwege betreten werden (Zone 1)
- keine volle Nachmittagssonne
- direkt am Haus, eher trocken, da geschützt vom Westwind

W WEAKNESSES | SCHWÄCHEN

- lehmige und ausgelaugte Erde
- wenig organisches Material
- viele Wurzelausläufer oder Knollen von Scharbockskraut und Milchdistel, die viele Pflanzen überwuchern
- im Winter nur Morgensonne, morgens Nebel, Aufklarung am Nachmittag nutzt wenig

O OPPORTUNITIES | MÖGLICHKEITEN

- Stapeln im Gewächshaus
- Bodenaufbesserung, Einbringen von Kompost oder guter Erde
- Kräuterbeet (vorgelagert), auf eher magerer Erde (eventuell Sand einarbeiten)
- ansprechende Gestaltung des Eingangsbereichs
- eventuell ganzjähriger Anbau von Salat
- Einbau einer Kompostheizung

C CONSTRAINTS | BESCHRÄNKUNGEN

- nicht unbeschränkte Arbeitszeit vorhanden
- finanzielle Beschränkungen

Es bestand ein erhebliches Potenzial an Ressourcen und Know-how, an handwerklichem Geschick sowie eine eigene Werkstatt. Dies kam dem eher bescheidenen Etat entgegen. Viele Arbeiten konnten deshalb selber erledigt werden. Limitierend war das vorhandene Zeitbudget.

Die Qualität des Bodens im neuen Gewächshaus war mäßig und musste aufgewertet werden. Die Sickerfähigkeit des Bodens war gut, da als Kofferung unter dem Weg und unter den bestehenden Verbundsteinen ein Kies-Sand-Gemisch eingebracht worden war. Dieses Gemisch musste teilweise entfernt und durch nährstoffreiche Komposterde ersetzt werden. Der anfallende Schnitt von Sträuchern und das Laub der benachbarten Hecke sollten als Kompostmaterial dienen und damit die Wärmeproduktion unterstützen. Auch die Verwendung von Restmaterialien wie Glasscheiben oder Holz bot sich an. Für einen geschickten Handwerker ist es kein Problem, gebrauchte Bretter für andere Zwecke zuzuschneiden.

Das Anlehngewächshaus ist klein, liegt nahe beim Haus und ist gut zugänglich. Es sollte möglich sein, fast alle Setzlinge und Pflanzen für unseren Fünfpersonenhaushalt darin vorzuziehen. Ein Wassertank zur Bewässerung und als Wärmespeicher wurde integriert. Bei der Ausgestaltung wurde darauf geachtet, dass ein Aquaponic-System für Fische oder eine Überwinterungsmöglichkeit von Wachteln oder Hühnern auch später noch eingebaut werden kann.

Herausforderungen im Gewächshaus: Wasser, Luft und Energie

P

Zonierung

Das Gewächshaus gehört zur Zone 1. Es werden Gemüse und Früchte angebaut, diverse Setzlinge vorgezogen und wärmeliebende Pflanzen wie Tomaten und Auberginen kultiviert. Tägliche Arbeiten wie Gießen, Ausgeizen der Tomaten, Pikieren, neu Einsäen oder Reinigen gehören dazu. Die Pflanzen benötigen viele Nährstoffe von außen (Kompost). Die Rabatte vor dem Gewächshaus gehört ebenfalls zur Zone 1. Hier werden Pflanzen wie Gewürze, Blumen und Zierpflanzen angebaut, die weniger intensiv gepflegt werden müssen als jene im Gewächshaus.

Elemente im Gewächshaus

Wege: Das Gewächshaus sollte so eingerichtet werden, dass die Wege möglichst kurz sind und eine optimale Bewirtschaftung erlauben, jedoch nicht zu viel Pflanzfläche wegnehmen. Die Wege bestehen aus einem Kiesbelag. Da noch zahlreiche kaputte Dachziegel vorhanden waren, wurden sie in Form kleiner Stücke unter den Kiesbelag gelegt. So wurde eine gute Drainage erreicht, die Ziegel wurden «entsorgt» und es gibt immer trockene Stellen zum Begehen. In den beiden Gemüsebeeten wurden Trittplatten verlegt, um bei der Bewirtschaftung der Flächen nicht auf die Beete treten zu müssen. Auf Beete im klassischen Sinne wurde verzichtet.

Zugänge: Ein Eingang direkt neben dem Hauseingang bestand bereits. Es sollte zusätzlich ein Ausgang zum Gemüsegarten hin angelegt werden, damit die Wege vom und zum Gemüsegarten möglichst kurz sind. Die nördliche Tür wurde außen mit einer isolierten Plexiglasplatte verkleidet, damit Licht eindringen kann, Regen und Winde aber zuverlässig abgehalten werden. Zwischen den beiden Türen wurde ein quer durch das Gewächshaus verlaufender Weg angelegt.

Ablagen: Auf Ablagen und Regalen besteht die Möglichkeit, Setzlinge anzuziehen. Ein «Pflanztisch» ist vorhanden, der gleichzeitig auch der Deckel des Kompostbehälters ist. An der Hauswand sowie bei einer Eingangstür und vor den Fenstern wurden weitere Gestelle angebracht.

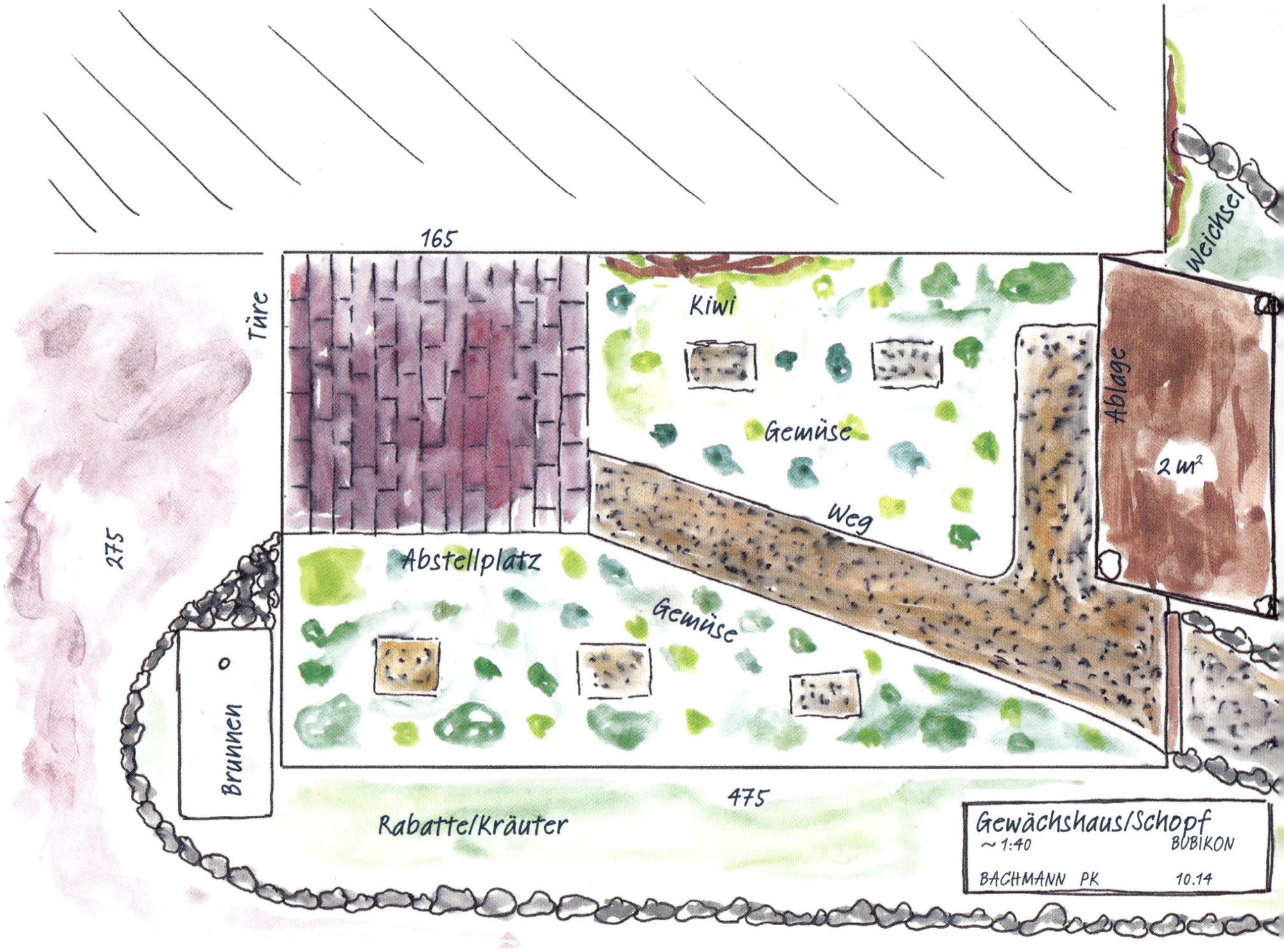

Fenster und Dach: Dachflächen und Seitenwände sollen lichtdurchlässig sein. Für die Seitenwände waren alte Fensterscheiben in Doppelverglasung vorgesehen. Diese stammten noch aus dem Hausumbau. Die Holzkonstruktion wurde auf die Größe der Fenster ausgerichtet, da diese unterschiedliche Formen aufweisen. Zwischen dem Glas und der Holzkonstruktion wurde ein kleiner Luftschlitz gelassen, damit das Kondenswasser an der Scheibe nach außen tropfen kann. Der schmale Spalt kann durch eine Holzleiste abgedeckt werden, damit bei Wind und tiefen Temperaturen die kalte Luft nicht eindringen kann. Das Dach ist mit einer speziellen Plexiglas-

Obwohl das Gewächshaus nur ein Element des ganzen Gartens ist, ist eine gute Planung sinnvoll.

Von Tür zu Tür führt ein Weg durchs Gewächshaus.

platte (Alltop) gedeckt. Diese Platte ist UV-durchlässig, was für das Pflanzenwachstum wichtig ist, und bietet eine gewisse Wärmedämmung.

Kompost und Temperatur: In der Übergangszeit im Frühling (März, April) soll die Temperatur im Gewächshaus mit einer Kompostheizung um einige Grad erhöht werden. Dazu werden das Laub und der Grünschnitt der nahen Hecke verwendet, die beim Verrotten Wärme abgeben. Nach dem Verrottungsprozess kann der Kompost im Gemüsegarten als Mulch verwendet werden oder nochmals einige Monate kompostiert werden. Damit die Temperatur in kalten Nächten über null Grad Celsius bleibt, können außerdem kleine Kerzenheizungen eingesetzt werden.

Die Lüftung – hier die Lukarnen im Dach – ist sehr wichtig.

Das Regenwasser vom Dach wird in einen Brunnen geleitet.

Rechte Seite: Heizrohre im Kompost nehmen die Wärme auf und leiten sie weiter.

DIE KOMPOSTHEIZUNG

Meine Kompostheizung umfasst rund zwei Kubikmeter. Aber auch ein kleiner Schnitthaufen wird relativ warm. Auf die Durchmischung des Materials (unterschiedliche Holzarten, Laub) sowie auf eine gute Durchfeuchtung ist zu achten. Ende Februar/ Anfang März werden die frischen Hackschnitzel eingefüllt, gewässert und festgestampft.

Die Holzbox hat einen Deckel, der als Ablagefläche und Arbeitsplatz dient. Die Innenseite der Box ist mit einem Kompostvlies ausgestattet, das vor Verrottung schützt und gleichzeitig etwas isoliert. Die Wärme des Verrottungsprozesses erwärmt Wasser, welches aus einem großen Wassertank unter der Decke in Polypropylenrohren durch den Kompost geführt wird. Das so erwärmte Wasser wirkt als «Fußbodenheizung» in der Erde. Es läuft zunächst in eine Rinne, damit die Wärme an Luft und Boden abgegeben werden kann, anschließend versickert es. Es werden Temperaturen von 50 bis 60 Grad Celcius erreicht. Deshalb darf das Wasser nicht direkt an die Pflanzen gelangen, da diese sonst verbrüht werden würden. Die Temperatur im Gewächshaus wird dank der Kompostheizung um zwei bis drei Grad Celsius erhöht.

Die Kompostheizung funktioniert vier bis sechs Wochen lang. Danach kühlt sich der Haufen ab und produziert keine brauchbare Wärme mehr. Im April sinken allerdings die Temperaturen nicht mehr so stark ab, weshalb im Gewächshaus ideale Temperaturen für die Setzlinge vorherrschen. Die Hackschnitzel bleiben knapp ein Jahr in der Box und werden während dieser Zeit ab und zu gewässert. Oft erscheinen Pilze auf der Oberfläche, welche für den Zersetzungsprozess förderlich sind. Anschließend werden die Schnitzel unter Beerenbüschen oder auf den Wegen verteilt oder mit dem übrigen Gartenkompost vermischt. Dort werden sie nochmals mindestens ein halbes Jahr kompostiert, bevor sie im Gemüsebeet landen.

Lüftung: Das Gewächshaus muss über ausreichend Lüftungsmöglichkeiten verfügen, sowohl im Dach als auch an den Seitenwänden und Türen. Im Dach wurden zwei kleine Vordächer (Lukarnen) eingebaut. Darunter befinden sich zwei Klappen, welche bei Bedarf von innen geöffnet werden können, damit die Wärme unter dem Dach abziehen kann. Unter der vorderen Glaswand sind zwei Schieber angebracht, welche ebenfalls bei Bedarf geöffnet werden können. So ist es möglich, dass ein optimaler Luftzug (von unten nach oben) entsteht. Zusätzlich wurden auf der Nordseite sowie oberhalb der Tür am Hauseingang Kippfenster angebracht. Ein Türgitter verhindert, dass Katzen durch die offenen Türen ins Gewächshaus gelangen. Die Lüftungsmöglichkeiten sind nicht zu unterschätzen, da sich Kondenswasser bilden kann, was zu Schimmelbildung führen kann. An wärmeren Tagen kann über das Öffnen beider Türen für Luftdurchzug gesorgt werden.

Wasser: Das Regenwasser vom Dach wird in das kleine Wasserbecken beim Eingang geleitet. Rohre führen das Wasser in einer Tiefe von rund 40 bis 50 Zentimeter durch das Gewächshaus. In die Rohre sind etwa alle 20 Zentimeter Löcher gebohrt, sodass einiges Wasser direkt im Wurzelbereich der Pflanzen versickern kann. Der Rest fließt in ein weiteres Wasserbecken vor dem Gemüsegarten. Das Wasser vom Dach speist ebenfalls den Tank im Gewächshaus, an den die Wasserrohre der Kompostheizung angeschlossen sind. Bei längerer Trockenheit bleiben Schadstoffe auf den Dächern liegen. Beim ersten Regen nach der Trockenperiode werden die Schadstoffe mit dem Wasser weggespült. Darum befinden sich im Wasserbecken einige Wasserpflanzen, welche das Wasser reinigen, bevor es zu den Gemüsebeeten weitergeleitet wird.

Pflanzplanung

Ab Februar wird der geschützte Platz für erste Aussaaten, Salate und Kohlrabi, genutzt. Sobald die Hackschnitzel eingefüllt sind und so die Temperatur etwas gestiegen ist, werden weitere Pflanzen gesät, beispielsweise Kohl, Radieschen oder Rote Bete. Ab April folgen die kälteempfindlichen Pflanzen wie Mais, Kürbis, Zucchini, Tomaten, Paprika und Gurken. Die Flächen im Gewächshaus sind mit Salaten, Radieschen und Kohlrabi bepflanzt, die ab Mai geerntet werden können. Somit entsteht Platz für Tomaten, Gurken und Auberginen. An der Hauswand ist eine Kleinfruchtige Kiwi *(Actinidia arguta)* gepflanzt. Wenn sie blüht, müssen die Türen offen stehen, damit Insekten die Bestäubung übernehmen können.

Im Sommer stehen die Tomatenstauden und einige Gurken im Gewächshaus, es gibt immer wieder Platz für Salate oder Zucchini. Auch Samen oder Setzlinge werden über den ganzen Sommer vorgezogen.

Im Winter wird das Gewächshaus ausgeräumt, ein Teil der Erde durch ein frisches Kompostgemisch ersetzt und empfindliche Zitrusbäume werden auf die frei werdenden Flächen gestellt.

Gute Planung erleichtert das Bauen

U

Die Planungsphase war ausführlich: Detailpläne wurden gezeichnet und besprochen, Materialien beschafft und im Internet und in Büchern recherchiert. Erst nach Abschluss der Planung konnten die Bauarbeiten in den Herbstmonaten an Wochenenden und an Freitagen ausgeführt werden. Die Grundkonstruktion erstellte ein Zimmermann. Alle anderen Arbeiten vom Fundament bis zu den Lüftungsklappen wurden in Eigenarbeit geleistet. Immer wieder halfen Freunde und Bekannte beim Bau mit. Die Ausgaben konnten so in Grenzen gehalten werden. Materialien für die Holzverschalung waren vorhanden, ebenso die Scheiben. Die Abdeckung aus Acrylglas war die größte Investition.

Gemüse für den Winter

R

Der Bau des Anlehngewächshauses hat sich gelohnt. Viele Kilogramm Gemüse konnten schon geerntet werden, die Arbeit darin ist auch an Wintertagen angenehm. Die Vorüberlegungen, das Studium der Literatur sowie die Diskussionen mit Gewächshausbesitzern waren sehr lohnenswert. Die genaue Planung vereinfachte den Bau wesentlich, sodass auch die Helfer sehr genau instruiert werden konnten. Mit Schädlingen hatte ich in den drei Betriebsjahren keine Probleme. Zur Einweihung kamen auch einige Bewohner aus dem Quartier und ließen sich die Details am Haus zeigen.

Das Gewächshaus trägt viel zur Versorgung mit Gemüse bei.

Permakultur in einer Siedlung

Ziegen und Menschen

Christoph Bachmann

Seit einigen Jahren lebe ich mit meiner Familie in einer Siedlung, welche seit ihrer Gründung im Jahr 1979 Ziele verfolgt, die in vielen Punkten jenen der Permakultur ähnlich sind. Als ich erste Permakulturprojekte realisierte – ein Hügelbeet im Garten, ein Erd-Folientunnel (eine Art Erdgewächshaus, das mit einem Folientunnel überdacht ist) – und im Gemeinschaftshaus der Siedlung einen Einführungskurs in die Permakultur anbot, stieg auch in der Nachbarschaft das Interesse am Thema. Die Ideen der Permakultur und die Kultur der Siedlung haben sich gefunden. In diesem Rahmen initiierte meine Familie das Projekt «Ziegenhaltung». In einer Siedlung, die auf Gemeinschaft basiert, ist solch ein Projekt nicht nur Familiensache, sondern muss unter Einbeziehung der anderen Siedlungsbewohner erfolgen. Vernetzung, Kooperation, Integration – das Ziegenprojekt passt zur Permakultur.

PERMAKULTURGRUNDSÄTZE:

2. Vielfalt ermöglichen
3. Vernetzung fördern
7. Kooperation und Integration fördern

EINE SIEDLUNG MIT GEMEINSCHAFTSSINN

Gegründet wurde die Siedlung von Menschen, die aus der 68er-Bewegung kamen oder der Anthroposophie nahestanden. Die Leitgedanken waren von Beginn an Gemeinsamkeit und Vielfalt. Der Mensch sollte sich als Ganzes entfalten können und nicht nur ökonomische Ziele verfolgen, sondern es sollte das soziale und geistige Wohlergehen im Zentrum des Lebens stehen. Diese Gedanken haben viel gemeinsam mit der Permakultur.

- Privatbesitz und Gemeinschaft: Zwölf Häuser sind rund um ein Gemeinschaftshaus angeordnet. Die einzelnen Häuser und etwas Land darum herum sind in Privatbesitz, das Gemeinschaftshaus und die übrigen Flächen gehören allen. Bewusst verzichtet die Siedlung auf begrenzende Hecken und Zäune. Obst, das auf Gemeinschaftsflächen wächst, wird gemeinsam geerntet und gerecht an alle verteilt. Gemeinsame Aktivitäten und Arbeitstage fördern die Gemeinschaft und das Zusammengehörigkeitsgefühl. Wichtige Entscheidungen, welche die ganze Siedlung betreffen, werden gemeinsam diskutiert und gefällt.
- Selbstversorgung und Tauschhandel: Jedem Haus ist eine Gartenfläche von rund 200 Quadratmetern zugeteilt. Früher wuchs viel Gemüse zur Eigenversorgung auf diesen Parzellen. Mit dem Älterwerden der Bewohner entstanden vermehrt Grasflächen und Beerenkulturen mit weniger Pflegeaufwand. Auf einer Parzelle befindet sich ein Hühnerhof. Die Hauptverantwortung trägt eine Familie, aber auch zwei andere Häuser helfen bei der Fütterung und Betreuung der zehn Hühner. Die Eier werden als «Tauschmittel» eingesetzt für Dienstleistungen, Maschinenausleihen, Mithilfen bei Arbeiten, Brennholz, Quitten.
- Vielfalt: Das Gemeinschaftsland, welches ursprünglich in Wiesen, Gartenparzellen, Hecken und Weg eingeteilt wurde, wird heute unterschiedlich intensiv genutzt und gepflegt. Es gibt rund um jedes Haus eine Zone 1 mit Kräutern, Blumen oder Sitzplätzen, man findet aber auch mehrere Zonen 5 (Wildniszonen). Einige Parzellen werden kaum mehr genutzt, andere stehen ganz unter dem Stern der Selbstversorgung und wieder andere sind zum erfolgreich geplanten Blumenparadies geworden.

T

Ziegenwünsche

Unser ältester Sohn wünschte sich schon seit längerer Zeit Ziegen. Zunächst war der Rest der Familie eher skeptisch, mit der Zeit aber begannen wir das Projekt ernsthafter zu diskutieren. Die Wünsche wurden von den einzelnen Familienmitgliedern ganz unterschiedlich formuliert. Für die Kinder stand vor allem die Idee im Vordergrund, mit den Ziegen zu «spielen», sie im Quartier an verschiedene kleine Weideplätze zu führen und sie zu beobachten. Für uns Erwachsene standen eher praktische Fragen im Zentrum, beispielsweise die Winterfütterung, die Ferienbetreuung, etwaige Krankheiten oder der Stallbau, sowie die Idee, den Kindern ein Aufwachsen mit Tieren zu ermöglichen. Wir lasen Bücher darüber und beschlossen, die Ziegenhaltung als Familien- und Gemeinschaftsprojekt mit der Siedlung zu besprechen. Denn es war von Beginn an klar, dass die Ziegen vor allem auf Gemeinschaftsland leben müssten. Strahlenziegen sollten es sein, seltene, aber robuste Bergziegen, die wir in den Ferien kennengelernt hatten.

Ziegen sind meist zutraulich, spielen gerne und suchen die Nähe zum Menschen. Für Kinder haben sie eine ideale Größe.

Ein Ziegenprojekt für viele

E

Ein großer Teil der Weiden sind Gemeinschaftsland, welches in den letzten Jahren kaum genutzt worden war. Die Artenvielfalt in den einzelnen Wiesenparzellen war relativ groß, da die Wiesen kaum gedüngt wurden. Für die Ziegen waren sie also gut geeignet.

Als Erstes mussten wir alle betroffenen Menschen ins Boot holen: den Bauern der angrenzenden Parzelle, den wir um die Nutzung seines Weidelands bitten mussten, und die Bewohnerinnen und Bewohner unserer Siedlung. Nachdem wir mit dem Bauern gesprochen und die Details für Stall- und Zaunbau geklärt hatten, luden wir zu einer «Ziegen-Sitzung» ein. Wir zeigten unsere Pläne und Ideen und suchten nach Mitstreitenden für unser Projekt.

Rund 40 Quadratmeter Land konnte zur Verfügung gestellt werden. Darauf sollte der mobile Stall zu stehen kommen. Ein Teil dieser Fläche war vom Kaninchen- und Wachtelstall belegt oder wurde als Holzlager verwendet. Weitere rund 200 Quadratmeter in der nordwestlichsten Ecke des Gemeinschaftslands konnten eingezäunt werden. Diese Parzelle ist steil und wurde nur ab und zu gemäht. Auch einige hundert Quadratmeter Wiese des angrenzenden Landwirtschaftslands eines Bauern im Dorf konnten wir nutzen. Über eine Sektorenanalyse hielten wir fest, woher die Winde kommen, wo im Hochsommer Schatten herrscht und wo der beste Platz für den Stall ist.

Ziegen gefielen uns wegen ihrer Lebendigkeit. Sie brauchen viel Raum, um sich zu bewegen, sind viel unterwegs und wählen ihr Futter selektiv aus. Ein gut strukturiertes Land mit Hängen, Klettermöglichkeiten sowie schattigen und sonnigen Lagen kommt ihnen entgegen. Etwa zweimal täglich müssen die Ziegen gefüttert und gepflegt werden, ab und zu muss ausgemistet werden. Die tägliche Betreuung von Tieren war uns bereits vertraut. Seit einigen Jahren waren drei Kaninchen in einem Stall untergebracht. Mehrere Jahre lang hatten wir Wachteln. Der Mist dieser Tiere war ein willkommener Zusatz für den Kompost beziehungsweise für den Wurmkompost, den wir vor einigen Jahren im Gewächshaus installiert hatten. Um noch mehr Know-how zu erlangen, besuchten wir den Kurs «Sachkundeausweis für Schaf- und Ziegenhalter».

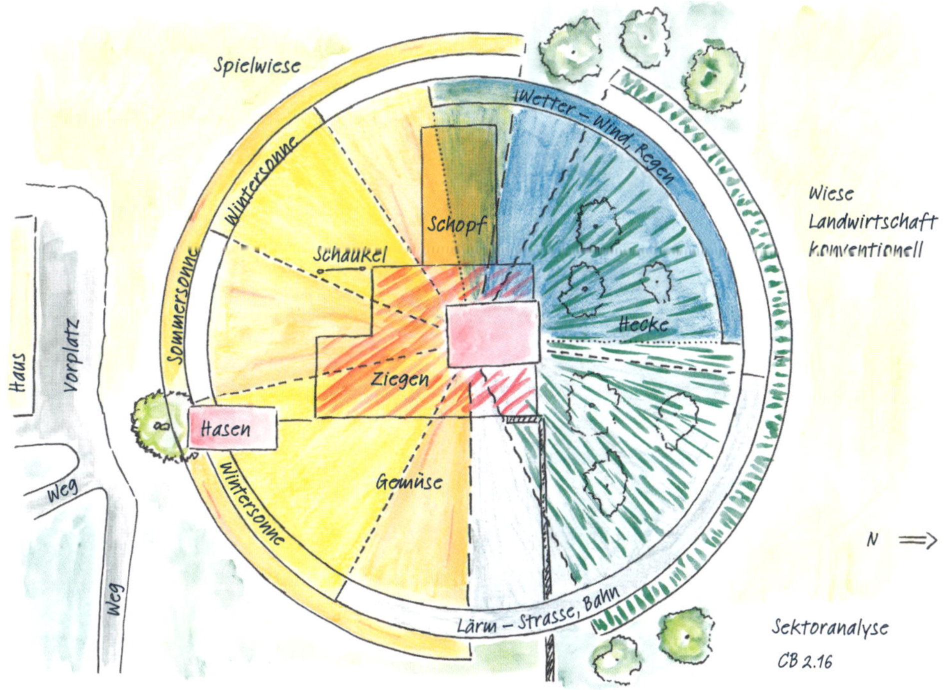

Der tägliche Umgang mit Tieren ist bereichernd.

Sektoranalyse zur Ziegenhaltung

STÄRKEN UND SCHWÄCHEN DES PROJEKTS

E

Die Überlegungen und ersten Skizzen wurden mithilfe der SWOC-Analyse bewertet:

S **STRENGHTS | STÄRKEN**
- Tiere sind nahe beim Haus
- ein trockener, warmer Stall kann gebaut werden
- Land wird optimal genutzt
- Beziehung zu den Tieren (und deren Pflege) ist wertvoll für Kinder

W **WEAKNESSES | SCHWÄCHEN**
- großer Aufwand für Einrichtung
- beträchtliche Investitionen für Stall- und Zaunbau
- großer täglicher Aufwand
- Futter muss teilweise beim Nachbarn geholt werden

O **OPPORTUNITIES | MÖGLICHKEITEN**
- Stallbau ermöglicht auch andere Nutzungen (Hühnerhaus, Lärmschutz, Dachbegrünung usw.)
- Tiere sind im Sommer auf der Alp
- Milchproduktion als spätere Option

C **CONSTRAINTS | BESCHRÄNKUNGEN**
- maximal zwei bis vier Tiere möglich
- Wissen über Ziegenhaltung noch gering

Die Infrastruktur für
eine Ziegenhaltung
ist nicht vorhanden.

Die Infrastruktur für die Ziegenhaltung war in der Siedlung nicht vorhanden, weder Zäune noch Stallgebäude. Die Flächen sind relativ klein, bieten aber eine Vielfalt an Pflanzen. Es ist möglich, die Tiere auf diesen Kleinflächen für einen oder auch mehrere Tage zu halten, wobei man darauf achten muss, dass sie nicht weglaufen. Diese Parzellen werden nicht gedüngt und nur ein- oder zweimal im Jahr geschnitten oder ausgelichtet. Es wachsen auch Pflanzen, welche auf einer gedüngten, konventionell bewirtschafteten Wiese nicht gedeihen, wie Spitzwegerich, Margeriten und Brombeeren. Dies ist vorteilhaft für die Ziegen, da sie ein breites Nahrungsangebot bevorzugen. Ferner gibt es viele Hecken, welche einmal jährlich geschnitten werden. Büsche, Blätter und Rinden gehören ebenfalls zum bevorzugten Nahrungsangebot von Ziegen. Rinde und Blätter enthalten meist mehr sekundäre Pflanzeninhaltsstoffe (zum Beispiel Saponine, Flavonoide, Lignine) und Spurenelemente (Cobalt, Mangan, Moybdän usw.) als Gras oder Heu. Heckenschnitt ist als Futter geeignet, wobei man beachten muss, dass einige Pflanzen für die Ziegen giftig sind. Die Fütterung der Tiere mit Laub war früher weit verbreitet. Laub steht auch bei uns viel zur Verfügung. Es deckt einen Teil des Mineralstoffbedarfs der Ziegen. Auch einige Nussbäume stehen auf dem Gelände. Die Gerbsäuren in den Walnussblättern wirken antibakteriell und sind gegen Darmparasiten wirksam. Esparsette, eine Leguminose mit Tannin-Gerbstoffen, soll ebenfalls gegen Darmparasiten wirken. Auch die Blätter von Eiche und Ahorn sollen die Parasiten eindämmen. Für die ganzjährige Ernährung der Tiere reichen aber die Parzellen in der Siedlung nicht aus. Beim Demeter-Bauern in der Nachbarschaft können wir weitere Heuballen kaufen.

Zäune sind in der Ziegenhaltung eine weitere Herausforderung. Sie müssen hoch und stabil genug sein, damit die Tiere nicht entlaufen. Sie müssen aber auch flexibel sein, damit sie versetzt werden können. Außerdem sollen sich die Tiere nicht verletzen können. Unsere Flächen sind verwinkelt, was den Zaunbau zusätzlich aufwändig machte. Der Zaun musste so gebaut werden, dass die Ziegen nicht in die Gemüsegärten gelangen können. Der Bau des Stalls und der Zäune war sehr zeitintensiv und nur mit großem Engagement möglich.

Die Tiere ins Gesamtsystem der Siedlung zu integrieren, war eine weitere Herausforderung. In einem Permakultursystem ist die Integration verschiedener Elemente wichtig. Aber sollte man ausgerechnet Ziegen integrieren, welche oft ausreißen, Hecken kahlfressen und viel Auslauf brauchen?

Heckenschnitt ist gutes Futter für Ziegen.

Einbeziehung der Nachbarinnen und Nachbarn

Die Einbeziehug der Siedlungsbewohnerinnen und -bewohner war ein wichtiger Aspekt. Schon bevor das Projekt startete, fanden immer wieder Gespräche und Diskussionen statt, wie und wo die Ziegen zu halten sind, wer Betreuungsaufgaben übernehmen oder beim Bau der Installationen mithelfen kann. Grundsätzlich gab es im Quartier die Bereitschaft, die Tiere als ein Teil der Gemeinschaft zu integrieren. Das Gemeinschaftsland konnte genutzt werden, ebenso die Hecken. Damit war ein wesentlicher Punkt erreicht. Einige aus der Siedlung waren bereit, Arbeiten zu übernehmen oder die Ziegen auf den kleinen Parzellen vor ihren Häusern weiden zu lassen. Die Betreuung der Tiere während unseren Abwesenheiten (Wochenende, Ferien) wurde ebenfalls geklärt.

Erste Skizzen wurden angefertigt und immer wieder diskutiert und geändert. «Gut Ding will Weile haben» – dieses Sprichwort schien sich zu bewähren und entspricht mit einer langsamen, aber durchdachten Lösung der Idee der Permakultur.

ZIEGEN IM PFERDEWAGEN

P

Auf einen Zonenplan verzichteten wir, weil es sich nur um ein Teilprojekt handelt. Durch die Nähe zum Haus würde man die Lage des Stalls und den Auslauf davor als Zone 2 bezeichnen. Dort sind mehrmals täglich Besuche notwendig. Die Weide auf dem angrenzenden Land des Bauern liegt in Zone 4.

Die Unterkunft

Der Unterbau eines alten Pferdeanhängers war das Geschenk einer Bekannten. Auf diesen Unterbau sollte ein einfacher Verschlag aus Holz gebaut werden. Der Stall sollte wind- und wasserdicht sein und etwas isoliert werden. Die Inneneinrichtung ist ziegengerecht gestaltet, mit Podesten, Futterraufe und Wassereimer. Das Dachwasser wird gesammelt und in ein Fass geleitet. Es steht für die Gartenbewässerung zur Verfügung.

Der Unterbau des Wagens war alt und hatte einige Jahre ungenutzt auf einer Wiese gestanden. Alte Bodenbretter wurden für die Seitenwände und den Boden verwendet, für den Innenausbau wurden Bretter von eigenen Tannen verwendet. Ein Teil des Zauns stammt von einem Abbruchobjekt neben unserer Siedlung. Die Zuschnitte erfolgten vor Ort in der eigenen Werkstatt. Die alten Scheiben stammen von der Renovierung der Fenster unseres Hauses – Recycling pur.

Der Stall ist so gebaut, dass die Ziegen auch auf das Dach klettern können. Somit können sie ihren Bewegungsdrang besser ausleben und haben außerdem mehr Fläche zur Verfügung. Es entstand ein kleiner offener Laufstall, die Ziegen können beliebig ein- und ausgehen.

Viel Eigenleistung steckt im Ziegenstall.

Der Anteil der Ziegen

Der Ziegenmist ist – nach einer Zwischenlagerung – ein wichtiges Produkt, um die Fruchtbarkeit der Gärten zu erhöhen. Ziegen helfen außerdem mit, Mäuse einzudämmen. Mäuse sind nicht gerne dort unterwegs, wo die Ziegen viel herumtrampeln. Die Milch- und Fleischproduktion ist längerfristig eine Option. Sind die Ziegen im Sommer auf der Alp, werden sie gedeckt und bekommen im Februar ihre Jungen.

Geld und Zeit

Für Stall und Zaun rechneten wir mit Kosten von rund 1000 Euro. Den größten Teil des Materials erhielten wir kostenlos. Sämtliche Arbeiten wurden selbst ausgeführt. Für Zusatzfutter und tierärztliche Betreuung schätzten wir die Kosten auf etwa 200 bis 500 Euro im Jahr. Nachdem alles genau geplant war, von der Beschaffung der Materialien bis zum Abklären der Nutzungsbedingungen, betrug die Bauzeit – beschränkt auf die Freitage und Wochenenden – rund drei Monate.

Planung des Ziegenstalls

Ziegen produzieren Mist, der in den Kreislauf eingebracht wird.

Diese Strahlenziege frisst auf einer üppigen Weide.

U

DIE ZIEGEN KOMMEN!

Mit der tatkräftigen Hilfe von Freunden und Siedlungsbewohnern konnte der Stall gebaut werden. Die Ankunft der Ziegen stand vor der Tür. Der Zeitaufwand für die Betreuung der Ziegen beläuft sich nach den ersten Erfahrungen auf rund 30 bis 60 Minuten pro Tag.

Ziegenmist

Angrenzend an den Auslauf befindet sich unser Gemüsegarten, auf der anderen Seite der gemeinsame Gartenunterstand sowie einige Spielgeräte der Kinder. Die Nähe zum Gemüsegarten ist passend. Der Ziegenmist wird direkt neben dem Gehege in Gittern zwischengelagert. Er kann mit dem Rasenschnitt gemischt werden. Nach einigen Monaten wird er mit dem Gartenkompost vermischt. Die Transportwege sind somit sehr kurz. Der Mist kommt aus dem Auslauf sowie aus dem Stall. Im Stall ist eine dicke Schicht Sägemehl auf die Bodenplatten aufgebracht, darüber eine Schicht Stroh. Sägemehl und Hobelspäne sind in der eigenen Werkstatt genügend vorhanden, Stroh muss teilweise zugekauft werden. Diese Materialien binden den Urin und den Mist der Tiere. Etwa alle ein bis zwei Monate wird die Schicht erneuert und zwischengelagert.

Der Mist hat ähnliche Qualitäten wie Schafmist, wenn auch eine etwas andere Konsistenz. Dadurch dass die Ziege oft Rinde und Kräuter frisst, ist der Gehalt an Kalium, Phosphor und Kalk höher als bei Schaf- oder Kuhmist. Der Stickstoffgehalt ist eher niedriger. Ziegenmist erwärmt sich, allerdings nicht so stark wie Pferdemist. Frischer Mist darf nicht auf die Gemüsebeete kommen, da er sonst die Pflanzen «verbrennt».

Da die Gefahr der Wurmbelastung bei Ziegen relativ groß ist und ab und zu eine Entwurmung stattfinden muss, sollte der Mist zwischengelagert werden. Dadurch werden die Rückstände der Entwurmungsmittel sowie die Wurmeier abgebaut. Allerdings geschieht dies vor allem zu Beginn der Rottephase, wenn sich der Kompost stark erwärmt. Im Winter ist der Abbau der Wurmlarven weniger sicher gewährleistet. Deshalb sollte der Mist länger abgelagert und mindestens einmal umgeschichtet werden. Der Mist wird in Gitterbehältern aufgeschichtet und ab

und zu mit Effektiven Mikroorganismen (EM) besprüht. Zudem werden pro Behälter zwei- bis dreimal eine Schaufel Gartenerde sowie etwas Steinmehl zugegeben. Die Gartenerde dient dazu, die Abbauprozesse zu beschleunigen, das Steinmehl führt zusätzliche Mineralien hinzu und bindet Gerüche. Da sich auch ein Anteil Sägemehl im Mist befindet, dauert der Abbau auf dem Kompost länger. Wenn ein Gitter voll ist, wird das zweite Gitter befüllt. Ist auch dieses voll, wird der Inhalt aus dem ersten Gitter auf den Gartenkompost gebracht und mit diesem vermischt.

Blick aus dem Fenster

Der Stall befindet sich in der Nähe des Wohnhauses und ist von dort aus einsehbar. Für die tägliche Betreuung und Beobachtung der Ziegen ist dies ein großer Vorteil. In der Permakultur ist es wichtig, dass die täglich begangenen Wege kurz sind. Mit der Nähe der Stalls zum Haus erreichen wir dies. Der Stall ist aber so weit von den anderen Häusern entfernt, dass keine Geruchsbelästigung entsteht.

Die Weideflächen liegen rund 50 Meter vom Stall entfernt in der Nordwestecke des Gemeinschaftslands. Diese Weiden liegen teilweise auf unserem eigenen Land, teilweise auf der Fläche des Bauern. Die Flächen können so eingeteilt werden, dass ein gutes Weidemanagement gewährleistet ist. Das heißt, die Ziegen werden jede Woche auf eine neue Weide geführt. Die über das Futter aufgenommenen Wurmparasiten sind bei der Ziegenhaltung eine Herausforderung. Auf den Flächen in der Nordwestecke ist eine Unterteilung in mehrere kleine Flächen möglich, sodass die Wurmbelastung in Grenzen gehalten werden kann. Die Einzäunung dieser Teilflächen wird durch einen Elektrozaun gewährleistet. Dieser kann umgesteckt werden und wird nur im Bedarfsfall unter Spannung gesetzt.

Die Ziegen müssen je nach Bedarf – manchmal täglich – auf die Weideflächen geführt werden. Ein kleiner Unterstand ist vorhanden, sodass die Tiere auch einmal zwei aufeinander folgende Tage auf der Weide bleiben können, sofern das Wetter dies zulässt. Bei sehr feuchtem und regnerischem Wetter bleiben sie aber auch im Stall.

Der Stall wird auf einen ausrangierten Pferdeanhänger gebaut.

R

Ziegen, eine Bereicherung

Möglichst vielfältige Systeme zu schaffen, ist ein wichtiges Prinzip. Die Ziegen erhöhen die Diversität auf jeden Fall. Als weiteres Element werten sie das System durch Mist, Fressgewohnheiten usw. auf. Das System wird stabiler, je mehr Faktoren, Pflanzen und Elemente vorhanden sind, die sich gegenseitig ergänzen und voneinander profitieren. In diesem Sinne bereichern die Ziegen den Garten und das Leben im Quartier.

Ziegen sollen Teil unseres Systems sein.

PERMAKULTUR IN DER LANDWIRTSCHAFT

Der Obstgarten vom Chuderbodenhof

Beat Roelli

Der Landwirtschaft in Mitteleuropa geht es schlecht. Teure Maschinen und sehr tiefe Preise für die Produkte führen dazu, dass die meisten Landwirte nur dank staatlicher Unterstützung überleben können. Viele geben auf. Die industrielle Landwirtschaft braucht viel Energie. Dünger und Pestizide verschmutzen Boden und Gewässer. Der Boden wird großflächig verdichtet und abgebaut. Die Artenvielfalt geht zurück.

PERMAKULTURGRUNDSÄTZE:

2. Vielfalt ermöglichen
1. Von der Natur lernen
10. Gestalten und optimal anordnen

Die Landwirtschaft muss ökologischer und ökonomischer werden. Dass beides gleichzeitig möglich ist, versuche ich auf meinem Hof mithilfe von Prinzipien, Methoden und Elementen der Permakultur aufzuzeigen. Der Permakulturhof Chuderboden liegt an einem Steilhang auf 700 Meter Höhe. Wenn wir hier dank dem Permakulturwissen erfolgreich sind, dann können auch andere Höfe in Mitteleuropa von unseren Erfahrungen profitieren.

Innovativer Permakulturhof

T

Ziel des Hofes ist es, neue Wege für eine ökonomisch tragfähige und ökologisch vorbildliche Landwirtschaft aufzuzeigen. Um diese Vision umzusetzen, setze ich in der Produktion auf Mischkulturen nach dem Vorbild der Natur, Wertschöpfung durch Innovationen in der Verarbeitung, lokale und regionale Kooperationen für die Vermarktung. Auf allen Stufen setzte ich auf kreative Ideen und erprobtes regionales sowie internationales Wissen. Dabei integriere ich in traditionelles, bewährtes Wissen neue wissenschaftliche und technische Errungenschaften.

Wildkräuter, Wildfrüchte und Reben haben einen hohen Gehalt an Vitaminen und Mineralien und gehören somit zu den gesündesten Nahrungsmitteln, die in der Schweiz produziert werden können. Wildkräuter können als Salat, Gemüse, Tees, Smoothies, Microgreens oder Sprossen verzehrt werden. Diese Formen liegen im Trend und unser Hof ist für eine solche Produktion prädestiniert. Daneben wollen wir in Zukunft Wein, Traubensaft und viele Produkte aus Wildobst produzieren.

E Kurzporträt des Hofes

Seit 2011 bewirtschafte ich den Hof Chuderboden in Malters in der Zentralschweiz. Der Hof liegt am Ämmerberg, einem Hügelzug nördlich der weltbekannten Pilatuskette bei Luzern. Er umfasst 3,5 Hektar landwirtschaftliche Nutzfläche, wobei fast die Hälfte dieser Fläche unter Naturschutz steht. Rund um das Haus gibt es 1,5 Hektar, die gut zu bewirtschaften sind. Auf diesen Flächen pflanzte ich 2013 einen Rebberg, einen Permakultur-Obstgarten und einen Waldgarten. Der Hof liegt auf 700 Meter Höhe am Südhang mit Steillagen, inklusive Felsbändern. Er ist seit 2011 als landwirtschaftlicher Betrieb anerkannt und seit 2014 Bio-zertifiziert. Zusätzlich gibt es auf dem Hof 4,5 Hektar Wald, der Teil eines Sonderwaldreservats ist.

Als ich den Hof übernahm, war er kein eigenständiger Hof mehr, sondern das Land wurde extensiv von einem anderen Landwirt bewirtschaftet. Teile des Landes waren verwildert. Die Gebäude waren baufällig. Straßen waren sanierungsbedürftig. Es gab weder Maschinen noch Geräte auf dem Hof. Abgesehen von wenigen Fruchtbäumen, Wiesen und Weiden gab es 2011 keine landwirtschaftlichen Kulturen.

Die Herausforderungen: Geologie, Topographie und viel Regen

Große Herausforderungen auf dem Hof sind die steile Lage und die vielen Hangrutsche. Von 2012 bis 2016 gab es auf dem Hof acht Hangrutsche. Das Gelände anschließend wieder instand zu setzen, ist sehr kostspielig. Daher ist es für mich sehr wichtig zu verstehen, wie die Hangrutsche zustande kommen und wie ich deren Häufigkeit minimieren kann.

Steil ist das Gelände, weil der Fluss – die kleine Emme – 200 Meter tiefer im Tal den Hügelzug über Jahrmillionen erodiert hat. Der Hof liegt also in einem Canyon. Erosion und Hangrutsche sind hier natürliche Phänomene. Der Hügelzug besteht aus Sandstein. Die Sandsteinfelsen wurden während der letzten Eiszeit durch den Gletscher poliert. Seit Ende der Eiszeit verwittert der Sandstein und wird in Lehm umgewandelt. So liegen heute Lehmschichten auf poliertem, steilem Felsgestein. Das wird zum Problem, wenn innerhalb einer Woche mehr als

150 Millimeter Regen fällt. Dann verflüssigt sich der Lehm auf dem Felsen und beginnt zu gleiten. Natürlicherweise geschieht dies vor allem dort, wo Wasser aus dem Felsen tritt. Da wir in einer Gegend mit viel Niederschlag leben – es sind durchschnittlich 1250 Millimeter im Jahr –, gibt es fast jedes Jahr einen Hangrutsch in der Gegend.

E

Wildkräuter haben Potenzial

Struktur- und Artenvielfalt

Dank verschiedener Landschaftselemente wie Waldrand, Bach, Felswänden, trockenen sowie nassen Wiesen gibt es auf dem Hof eine große Artenvielfalt. Wir schätzen diese Vielfalt und wollen diese zusätzlich fördern. Es gibt sehr viele Wildkräuter auf dem Hof: Giersch, Brennnesseln, Spitzwegerich, Bärlauch, Labkraut, Mädesüß und andere mehr. Diese Kräuter sind essbar und immer mehr Menschen interessieren sich für eine solche Bereicherung der Küche. In den vergangenen Jahren haben wir etwa 200 Portionen Wildkräutersalat pro Jahr geerntet und verkauft. Die Wildkräuter, egal, ob natürlich vorhanden oder angepflanzt, wachsen während der gesamten Vegetationsperiode. Nicht nur Salate, sondern auch Smoothies, Tees und weitere Produkte lassen sich daraus zubereiten. Dieses Potenzial soll in den nächsten Jahren weiterentwickelt werden.

Die Chance: Südhang

Der Hof liegt an einem steilen Südhang. Daher ist es sinnvoll, hier Früchte anzubauen. Ich setzte auf 30 Ar Reben sowie viele Quitten, Mispeln, Aronia, Wildpflaumen, süße Ebereschen, Johannisbeeren, Heidelbeeren usw.

Das Gelände des Hofes ist teilweise steil.

Der Südhang eignet sich für Reben.

DER GESTALTUNGSPLAN DES HOFES

Der Hof besteht aus mehreren Geländekammern. Die landwirtschaftlichen Flächen sind auf sechs Waldlichtungen verteilt, einige sind nur schlecht erreichbar. Es gibt nur wenige flachere Geländebereiche, die meisten Flächen sind steil bis sehr steil. Dadurch werden die Gestaltungsmöglichkeiten an vielen Ort stark eingeschränkt, andererseits wird eine große strukturelle Vielfalt geschaffen, welche in der Permakultur geschätzt und in der Planung berücksichtigt wird.

Daher stelle ich mir bei der Beobachtung und Gestaltung immer wieder die Fragen:

- Was zeichnet einen bestimmten Ort aus?
- Was ist hier landwirtschaftlich möglich, was sinnvoll?
- Wie kann dieser Bereich bewirtschaftet werden?

Damit der Hof wirtschaftlich überleben kann, ist es wichtig, dass wir nicht nur Primärproduktion betreiben, sondern auch die Früchte, Wildkräuter und anderen primären Produkte des Hofes verarbeiten und vermarkten. Denn in der Verarbeitung und Vermarktung verdient man viel besser als in der Primärproduktion.

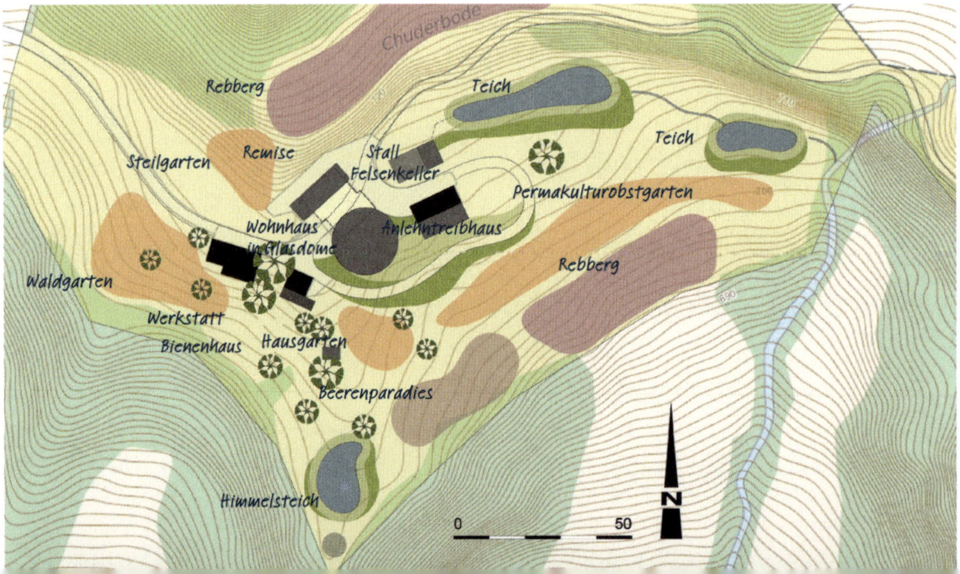

Bei der Planung wird das Gelände in unterschiedliche Bereiche unterteilt.

Planung des Permakultur-Obstgartens

Die Natur als Vorbild für unser Wirtschaften zu betrachten, bedeutet für mich, den Obstgarten nach dem Vorbild des Ökosystems Wald aufzubauen. Die Struktur des Waldes soll teilweise nachgeahmt werden. Im Besondern soll der Permakultur-Obstgarten mehrere Schichten, und zwar Krautschicht, Strauchschicht, Baumschicht und Kletterpflanzen aufweisen. Dazu gehört eine Vielfalt an Pflanzen sowie die Integration von Tieren. Ein großer Unterschied zum Wald ist, dass ein Permakultur-Obstgarten in Reihen angelegt ist, mit Grasstreifen dazwischen, damit man den Obstgarten effizient bewirtschaften kann. Zudem sollen die meisten Bäume relativ klein bleiben. Die Zusammensetzung der Pflanzenarten ist ganz anders als im Wald, denn ich arbeite mit Kulturpflanzen, welche Früchte tragen. Der Permakultur-Obstgarten ist eine Mischkultur, er entspricht dem Vorbild Wald, nutzt die Ressourcen Licht und Boden gut und stabilisiert das System.

Ich wählte Kulturpflanzen aus, die laut Spezialisten einfach anzubauen sind, keinen Pflanzenschutz brauchen und selten angebaut werden. Dazu gehören in der Busch- und Baumschicht unter anderem Quitte, Aronia, Kornelkirsche, Rote und Schwarze Johannisbeere, Mispel, Vogelbeeren, Holunder, Haselnuss, Felsenbirne und Indianerbanane.

Permakultur-Obstgarten ohne Zaun

Normalerweise sind landwirtschaftliche Produktionsanlagen für Früchte von hohen Zäunen als Schutz gegen Wildtiere umgeben. In der Permakultur versuchen wir zu integrieren anstatt auszuschließen. Ein Zaun ist aufwändig und teuer, nicht schön anzuschauen und versperrt Tieren den Wildwechsel. Daher plante ich den Permakultur-Obstgarten ohne Zaun.

Eine Wildobstanlage entsteht.

Sanfte Terrassierung

Seit Jahrhunderten werden Hänge aufwändig terrassiert, denn die Terrassen erleichtern das Bewirtschaften. Sie vermindern Erosion, halten Wasser und Nährstoffe zurück und fördern so den Bodenaufbau und den Ertrag. Diese Ziele möchte ich mit einer sanften Terrassierung erreichen. Darunter verstehe ich kleine, nur etwa 50 Zentimeter hohe Terrassenstufen. Es muss also kein Unterboden verschoben werden. Die sanfte Terrassierung soll mithilfe von Schweinen erreicht werden. Bei einer Kollegin habe ich gesehen, dass dies funktioniert.

Vielfalt stabilisiert das Ökosystem

Jede Tier- und Pflanzenart erfüllt für die Stabilität eines Ökosystems wichtige Funktionen. Deshalb wollen wir Lebensraum für möglichst viele verschiedene Arten schaffen. Im Permakultur-Obstgarten legen wir zahlreiche Kleinstrukturen wie Steinhaufen, Asthaufen, Nistkästen, Sitzstangen, Pfützen für Insekten, Vögel, Mauswiesel und viele weitere Tiere an. Die Wiesen mähen wir nur zwei- bis dreimal im Jahr und räumlich gestuft. Im Herbst lassen wir die Krautpflanzen stehen. So gibt es immer viel Nahrung für Insekten und Kleintiere.

Mäusesorgen

Mäuse sind in Obstanlagen gefürchtet, denn sie fressen Baumwurzeln. Schwache Unterlagen von Apfelbäumen mögen sie besonders gerne. Anstatt beim Pflanzen die Wurzelstöcke mit Gittern gegen Mausfraß zu schützen, wollen wir die gefährdeten Bäume mit Sträuchern der Schwarzen Johannisbeere unmittelbar neben dem Stamm schützen.

Das abschüssige Gelände wird sanft terrassiert.

Ein Permakultur-Obstgarten entsteht

U

Grundlagen für die Bewirtschaftung schaffen

Um den Hof bewirtschaften zu können, musste ich zuerst die Grundlagen dafür schaffen. Das bedeutete, die Infrastruktur für die Bewirtschaftung musste erstellt beziehungsweise verbessert und unterhalten werden: den Hof entrümpeln, Hofgebäude instand halten, undichte Dächer neu eindecken, Werkstatt und Küche sowie andere Räume des Hofes einrichten, Geräte und Maschinen anschaffen und diese zu bedienen lernen, sie instand halten, Straßen sanieren, verwilderte Flächen säubern. Wir mussten im großen Stil Holz fällen, um auf den Waldlichtungen Kulturen anlegen zu können. Ein weiterer wichtiger Aspekt war, die Heuernte am Steilhang in den Griff zu bekommen. In den ersten Jahren beanspruchten diese Tätigkeiten den allergrößten Teil meiner Arbeitszeit.

Erdrutsche minimieren, Wassermanagement optimieren

Da es auf dem Hof bereits mehrere Erdrutsche gegeben hat, musste ich die Hänge sanieren und habe dabei viel gelernt: Ich stelle mir bei jeder Erdverschiebung, bei jedem Eingriff in den Wasserhaushalt des Hofes Fragen wie:

- Stabilisiert oder destabilisiert dieser Eingriff den Hang?
- Wie gefährdet ist der Bereich?
- Was wäre hier der natürliche Wasserlauf, was die «Lösung» der Natur?

Konkret achte ich darauf,

- Wasser in den natürlichen Bachläufen zu führen.
- Wasser in offenen Gräben zu führen.
- Röhrensysteme möglichst zu minimieren und in Stand zu halten.
- Humusaufbau zu betreiben, damit das Wasser in den oberen Schichten gespeichert wird.
- Dächer zu begrünen, um Sickerwasser zu minimieren.

- Vorsicht bei Erdverschiebungen walten zu lassen und Erdarbeiten fachgerecht auszuführen.

Hauptkulturen aufbauen

Ich habe verschiedene mögliche Betriebszweige wie Pilzkulturen, Wildkräuterernte, Gemüseanbau, Ziegenhaltung, Schweinehaltung im Freien, Bienenhaltung im Kleinen ausprobiert, um zu entscheiden, was wie gut funktioniert und was sinnvoll ist. Folgende Hauptkulturen habe ich seit 2013 angelegt, um die Grundlage für das wirtschaftliche Einkommen des Hofes zu schaffen:

- 30 Ar Permakultur-Rebberg
- 20 Ar Permakultur-Obstgarten
- 15 Ar Permakultur-Waldgarten
- 50 Hochstammbäume

Pflanzung des Permakultur-Obstgartens

Die Pflanzung des Permakultur-Obstgartens fand 2013 statt. Wegen des nassen Frühlings war es unmöglich, die sanften Terrassen anzulegen. Deshalb zogen wir mit einem Pflug zwei Scharen pro Reihe und errichteten auf diese Weise kleine Erdwälle. Die Pflanzen wurden auf die Erdwälle gesetzt.

Der folgende Sommer war heiß und trocken. Glücklicherweise überlebten die allermeisten Pflanzen. Die Bäume und Sträucher wurden anfangs ohne Stützpfahl gesetzt. In den darauffolgenden Jahren stellten wir fest, dass viele Bäume und Sträucher eine Stütze brauchen.

Zwischen den Bäumen und Sträuchern wachsen Gras und Kräuter in großen Mengen. Einige Kräuter und viele Brennnesseln ernten wir. Es bleibt noch viel Gras übrig, das wir mit einer traditionellen Sense viel schneller mähen können als mit einer Motorsense. Dies funktioniert erst, seitdem wir individuell angepasste Sensen verwenden, diese sehr scharf sind, und seit wir gelernt haben, wie mit der Sense effizient zu arbeiten ist.

Mit der Hilfe von Ziegen wird ein Teil des Geländes entbuscht.

Permakulturelle Baumpflege

Welcher Baumschnitt passt am besten zur Permakultur? Diese Frage stellen wir uns häufig. Einige meinen, man sollte auf den Baumschnitt ganz verzichten. Andere orientieren sich am traditionellen Baumschnitt. Aus meiner Sicht ist der sanfte Baumschnitt für meinen Permakultur-Obstgarten am besten geeignet, denn mit der Methode schonen wir den Baum. Wir minimieren die Arbeit und dürfen eine große Ernte erwarten. Der sanfte Baumschnitt funktioniert folgendermaßen:

- Verletzungen werden minimiert, indem wenig und möglichst keine dicken Äste geschnitten werden. Geschnitten wird am richtigen Ort zur richtigen Zeit.
- Der Baum wird erzogen, indem junge Äste drei Monate lang mittels Draht oder Schnur unter die Horizontale gebogen werden. Anschließend bleiben sie in dieser Position. Das Erziehen funktioniert am besten, wenn der Ast noch jung ist. Am biegsamsten ist er im Sommer, deshalb ist August der ideale Zeitpunkt dafür. Wendet man diese Technik auf den gesamten Baum an, so wird der Baum etwa 30 Prozent weniger hoch, als er es ohne menschliche Eingriffe würde. Zudem verwendet der Baum seine Energie anschließend vor allem für die Produktion der Früchte und weniger für das Holzwachstum. Somit muss in den kommenden Jahren viel weniger geschnitten werden.

Kräuter zwischen den Obstbäumen erhöhen die Artenvielfalt.

ROSIGE ZEITEN FÜR PERMAKULTUR-LANDWIRTSCHAFT

R

Obstgarten mit Geruchsbarrieren funktioniert

Es gibt keinen Zaun um den Permakultur-Obstgarten. Wildtiere können frei durch den Obstgarten laufen. Rehe fraßen im Winter Knospen ab und im Frühling schälte der Rehbock junge Bäume. Der Verlust der Pflanzen war so groß, dass ich nun die meisten Stämme geschützt habe. Dabei probierte ich neben dem herkömmlichen Baumschutz auch Brombeeren sowie lebende und tote Äste als Baumschutz aus. Beides klappt gut, braucht aber viel Aufmerksamkeit.

Ich kenne die Wildwechsel rund um den Permakultur-Obstgarten und weiß, wo die Rehe auf die offenen Flächen kommen sowie wo und was sie wann gerne fressen und schälen. Ich habe die Bewirtschaftung entsprechend angepasst. Rehe mögen den Geruch von Schafwolle nicht. Dies erlaubt mir im Winter und im Frühling die Sträucher und Bäume gegen Fraßschäden durch Rehe zu schützen, indem ich am Waldrand und an den gefährdeten Pflanzen Schafwollbüschel aufhänge. Durch diese Geruchsbarriere konnte der Schaden auf ein vertretbares Maß reduziert werden.

Sanfte Terrassierung lohnt sich

Mit Schweinen zu terrassieren, hat bei mir leider nicht geklappt, weil der Boden zu viel Lehm und fast keine Steine enthält. Bei trockenem Wetter sah das Feld wie eine Mondlandschaft aus, bei nassem Wetter verschlammte der Boden stark. Nur sehr selten gab es die optimale Bodenfeuchtigkeit für ein befriedigendes Resultat. Daher ließ ich die sanfte Terrassierung per Bagger durchführen. Mit dem Resultat bin ich sehr zufrieden. Erstaunt war ich, wie schnell das ging. In drei Stunden waren 400 Meter gebaggert.

Neue Herausforderung in unseren Mischkulturen

Im Jahr 2011 diskutierte ich mit Spezialisten darüber, ob es zu riskant sei, feuerbrandgefährdete Bäume wie Quitten und Äpfel zu setzen. Ich habe es gewagt. Bislang hatten wir diesbezüglich überhaupt keine Probleme. 2014 trat die Kirschessigfliege zum ersten Mal flächendeckend in der

Der Permakultur-Obstgarten gedeiht auf dem schwach terrassierten Hang. Links im Bild ist der Rebberg zu sehen.

Schweiz auf und richtete große Schäden an. Sie ist eine kleine, aus Japan eingeschleppte Fruchtfliege, die ihre Eier in heranreifende Früchte am Baum legt, die innerhalb weniger Tage verderben. Die Kirschessigfliege befällt alle weichen Beeren- und Obstpflanzen und vermehrt sich extrem schnell. Es wird also ein Großteil unserer vermeintlich problemlosen Früchte wie Kornelkirschen, Rote und Schwarze Johannisbeeren, Vogelbeeren, Holunder, Aronia und PIWI-Trauben befallen. Bereits 2014 hatten wir bei Aronia einen Verlust von etwa 20 Prozent. Der Ernteaufwand ist stark gestiegen, weil wir nun jede einzelne Beere auf Befall untersuchen müssen. Als Gegenmaßnahmen stellten wir Insektenfallen auf, umhüllten im größeren Stil jede einzelne Traube der Reben mit einem kleinen Netz, und legten auch über die Aroniasträucher Netze. Wie aufwändig und wirksam die einzelnen Maßnahmen sind, werden wir in den nächsten Jahren sehen.

Artenvielfalt soll noch zunehmen

Die Artenvielfalt auf dem Hof ist groß. Oft staune ich über neue Insekten. Auf dem Hof sind weit über 300 verschiedene Nachtfalter nachgewiesen worden, 2016 wurde sogar die Trauereule zum ersten Mal in der Zentralschweiz nachgewiesen. In Bezug auf die Artenvielfalt sind wir jedoch noch nicht am Ziel. Einerseits braucht es Zeit, bis manche Arten zurückkommen, andererseits haben wir noch längst nicht alle Maßnahmen umgesetzt, um die Artenvielfalt zu erhöhen. Dies soll mit Teichen, Dachbegrünungen und noch mehr Nisthilfen in den kommenden Jahren gelingen.

Mäuse als Nützlinge

Ich hatte Glück, dass Nachbars Katze fleißig Mäuse im Obstgarten fängt, denn zeitweise war die Mäusepopulation hoch. Auf den Flächen des Permakultur-Obstgartens leben neben der gefürchteten Wühlmaus der gerne gesehene Maulwurf sowie die Rötelmaus. Insgesamt haben die Mäuse in den ersten drei Jahren wenig Schaden angerichtet. Im Gegenteil, ich bin überzeugt, dass die Mäuseaktivitäten insgesamt das System mehr gefördert als ihm geschadet haben. Denn die Mäuse lockern den verdichteten Boden, indem sie Gänge graben. Die feine Erde der Maushäufchen brauche ich als Teil der Saaterde. Hummeln, wichtige Bestäuberinnen bei kaltem Wetter, wohnen ihn Mäuselöchern. Dank den Mäusen ist der Hof ein Hummelparadies. Offenbar haben die Sträucher der Schwarzen Johannisbeere direkt neben dem Stamm die jungen Apfelbäume geschützt, denn ich konnte keine Schäden feststellen.

Zuversichtlicher Blick in die Zukunft

Der Aufbau des Hofprojekts Chuderboden geht schrittweise voran. Es dürfte noch vier bis sechs Jahre dauern, bis der Hof selbsttragend ist. Ich bin zuversichtlich, dass wir das schaffen, denn in vielen Bereichen haben wir mithilfe des Permakulturwissens bereits gute Lösungen gefunden. Zudem entwickelt sich die Permakultur-Landwirtschaft in Mitteleuropa sehr erfreulich. «Ferme du Bec Hellouin» in Frankreich, «Ridgedale Permaculture» in Schweden und andere zeigen, dass Permakulturhöfe erfolgreich betrieben werden können. In den letzten Jahren sind wichtige Bücher publiziert und (Online-)Kurse für die Permakultur-Landwirtschaft entwickelt worden. Von diesem Wissen können wir profitieren und versuchen, die Erfolgsrezepte auf unsere Situation anzupassen.

In Zukunft muss die Landwirtschaft überall auf der Welt mit weniger Ressourcen auskommen, sich dem Klimawandel anpassen. In diesen Punkten ist die Permakultur-Landwirtschaft stark. Das Potenzial ihrer Prinzipien und Methoden ist enorm. Die Verwirklichung des Potenzials braucht Zeit, viel Wissen, Kreativität, Durchhaltevermögen sowie planerische und praktische

Wildpflaumen sind nur eine Obstsorte unter vielen, die im Obstgarten wachsen.

Fähigkeiten. Bereits jetzt lassen sich Biohöfe von der Permakultur inspirieren. Ich gehe davon aus, dass in Zukunft zunächst verstärkt Biohöfe, später auch konventionelle Höfe permakulturelles Wissen in ihrem Betrieb anwenden.

ANHANG

Zu den Autoren

Christoph Bachmann (geb. 1968) pflanzte bereits während der Schulzeit Bäume. Auch heute noch spielen Bäume in seinem Garten (und in seinem Leben) eine wichtige Rolle. Überall, wo er wohnte, gab es zudem einen Gemüsegarten. Seit seinem Studium der Nachhaltigen Entwicklung befasste er sich intensiv mit der Permakultur. Heute erteilt er Kurse und versucht, die Prinzipien der Permakultur kreativ umzusetzen.

Eva Bührer (geb. 1948) interessierte sich schon seit Jugendtagen für indigene Völker und deren respektvollen Umgang mit der Natur. Ihr Weg führte über den biologischen Gemüseanbau für den Eigengebrauch zur Permakultur. Als Permakultur-Designerin liegt ihr vor allem der urbane Raum am Herzen, das Planen von Gärten und das Weiterverbreiten von Permakultur.

Kurt Forster (geb. 1939) wurde schon als Kind mit dem Selbstversorgungsgarten vertraut. Kreislaufdenken, biologische Vielfalt, Aquaponic-Systeme und Paradiesgärten sind seine Lebensthemen. Als Lehrer und als Politiker engagierte er sich für Umwelterziehung und grüne Themen. Er bildete sich in Neuseeland, Australien und Sri Lanka zum Permakultur-Designer aus. Seit Jahrzehnten ist er journalistisch, als Permakultur-Kursleiter und Gartengestalter tätig.

Sarah Daum (geb. 1985) ist Geoökologin (M. Sc.) und arbeitet als Permakultur-Seminarleiterin und -beraterin. Als Geoökologin ist sie mit den natürlichen Kreisläufen vertraut und das Ökosystem Erde und seine Komplexität begeistern sie seit vielen Jahren. Sie gründete einen urbanen Gemeinschaftsgarten, die Transition Town Initiative Tübingen und leitete den Aufbau des Permakultur-Bildungszentrums Alpine Permakultur Schweibenalp. Ihre Ideen gibt sie auf **www.sarah-daum.de** weiter.

Beat Roelli (geb. 1965) ist dipl. Biologe, dipl. Permakultur-Designer und Landwirt. Aufgewachsen auf einem Bauernhof und seit Jugendzeit an Naturschutz interessiert, sieht er die Permakultur als Chance, die Landwirtschaft mit Natur- und Umweltschutz in Einklang zu bringen und ein erfülltes Leben zu führen. Er gründete 2008 die Fima **www.permakultur-beratung.ch** und bewirtschaftet einen eigenen Permakulturhof in Malters, Luzern. Er engagiert sich als Präsident des Vereins Permakultur Schweiz **www.permakultur.ch**.

Ausbildungsmöglichkeiten im Bereich Permakultur

Der Begriff «Permakultur» ist markenrechtlich nicht geschützt und es gibt im deutschsprachigen Raum weder eine staatlich anerkannte Ausbildung noch einen entsprechend anerkannten Beruf.

Trotzdem hat sich im Permakultur-Netzwerk ein weltweit anerkanntes Ausbildungssystem etabliert.

Ausgehend von Mollison und Holmgrens Buch «Permaculture Designer's Manual» bildet der **Permakultur Design Kurs** (PDK, engl. PDC) die Grundausbildung. In mindestens 72 Unterrichtsstunden werden die Grundlagen der Permakultur vermittelt. Diese Kurse werden von vielen verschiedenen Einrichtungen angeboten und richten sich bewusst an alle Interessierten. Es werden keine Vorkenntnisse verlangt. Einige der Ausbildner richten sich mehr nach Bill Mollison und bieten vor allem grüne Permakultur an, andere verstehen die Permakultur breiter und orientieren sich an der Permakulturblume von David Holmgren, der die Permakultur in allen wichtigen Lebensbereichen einsetzt.

Aufbauend auf diesen Grundkenntnissen wird weltweit und auch in allen deutschsprachigen Ländern eine Ausbildung zum **Diplom-Permakultur-Designer** angeboten. Diese dauert zwei bis vier Jahre und schließt mit dem international anerkannten **Diploma of Applied Permaculture** ab. Die bevorzugte Lernmethode ist das Action Learning, Denken und Handeln wechseln sich ab.

Weltweit wird an Weiterentwicklung der schon 40 Jahre alten Ausbildung gearbeitet, damit sich die Ausbildung den neuesten Gegebenheiten anpassen kann. Durch die Professionalisierung der Ausbildungskonzepte wird die Stärkung eines innovativen und zukunftsfähigen Berufsbildes angestrebt.

Kontaktadressen

Schweiz:
www.permakultur.ch

Deutschland:
www.permakultur-akademie.de
www.permakultur-institut.de

Österreich:
PIA Permakultur im Alpenraum: **www.permakultur-akademie.com**
Perma Norikum: **www.perma-norikum.net**
Sepp Holzer: **www.krameterhof.at**

Zusätzlich gibt es viele gute private Einrichtungen, die mindestens den Grundkurs und Planungs- und Fachkurse anbieten.

Bezugsquellen für Saatgut (Auswahl)

Deutschland

www.bingenheimer-saatgut.de
www.bio-saatgut.de/
www.biogartenladen.de
www.biogartenversand.de
www.culinaris-saatgut.de/home/
www.dreschflegel-saatgut.de
www.freie-saaten.org/
www.garten-des-lebens.de/gemuese-und-saatgut/
www.gruenertiger.de/
www.irinas-tomaten.de
www.kraeutergarten-storch.de/
www.nutzpflanzenvielfalt.de/
www.raritätengärtnereimanfredhans.de/
www.saatgut-vielfalt.de/
http://waldhof.steiner-institut.de/vertrieb.html
www.vern.de

Österreich

www.arche-noah.at
www.reinsaat.co.at/
www.samenfest.at/
http://bioseeds.bplaced.net/Shop/

Schweiz

www.alpine-permakultur.ch/produkte-service/saatgut/
www.arthasamen.ch
www.biogarten.ch
www.biosem.ch
www.prospecierara.ch
www.saemereien.ch
www.sativa-rheinau.ch
www.zollinger-samen.ch/de/

Bildnachweis

Christoph Bachmann: 12, 15, 23 beide, 25, 26 ,28, 30 oben, 33 beide, 35, 36, 38, 39, 43, 44 unten, 46, 49 beide, 50, 54, 56 beide, 58, 59, 65 beide, 66, 67 beide, 70 rechts, 72, 73 oben, 74 links und Mitte, 76, 78, 79, 82, 85, 86 rechts, 87, 88, 89 oben, 92, 93, 103, 106 beide, 107, 109, 111, 115 unten, 116, 117, 118, 119, 120, 230, 231, 233, 234, 238, 239, 240 beide, 241, 245, 247, 249, 251 beide, 253, 255, 256, 257, 260, 261

Regine Balmer: 57, 77 oben, 96

Eva Bührer: 44 oben, 47, 70 links, 86 links, 91, 115 oben, 125, 127, 130 beide, 134, 135 alle, 136, 141, 143, 145, 147, 148, 149 unten, 153

Sarah Daum: 60, 61 oben, 155, 157, 159 beide, 163, 164 links, 166, 167 beide,168, 169 beide, 171

Laura Dal Ben: 2, 11,16/17, 121, 278

Flickr CC-BY-SA-2.0: Anka Albrecht: 149 oben; Maja Dumat: 63; Lisa Egalite: 99 rechts; Tony Hirtenstein: 73 unten; IMGP9405-EBV: 206; IPC24M: 99 links; Kreetube: 90; Michele Lamberti: 77 unten; Stefano Merli: 200; Stefan Muth: 98 rechts; Claus Rebler: 203; McKay Savage: 89 unten

Kurt Forster: 21, 30 unten, 34 unten, 37, 52, 55, 62 oben, 83, 84, 95, 100, 101, 113, 122, 173, 174, 175, 178, 179, 182 beide,183, 184, 185 beide, 187 beide, 189, 190, 191 beide, 192 beide, 193, 194 beide, 195, 197 beide, 199, 204, 205, 207, 208 beide, 210, 211, 213, 215, 217, 220 beide, 221, 223, 224, 225 beide, 227, 229

J. Harter: 165 beide

pooldesign nach Felix Müller: 110

Beat Roelli: 263, 266, 267, 268, 269, 270, 272, 273, 275, 277

Christoph Schmäh: 248

T. Schmid: 164 rechts

Denise Sonney: 34 oben, 53, 61 unten, 80, 95, 101 unten, 219

Simone Walter: 41

Wikimedia Commons CC-BY-SA-2.0: Jörg Hempel: 22; Ikiwaner: 98 links; La sonix: 62; Milanonamo: 202

Wikimedia Commons CC-BY-SA-2.5: Friedrich Böhringer: 258 oben

Wikimedia Commons CC-BY-SA-3.0: Baph: 258 unten; Camelotrose: 151 unten; Christian Cogneaux: 75; Norbert Nagel: 51; Schwäbin: 151 oben

Wikimedia Commons CC-BY-SA-4.0: Natureln: 27 beide

Literatur

Berg Peter (2015): Biogärtnern – Der Grundkurs, Kosmos Verlag

Bogner Markus (2016): Selber denken, selber machen, selber versorgen, oekom Verlag

Brunner Sepp (2007): Permakultur für alle, edition Löwenzahn

Don Monty (2003): Genial gärtnern – biologisch und naturnah, Dorling Kindersley Verlag

Dowding Charles (2013): Gemüsegärtnern wie die Profis, blv Verlag

Fassmann Natalie (2015): Das Indianerbeet – Die Drei Schwestern im Garten, pala Verlag

Fleischhauer Steffen Guido: (2015) Essbare Wildpflanzen, AT Verlag

Forster Kurt (2013): Mein Selbstversorgergarten am Stadtrand; ökobuch Verlag

Fukuoka Masanobu (1998): In Harmonie mit der Natur, pala Verlag

Gampe Jonas (2016): Permakultur im Hausgarten, ökobuch Verlag

Heil Alexander (2011): Der Paradiesgarten, ökobuch Verlag

Holmgren David (2016): Permakultur – Gestaltungsprinzipien für zukünftige Lebensweisen, Drachen Verlag

Holzer Sepp (2014): Sepp Holzers Permakultur, Leopold Stocker Verlag

Kleber Eduard (1999): Gärtnern im Biotop mit Mensch, olv Verlag

Langerhorst Margarete (2003): Meine Mischkulturenpraxis – Nach dem Vorbild der Natur, olv Verlag

Lorenz-Ladener Claudia (2012): Kleine grüne Archen, ökobuch Verlag

Macy Joanna (2003): Die Reise ins lebendige Leben. Strategien zum Aufbau einer zukunftsfähigen Welt, Junfermann Verlag

Mollison Bill (1988/ 2015): Handbuch der Permakultur Gestaltung, Tagari Verlag /PIA Permakultur Akademie im Alpenraum

Morrow Rosemary (2013): Permakultur – ein Handbuch für Multiplikatoren, PIA Permakultur Akademie im Alpenraum

Neuhold Manfred (2006): Permakultur – Der Leitfaden für Einsteiger, Ingenium Verlag

Ortner, Marlies (2011): Essbare Wildpflanzen aus dem Hausgarten, ökobuch Verlag

Pommeresche Herwig (2004): Humussphäre, olv Verlag

Rusch Margrit (2015): Anders gärtnern, Permakultur-Elemente im Hausgarten, ökobuch Verlag

Scheub Ute et al. (2013): Terra Preta – Die schwarze Revolution aus dem Regenwald, oekom Verlag

Seymour John (2003): Das neue Buch vom Leben auf dem Lande, urania Verlag

Storl Wolf Dietor (2004): Der Kosmos im Garten, AT Verlag

WBGU (2011): Welt im Wandel: http://www.wbgu.de/hauptgutachten/hg-2011-transformation/; 30.9.16

Whitefield Patrick (2004): The Earth Care Manual – a Permaculture Handbook, permanent publications

TABELLE ZUR MISCHKULTUR

	Auberginen	Buschbohnen	Dill	Endivien	Erbsen	Erdbeeren	Fenchel	Gurken	Kapuzinerkresse	Karotten	Kartoffeln	Knoblauch	Kohlarten	Kopfsalat	Kürbis	Lauch	Mais	Mangold	Pepperoni	Petersilie	Radieschen	Rote Bete	Sellerie	Spinat	Tagetes	Tomaten	Zucchini	Zwiebeln
Auberginen	■																		−							−		
Buschbohnen		■		+	−	+	−	+			+	−	+	+		−	+	+	+		+	+	+			+	+	−
Dill		+	■		+			+		+	+		+	+	−					−		+	−					+
Endivien		+		■			+						+			+								+				
Erbsen		−	+		■		+	+		+	−	−	+	+		−	+		−		+	+				−	+	
Erdbeeren		+				■						+	−	+		+					+			+	+			+
Fenchel		−		+	+		■	+	+					+												−		
Gurken		+	+		+		+	■			−	+	+	+	−	+	+		−	+	−	+	+			−		+
Kapuzinerkresse							+		■		+		+						+		+		+			+	+	+
Karotten			+		+					■		+	+	+		+		+			+		−		+	+		+
Kartoffeln		+	+		−			−	+		■	+	−			+	+		−			−	−	+	+	−		−
Knoblauch		−			−	+		+		+	−	■	−			−			+	+		+				+		
Kohlarten		+	+	+	+	−		+	+		−	−	■	+		+		+			+	+	+	+	+	+		−
Kopfsalat		+	+		+	+	+	+		+			−	■			+			−	+		−			+		+
Kürbis			−					−							■		+	+										+
Lauch		−		+	−	+		+		+		−	+	+		■				+		−	+			+		
Mais		+			+			+			+			+	+		■					−	−			+	+	
Mangold		+							+	+		+	+		+			■			+	−						
Peperoni	−				−			−	+		−	+							■				−			−		
Petersilie			−					+				+				+				■	+		−			+		
Radieschen		+			+	+		−	+	+			+	+				+		+	■			+		+		−
Rote Bete		+	+		+			+			−	+	+			−	−	−				■		−			+	+
Sellerie		+	−	−				+	+	−	−		+			+	−		−	−			■			+		
Spinat				+		+					+		+								+	−	+	■		+	+	
Tagetes						+				+	+		+												■	+		
Tomaten	−	+			−		−	−	+	+	−	+	+	+		+	+		−	+	+		+	+	+	■		
Zucchini		+			+				+								+							+			■	+
Zwiebeln		−	+		−	+		+	+	+	−		−	+	+						−	+					+	■

+	günstige Nachbarschaft
−	ungünstige Nachbarschaft
	Kapuzinerkresse wird auch gerne unter Obstbäumen angepflanzt

Sachregister

Brunhilde Bross-Burkhardt

Das Boden-Buch

Grundlagen und Tipps für den naturnahen Gartenboden

2017
192 Seiten, ca. 230 Fotos, 5 Zeichnungen, gebunden
ISBN 978-3-258-07976-9

Wir pflanzen den Salat darauf an, wir vergraben Blumenzwiebeln darin, wir hacken und ernten, was auf ihm wächst – der Boden ist die Grundlage unserer Gärten. Obwohl der Boden so selbstverständlich ist, haben wir in der Regel wenige Kenntnisse über diese lebendige Materie unter unseren Füßen.
Welche Bodenarten gibt es? Was lebt darin? Wie kann ich den Boden selbst untersuchen? Wie sind die Böden zu bearbeiten, zu pflegen, zu verbessern? Welche Mulcharten gibt es? Wie wird ein müder Boden wieder fit? Was muss beim Hausbau und der Neuanlage eines Gartens beachtet werden?
Das «Boden-Buch» bietet alles Wissenswerte zum Thema und vermittelt damit die Grundlagen für gesunde Böden und erfolgreiches biologisches Gärtnern. Denn jeder kann dazu beitragen, den fruchtbaren Boden zu bewahren und dem Bodenverlust entgegenzuwirken.